LIGHTNING AND ROMANCE

1

Rin Mikimoto

TOKYOPOP®

LIGHTNING AND ROMANCE ①

Inhalt

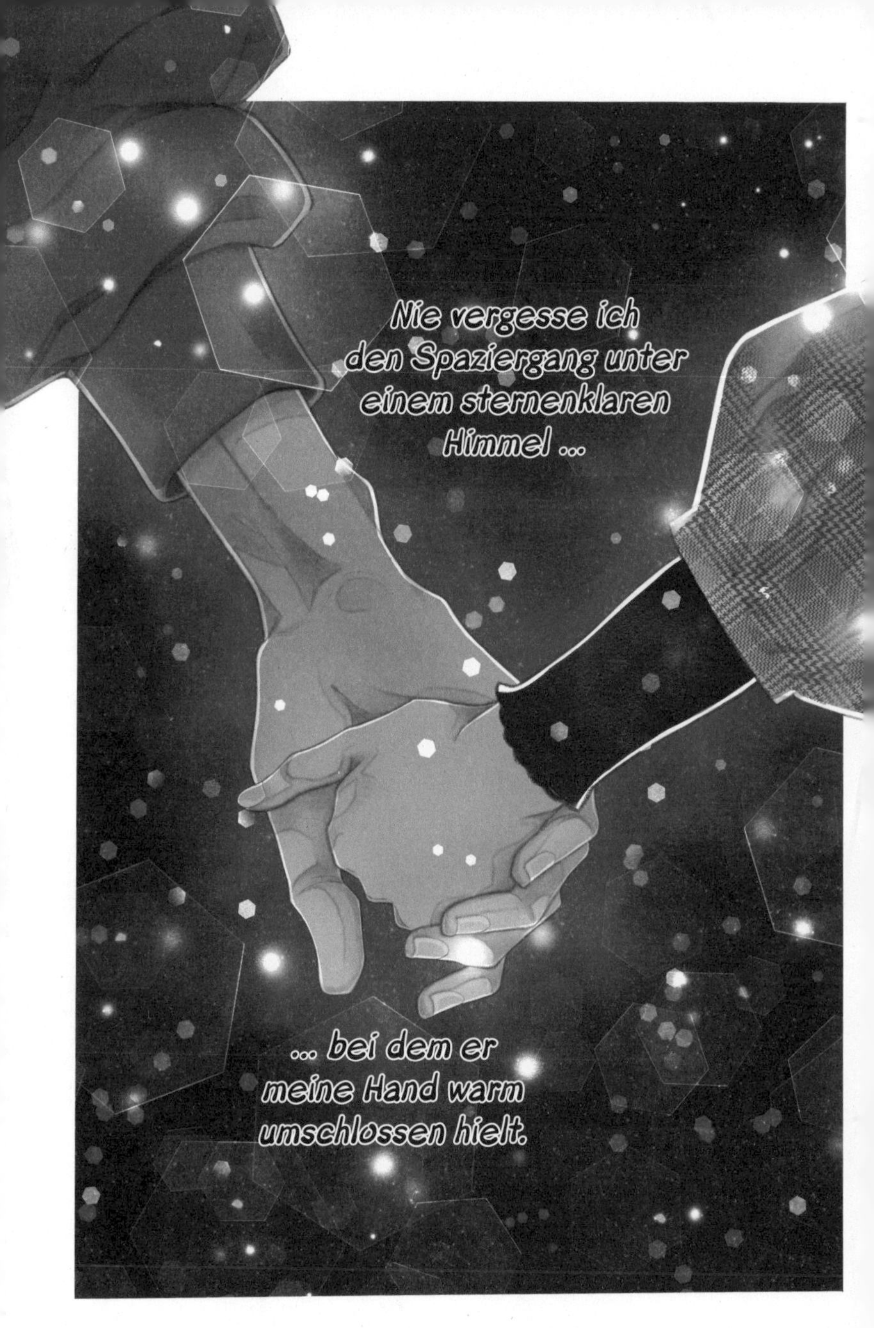
Nie vergesse ich
den Spaziergang unter
einem sternenklaren
Himmel ...
... bei dem er
meine Hand warm
umschlossen hielt.

#1 Was würde ich für eine Liebe geben, die meine Welt auf den Kopf stellt.

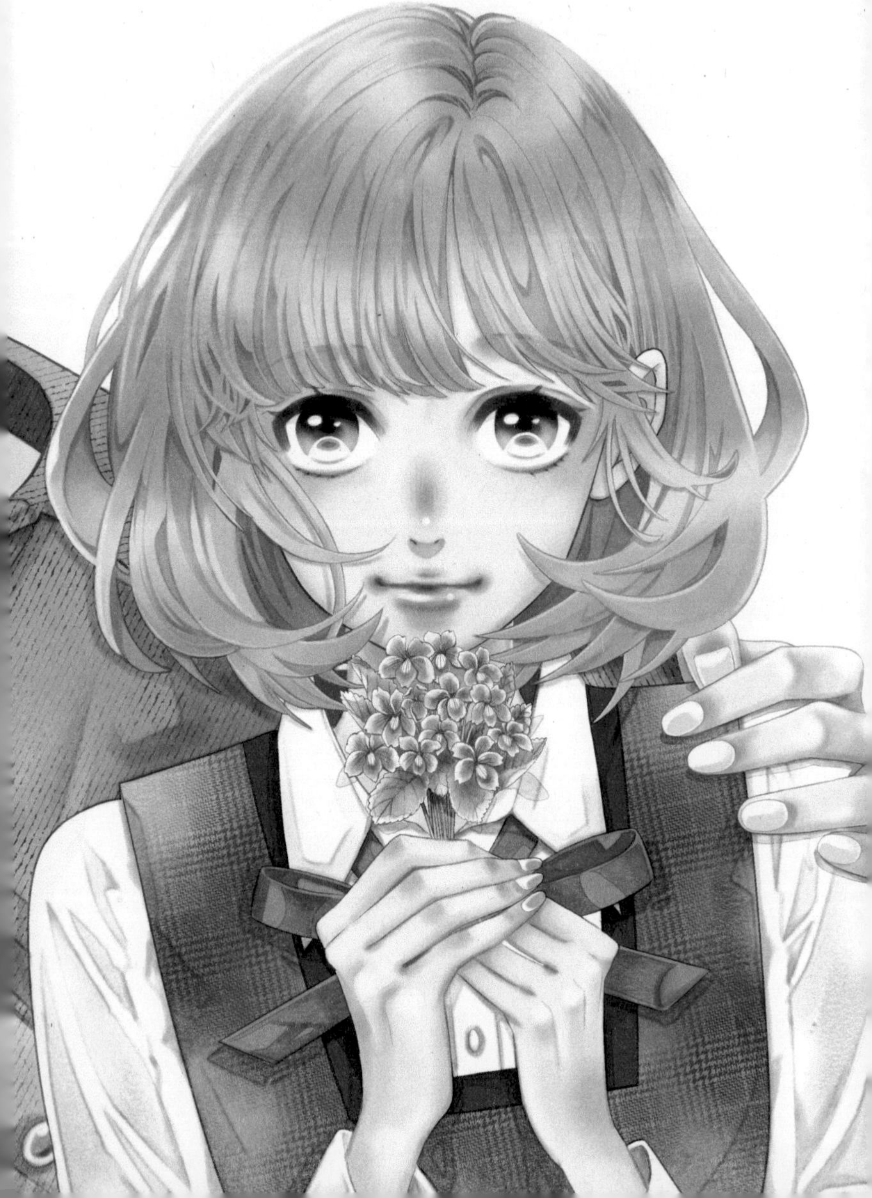

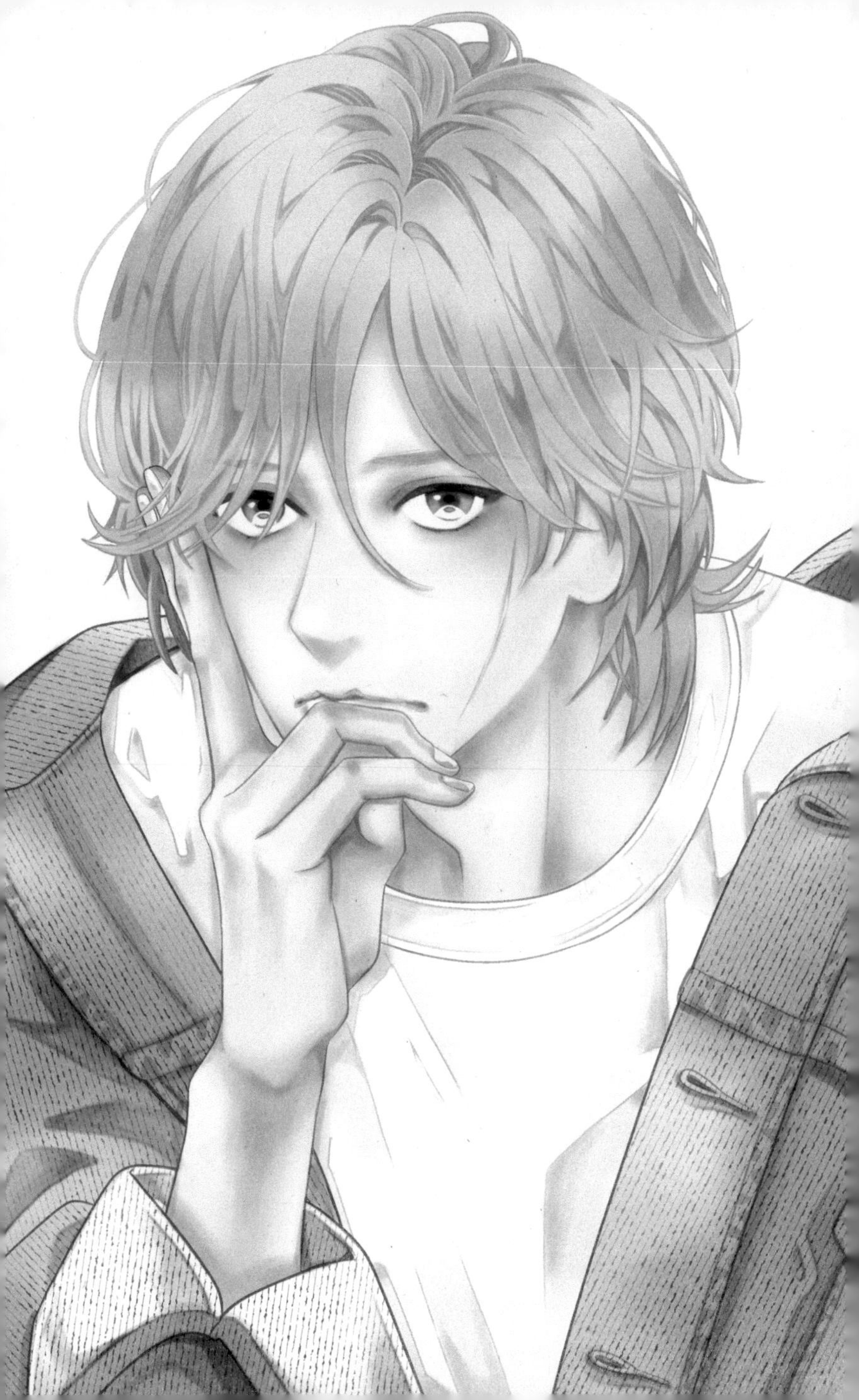

LIGHTNING AND ROMANCE

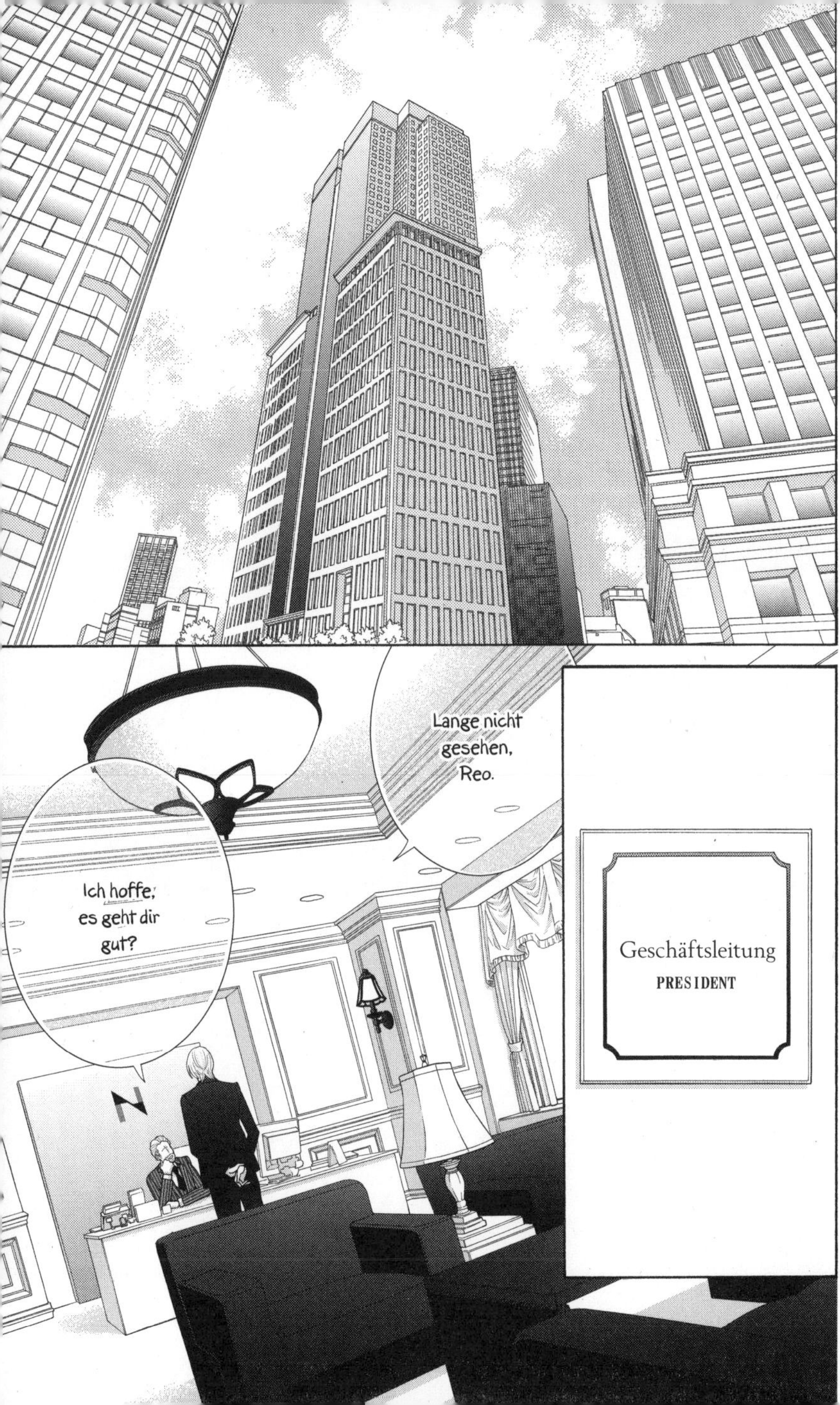
Geschäftsleitung
PRESIDENT
Lange nicht gesehen, Reo.
Ich hoffe, es geht dir gut?

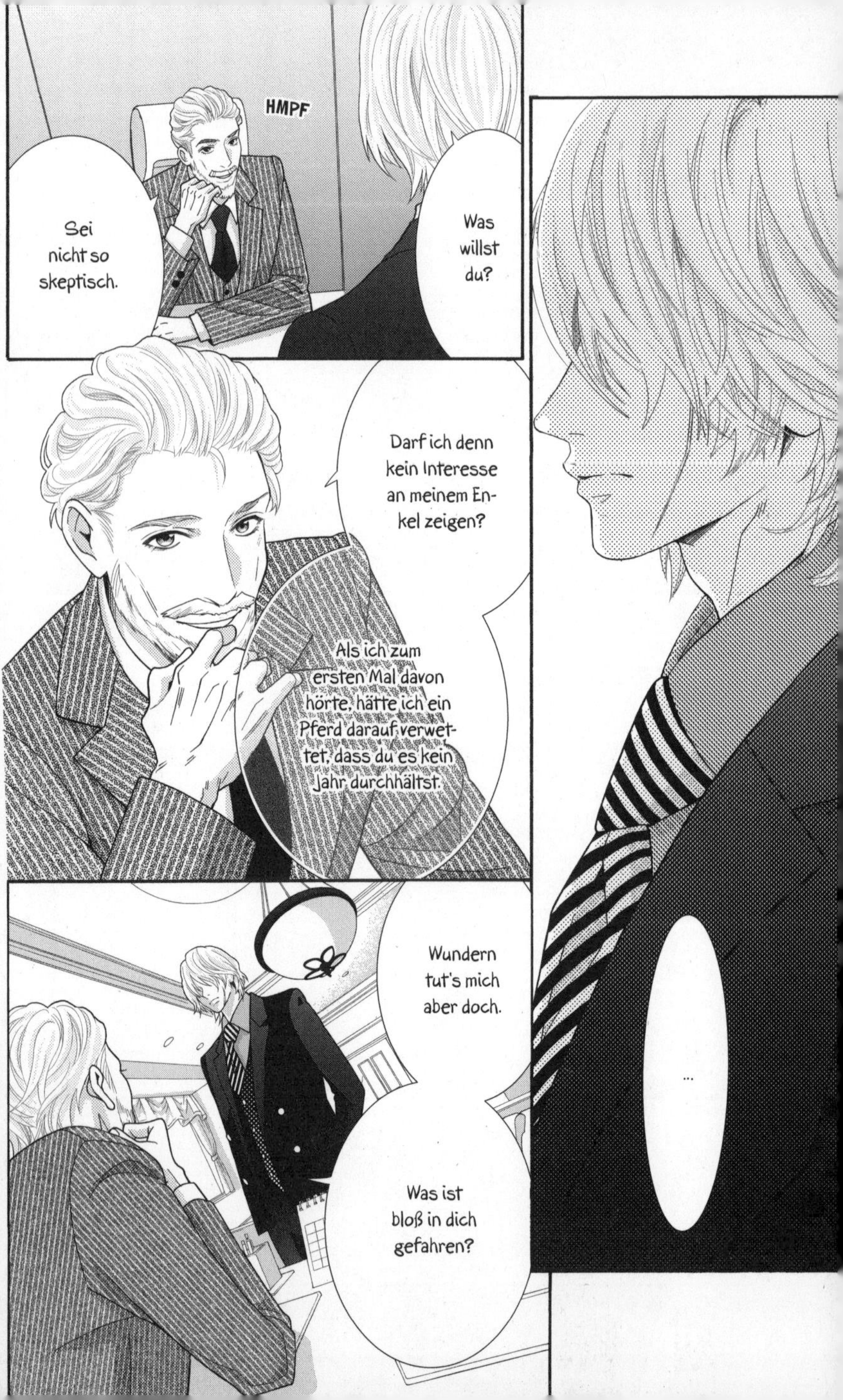

Was willst du?
HMPF
Sei nicht so skeptisch.
Darf ich denn kein Interesse an meinem Enkel zeigen?
Als ich zum ersten Mal davon hörte, hätte ich ein Pferd darauf verwettet, dass du es kein Jahr durchhältst.
Wundern tut's mich aber doch.
Was ist bloß in dich gefahren?
...

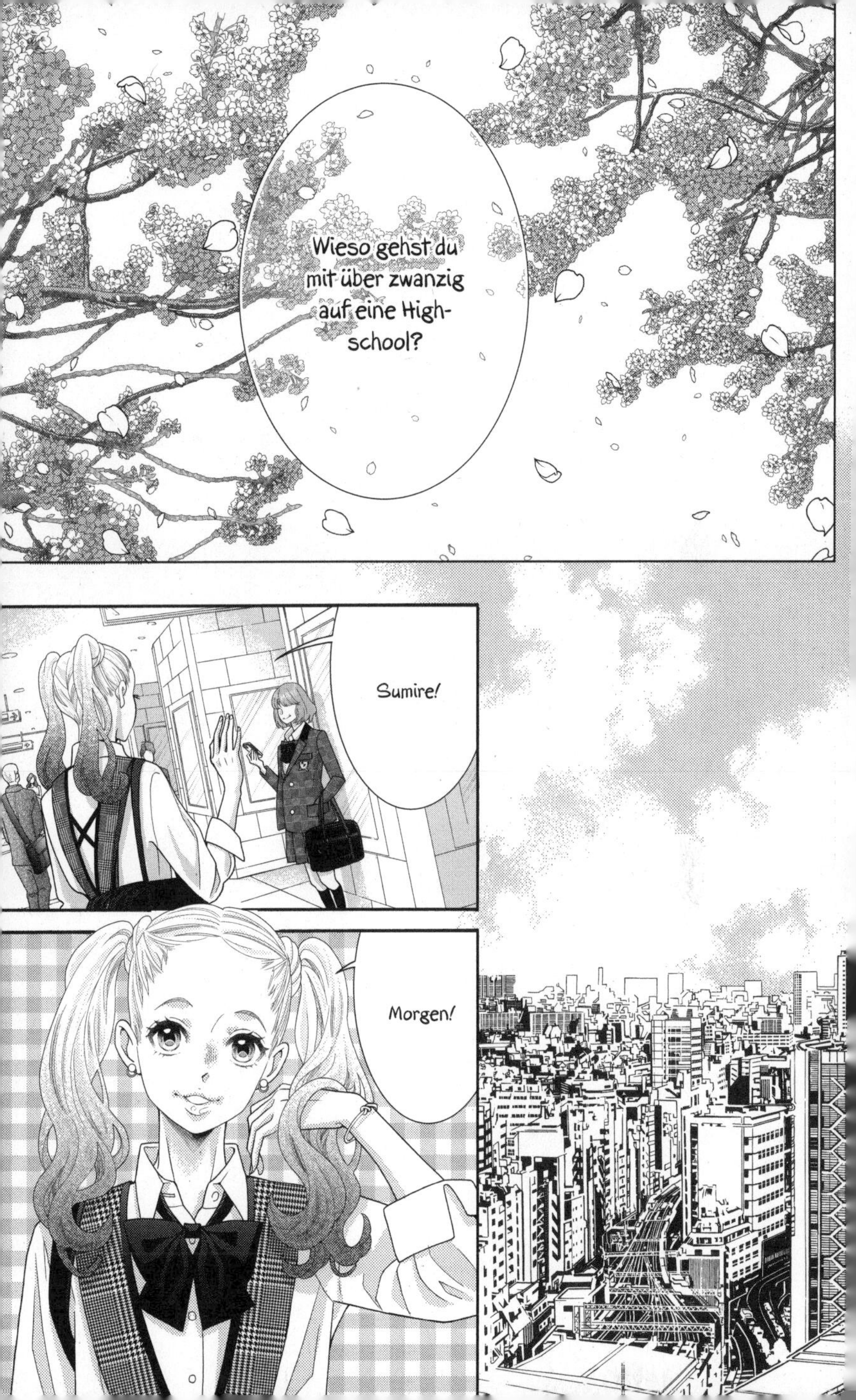
Wieso gehst du mit über zwanzig auf eine High-school?
Sumire!
Morgen!

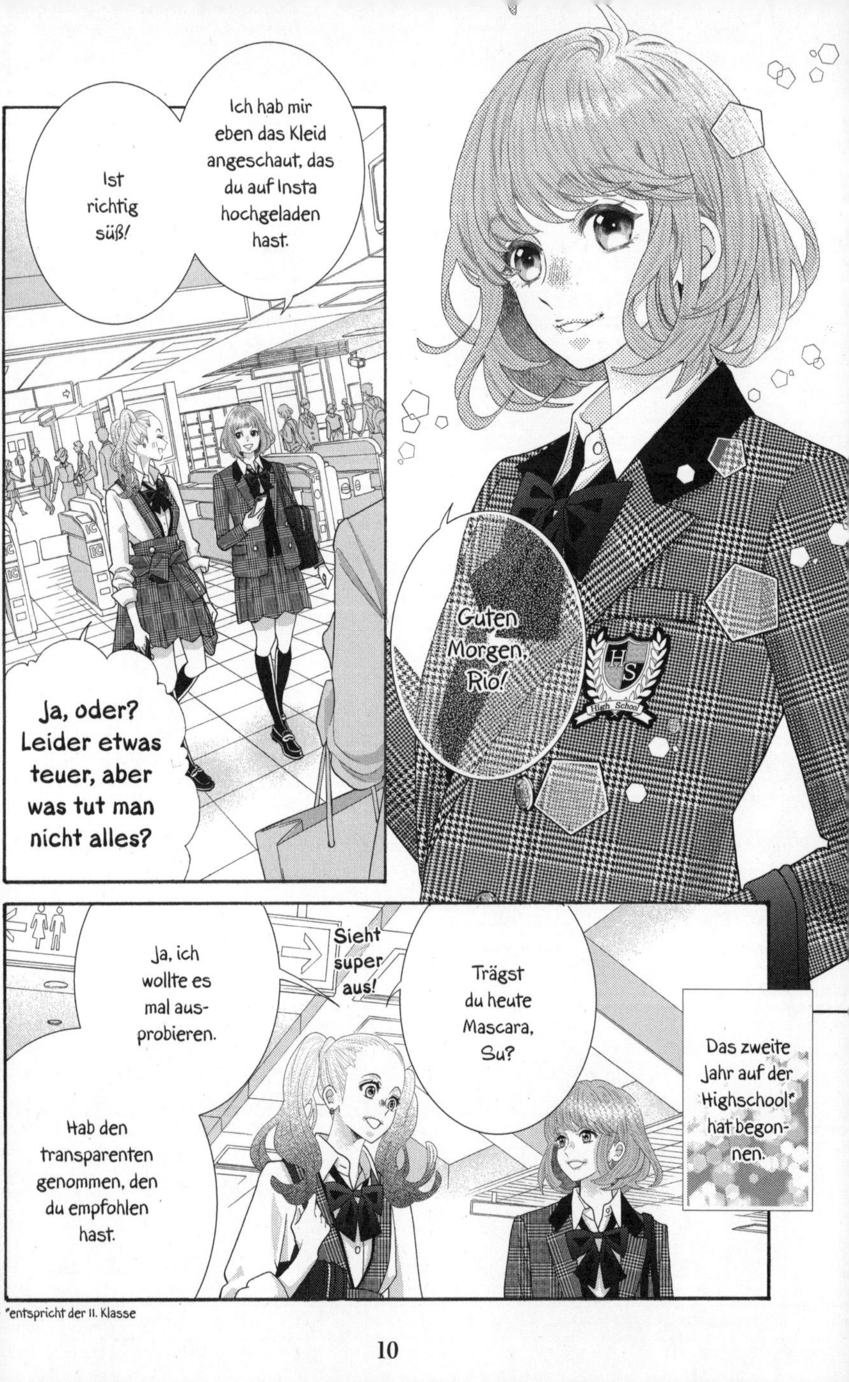

*entspricht der 11. Klasse

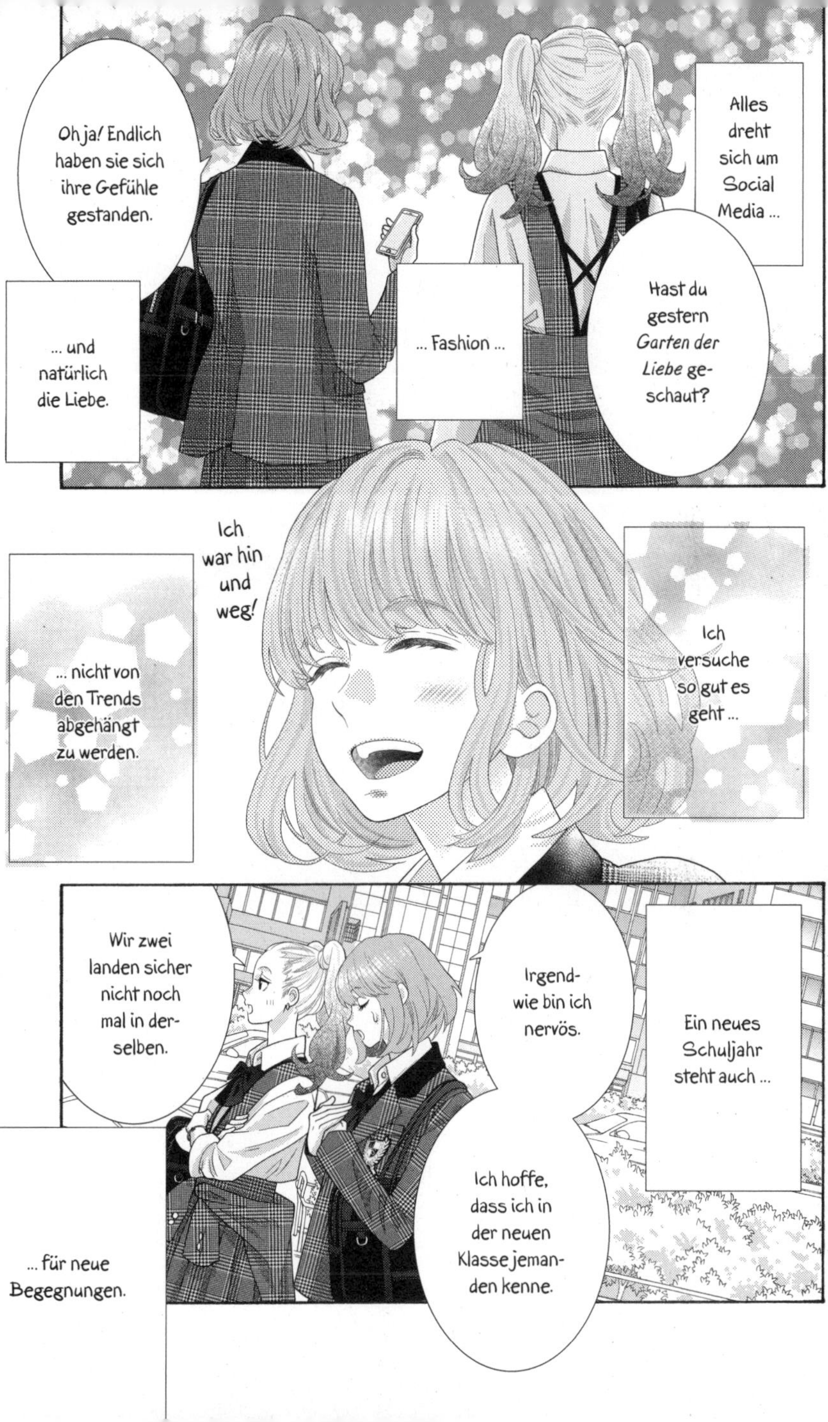

Alles dreht sich um Social Media ...
Hast du gestern *Garten der Liebe* geschaut?
... Fashion ...
Oh ja! Endlich haben sie sich ihre Gefühle gestanden.
... und natürlich die Liebe.
Ich versuche so gut es geht ...
Ich war hin und weg!
... nicht von den Trends abgehängt zu werden.
Ein neues Schuljahr steht auch ...
Irgendwie bin ich nervös.
Wir zwei landen sicher nicht noch mal in derselben.
Ich hoffe, dass ich in der neuen Klasse jemanden kenne.
... für neue Begegnungen.

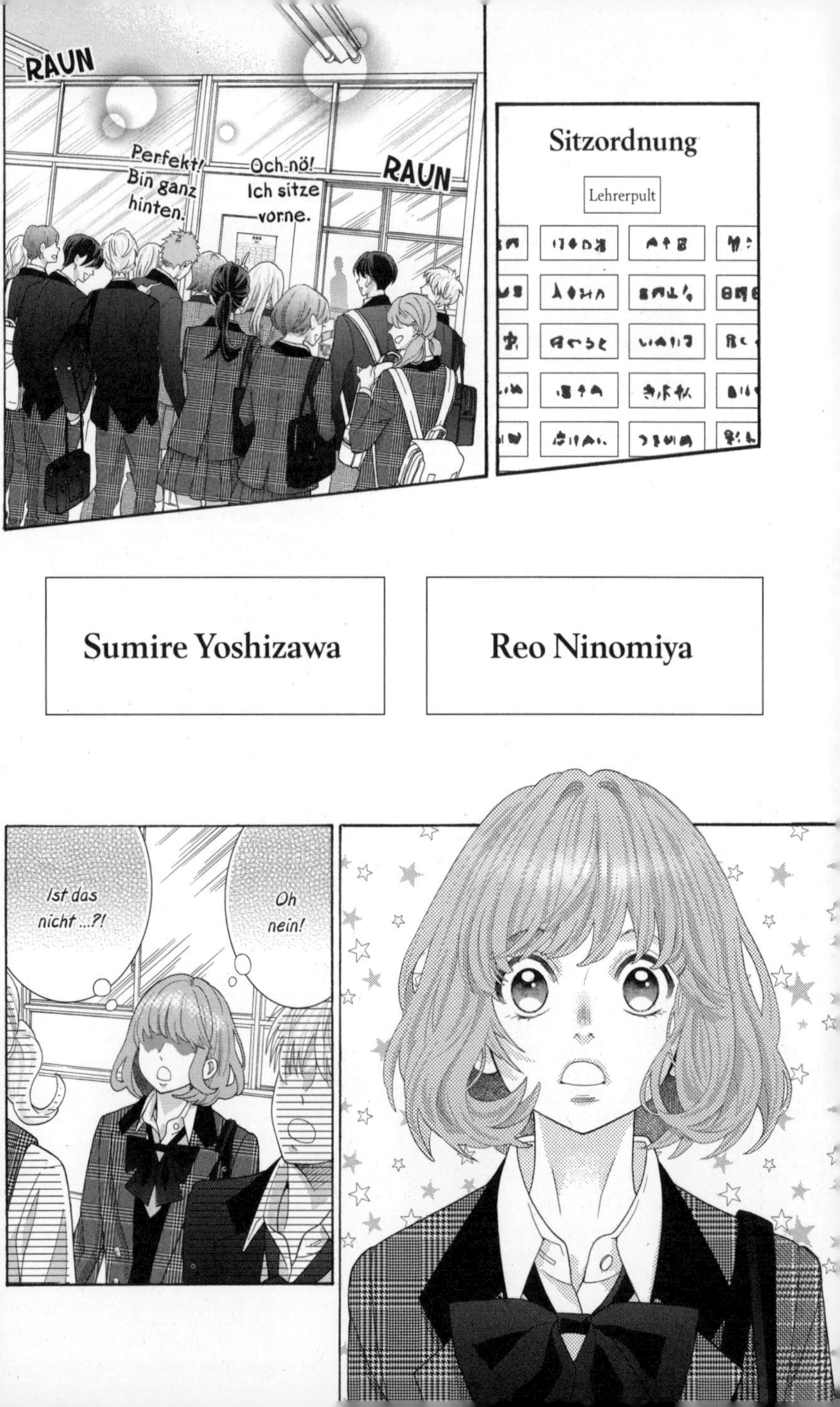
RAUN
Och nö! Ich sitze vorne.
Perfekt! Bin ganz hinten.
RAUN
Sitzordnung
Lehrerpult
Reo Ninomiya
Sumire Yoshizawa
Oh nein!
Ist das nicht ...?!

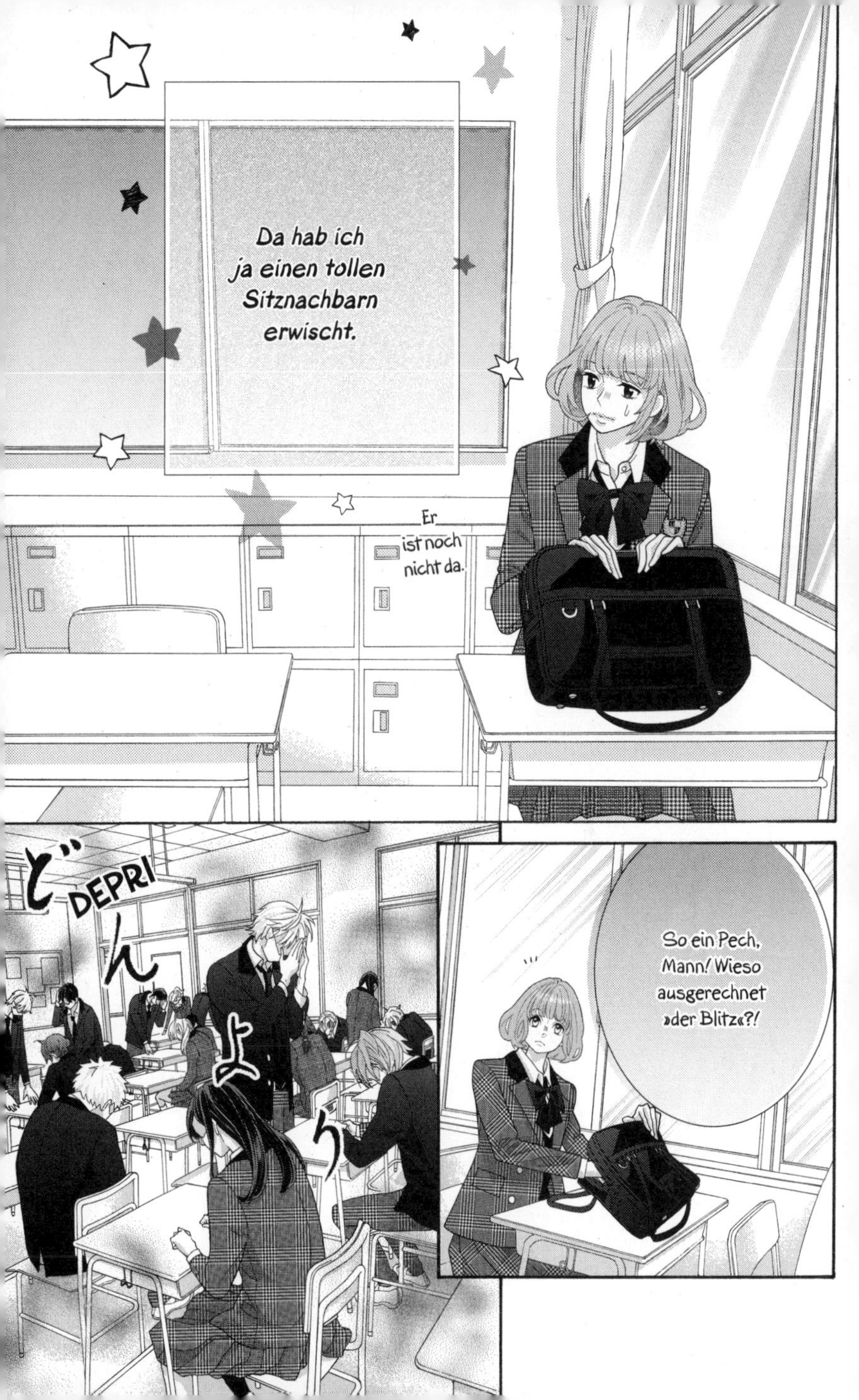
Da hab ich ja einen tollen Sitznachbarn erwischt.
Er ist noch nicht da.
DEPRI
So ein Pech, Mann! Wieso ausgerechnet »der Blitz«?!

*In Japan galt lange die Volljährigkeit mit zwanzig Jahren. Am 1. April 2022 wurde sie auf 18 Jahre gesenkt. Rin Mikimoto zeichnete dieses Kapitel bereits im Sommer 2021.

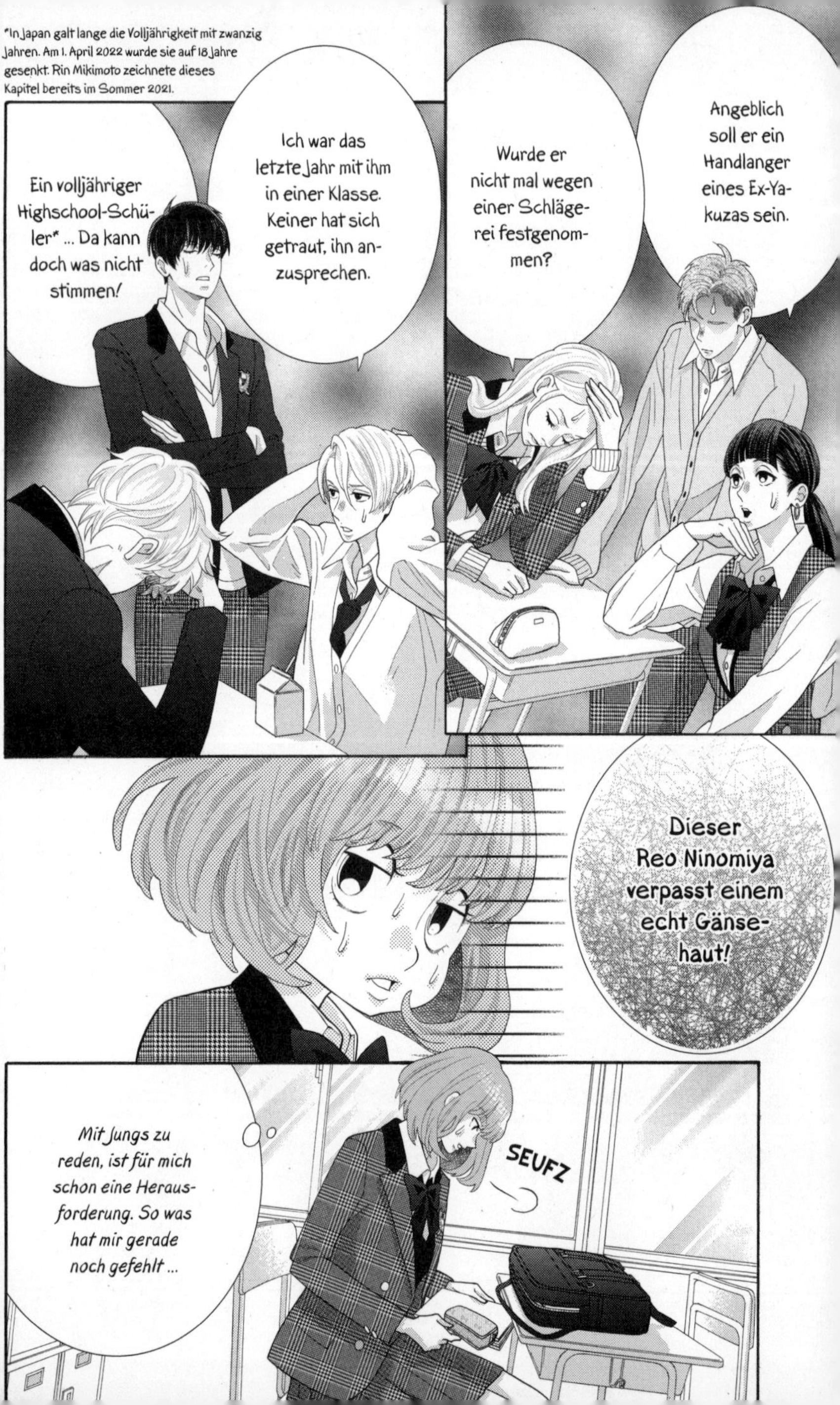

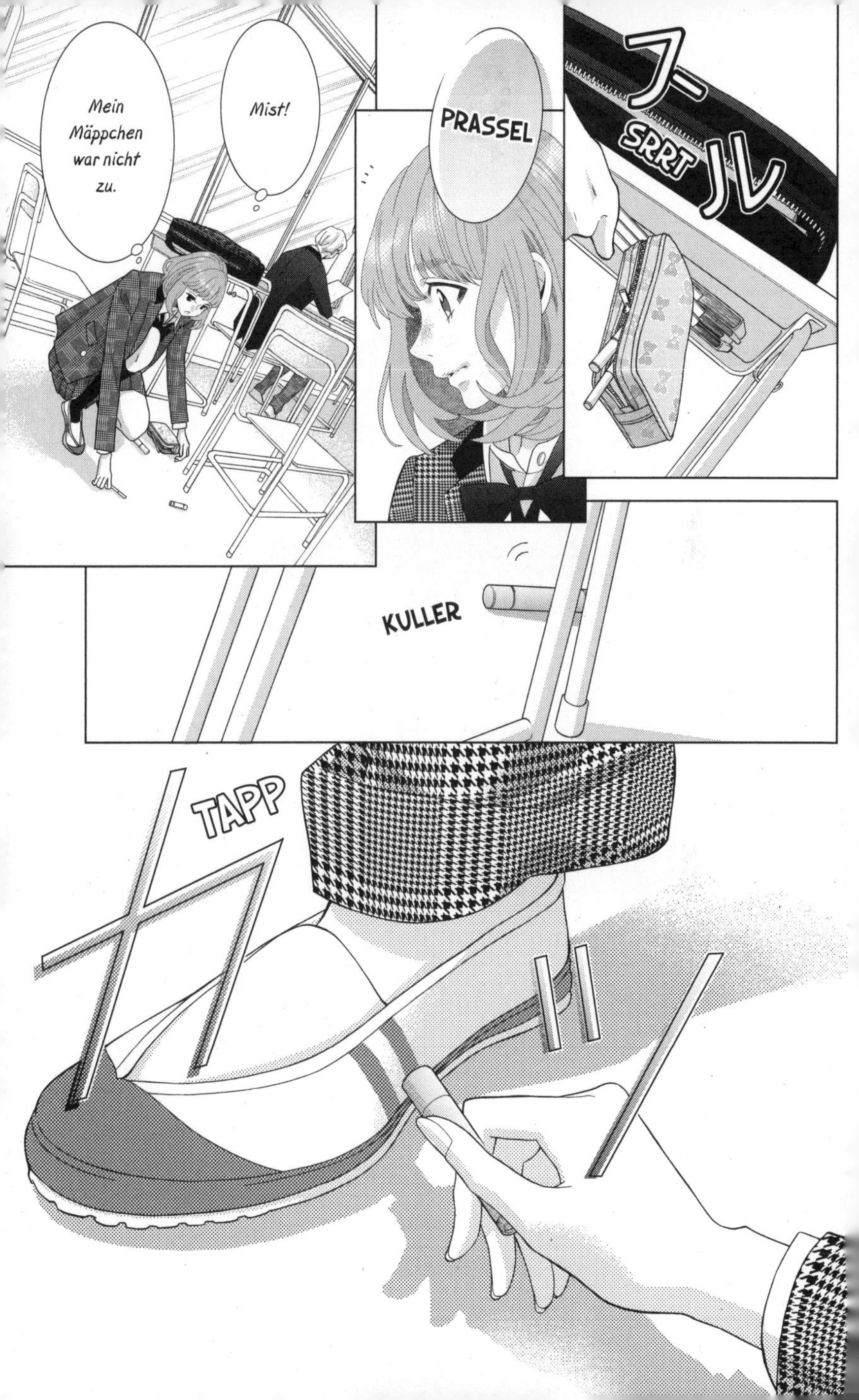
フール
SRRT
PRASSEL
Mist!
Mein Mäppchen war nicht zu.
KULLER
TAPP
カツ

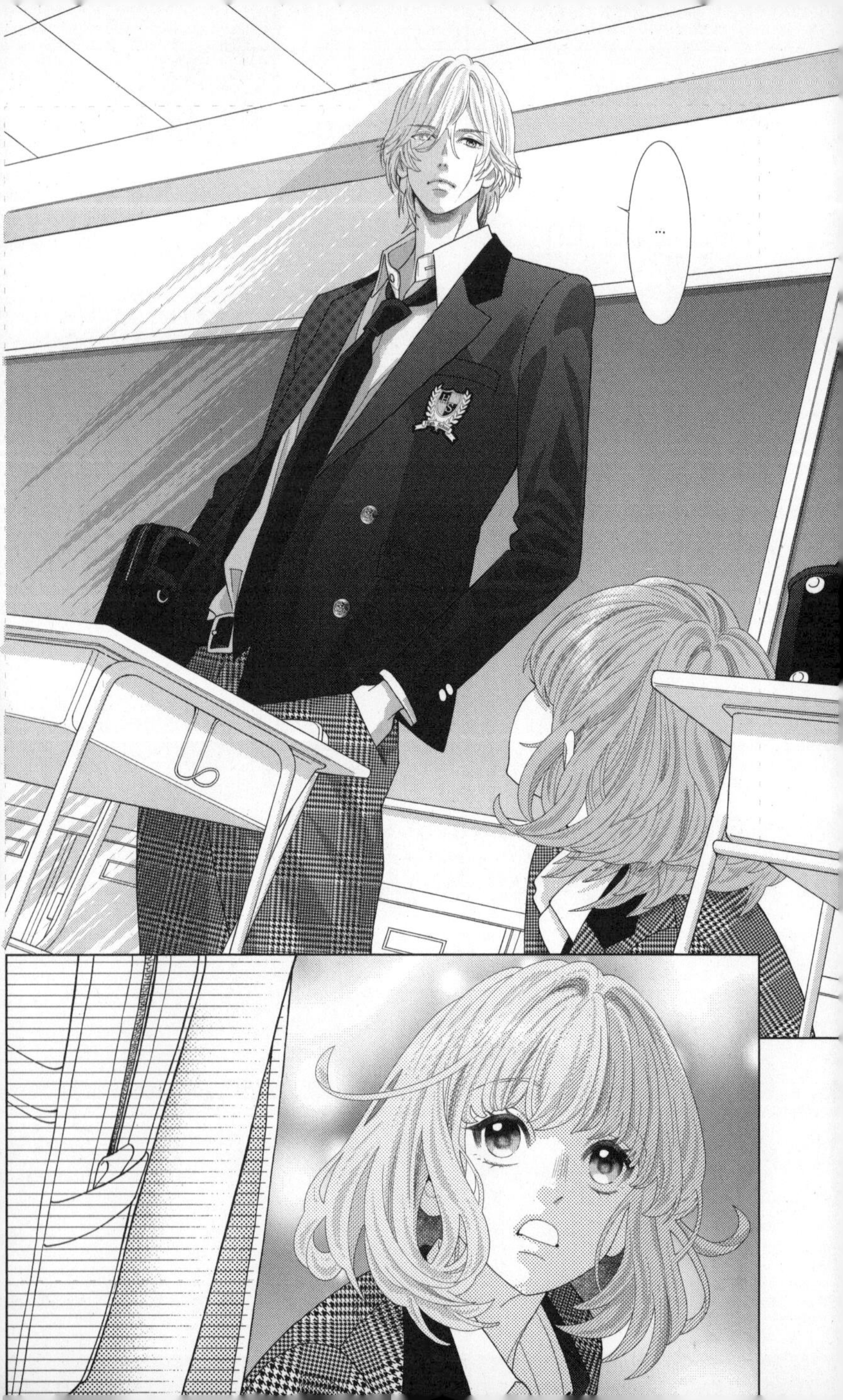

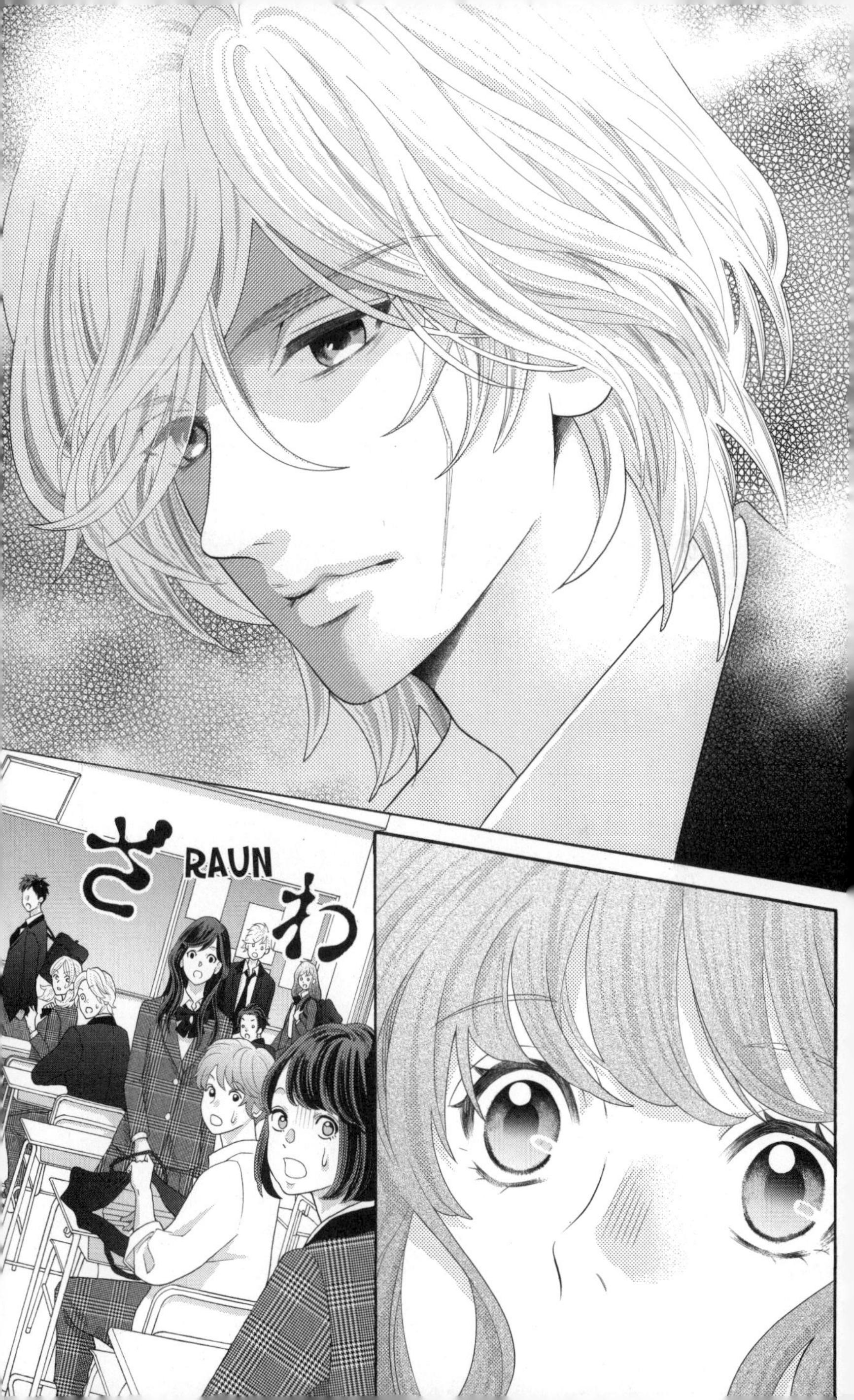
ざわ
RAUN

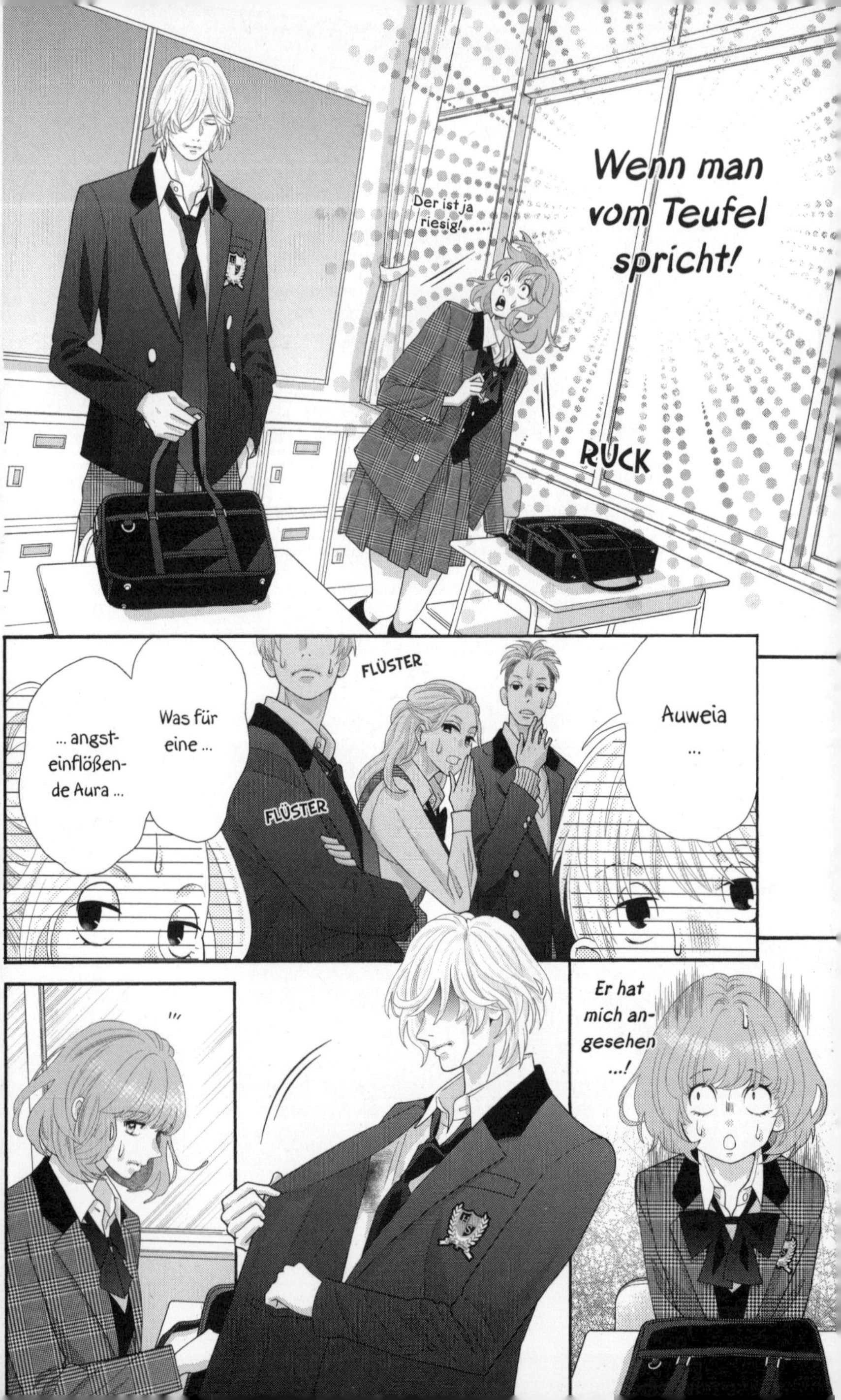
Wenn man vom Teufel spricht!
Der ist ja riesig!
RUCK
Auweia ...
FLÜSTER
FLÜSTER
Was für eine ...
... angst-einflößen-de Aura ...
Er hat mich an-gesehen ...!

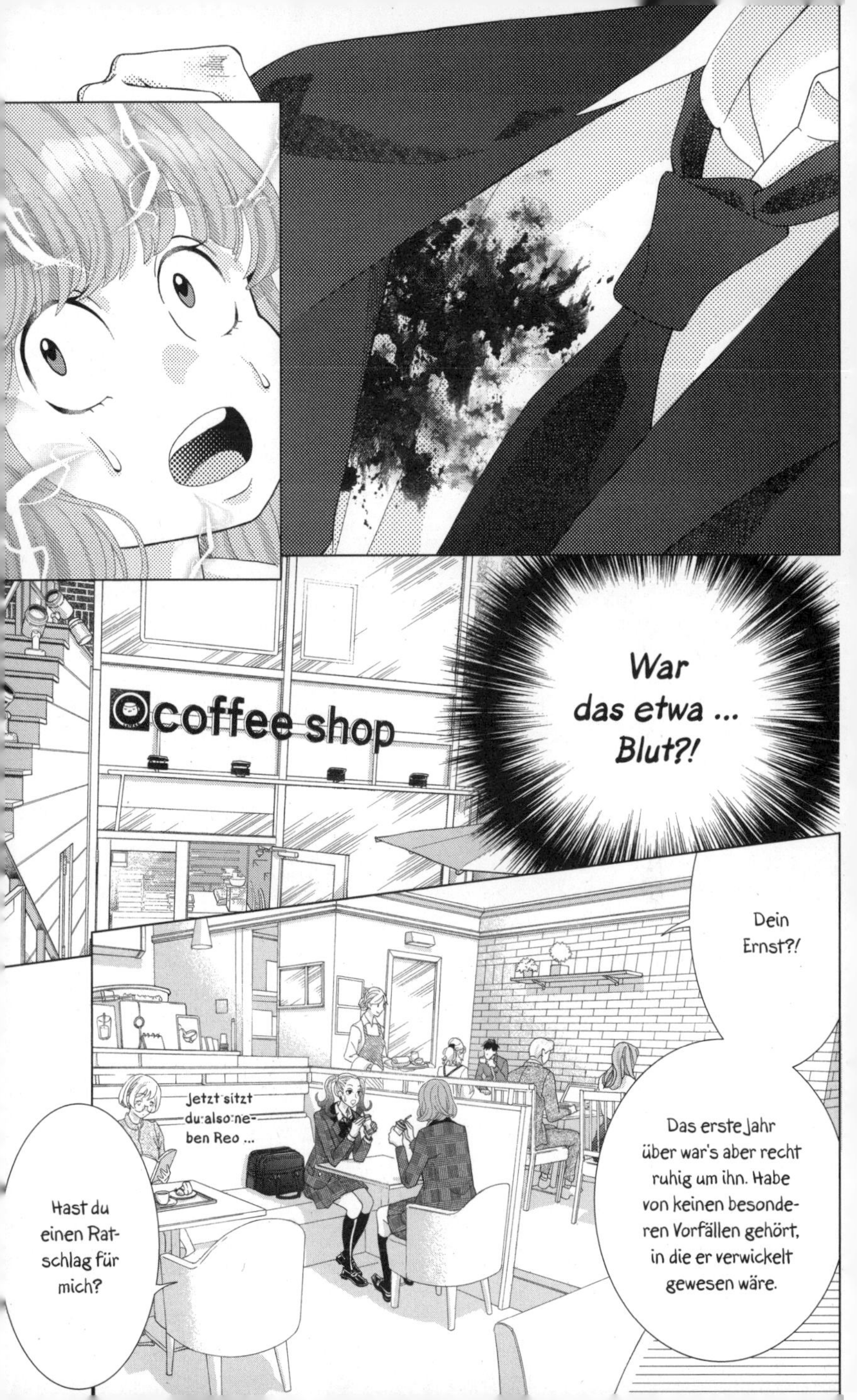
War das etwa ... Blut?!
coffee shop
Dein Ernst?!
Das erste Jahr über war's aber recht ruhig um ihn. Habe von keinen besonderen Vorfällen gehört, in die er verwickelt gewesen wäre.
Jetzt sitzt du also neben Reo ...
Hast du einen Ratschlag für mich?

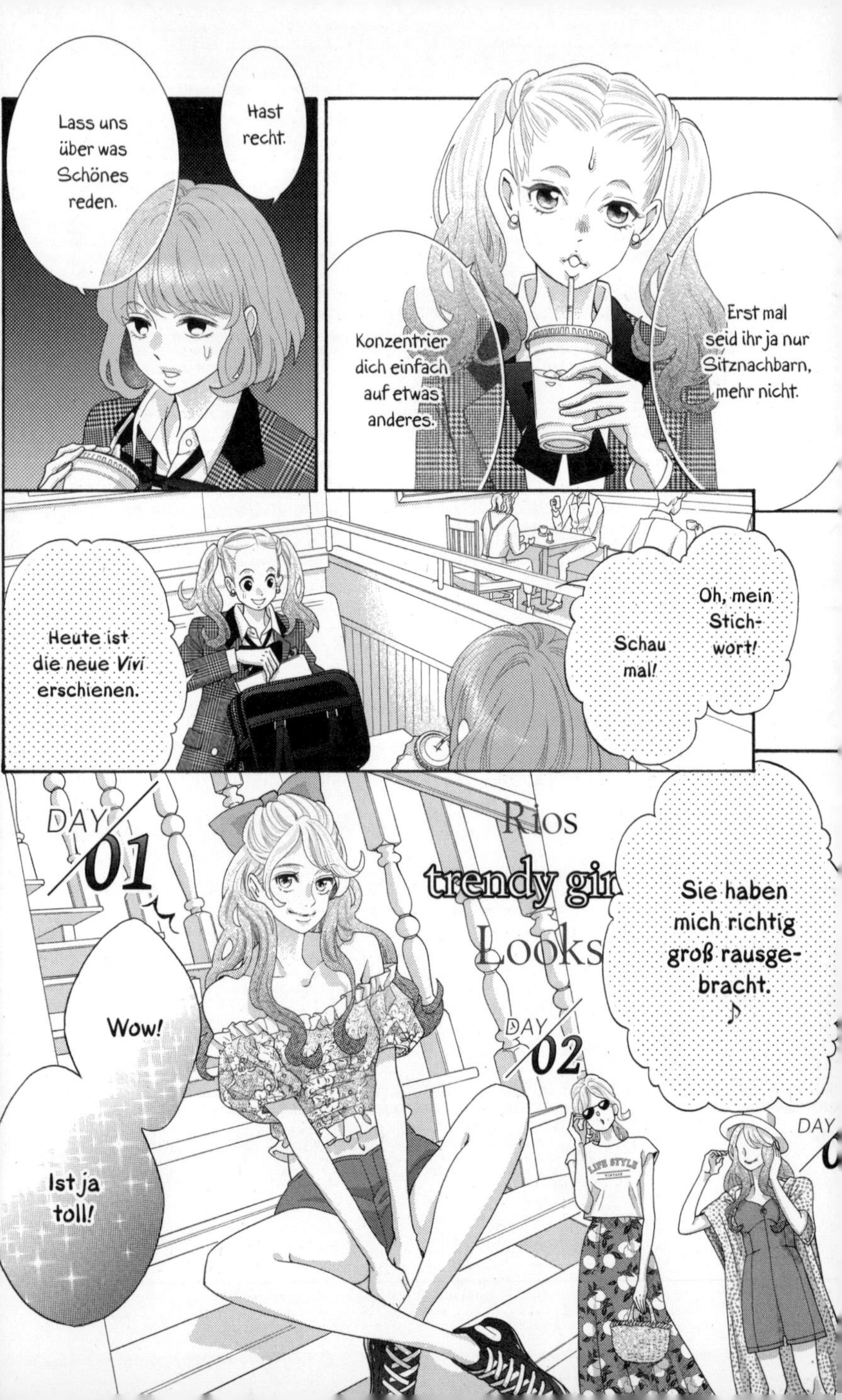
Hast recht.
Lass uns über was Schönes reden.
Erst mal seid ihr ja nur Sitznachbarn, mehr nicht.
Konzentrier dich einfach auf etwas anderes.
Oh, mein Stichwort!
Schau mal!
Heute ist die neue Vivi erschienen.
Rios trendy gir
Looks
DAY 01
DAY 02
DAY
Sie haben mich richtig groß rausgebracht. ♪
Wow!
Ist ja toll!

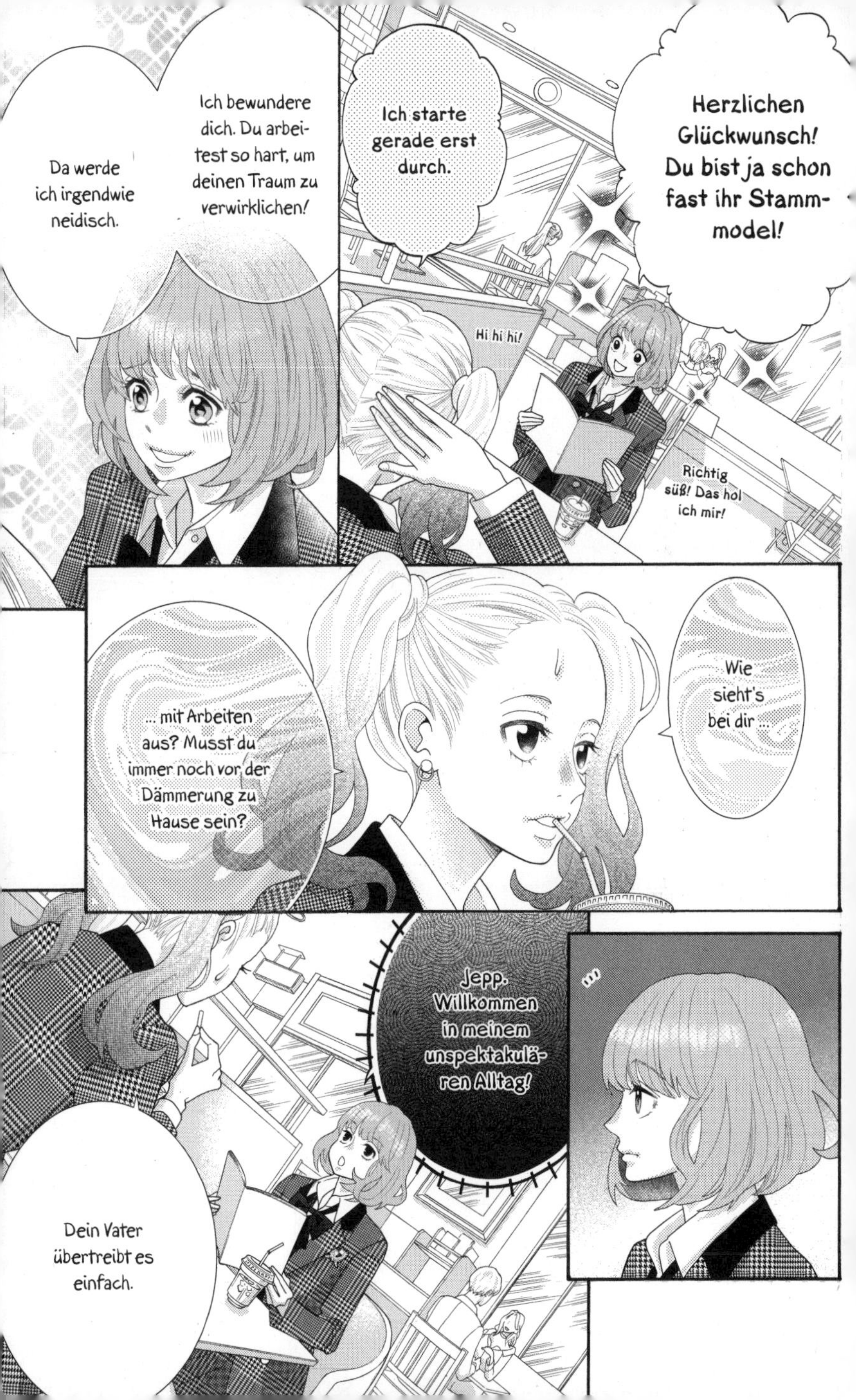
Herzlichen Glückwunsch! Du bist ja schon fast ihr Stamm-model!
Ich starte gerade erst durch.
Hi hi hi!
Richtig süß! Das hol ich mir!
Ich bewundere dich. Du arbeitest so hart, um deinen Traum zu verwirklichen!
Da werde ich irgendwie neidisch.
Wie sieht's bei dir ...
... mit Arbeiten aus? Musst du immer noch vor der Dämmerung zu Hause sein?
...
Jepp. Willkommen in meinem unspektakulären Alltag!
Dein Vater übertreibt es einfach.

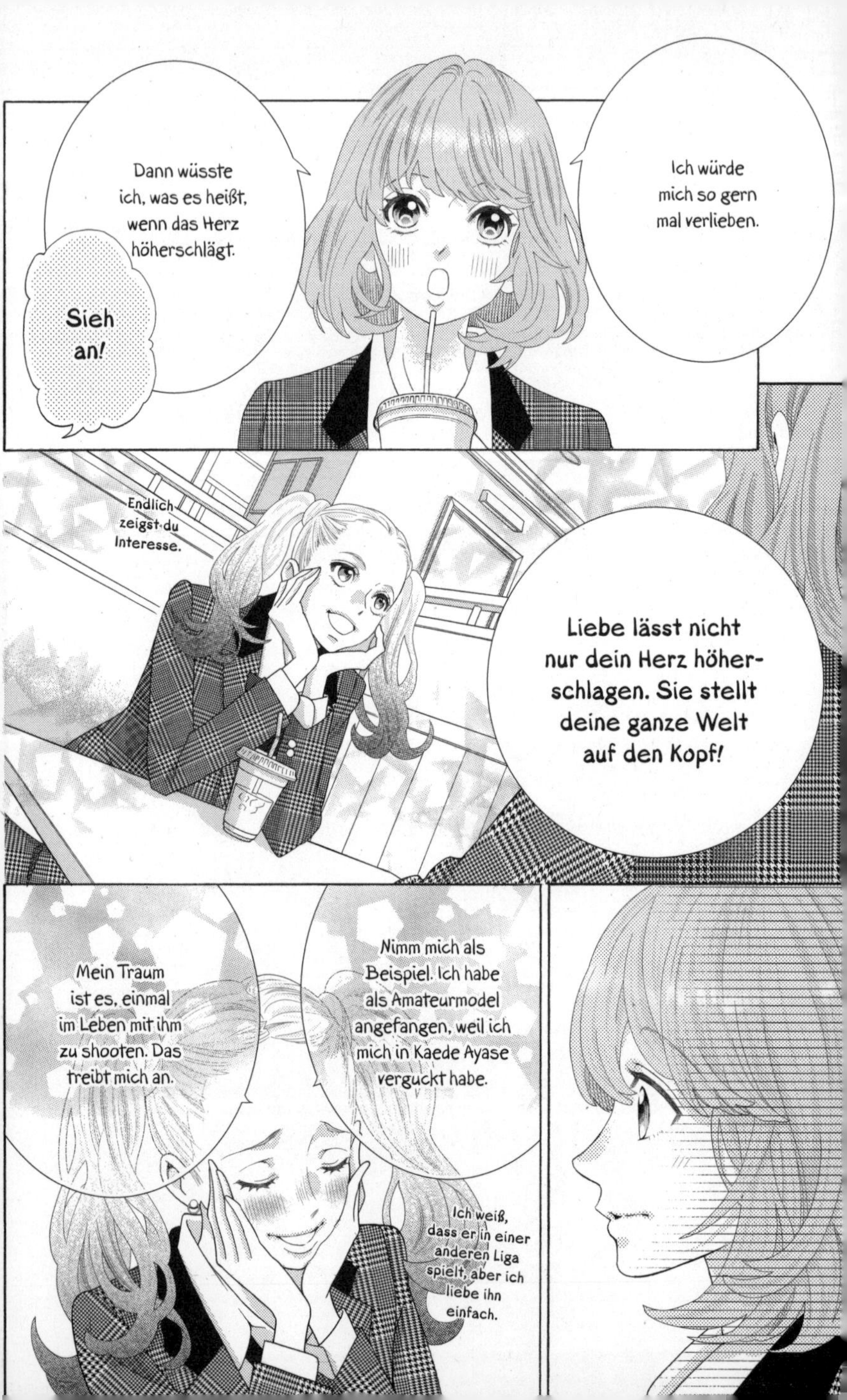
Ich würde mich so gern mal verlieben.
Dann wüsste ich, was es heißt, wenn das Herz höherschlägt.
Sieh an!
Endlich zeigst du Interesse.
Liebe lässt nicht nur dein Herz höher-schlagen. Sie stellt deine ganze Welt auf den Kopf!
Nimm mich als Beispiel. Ich habe als Amateurmodel angefangen, weil ich mich in Kaede Ayase verguckt habe.
Mein Traum ist es, einmal im Leben mit ihm zu shooten. Das treibt mich an.
Ich weiß, dass er in einer anderen Liga spielt, aber ich liebe ihn einfach.

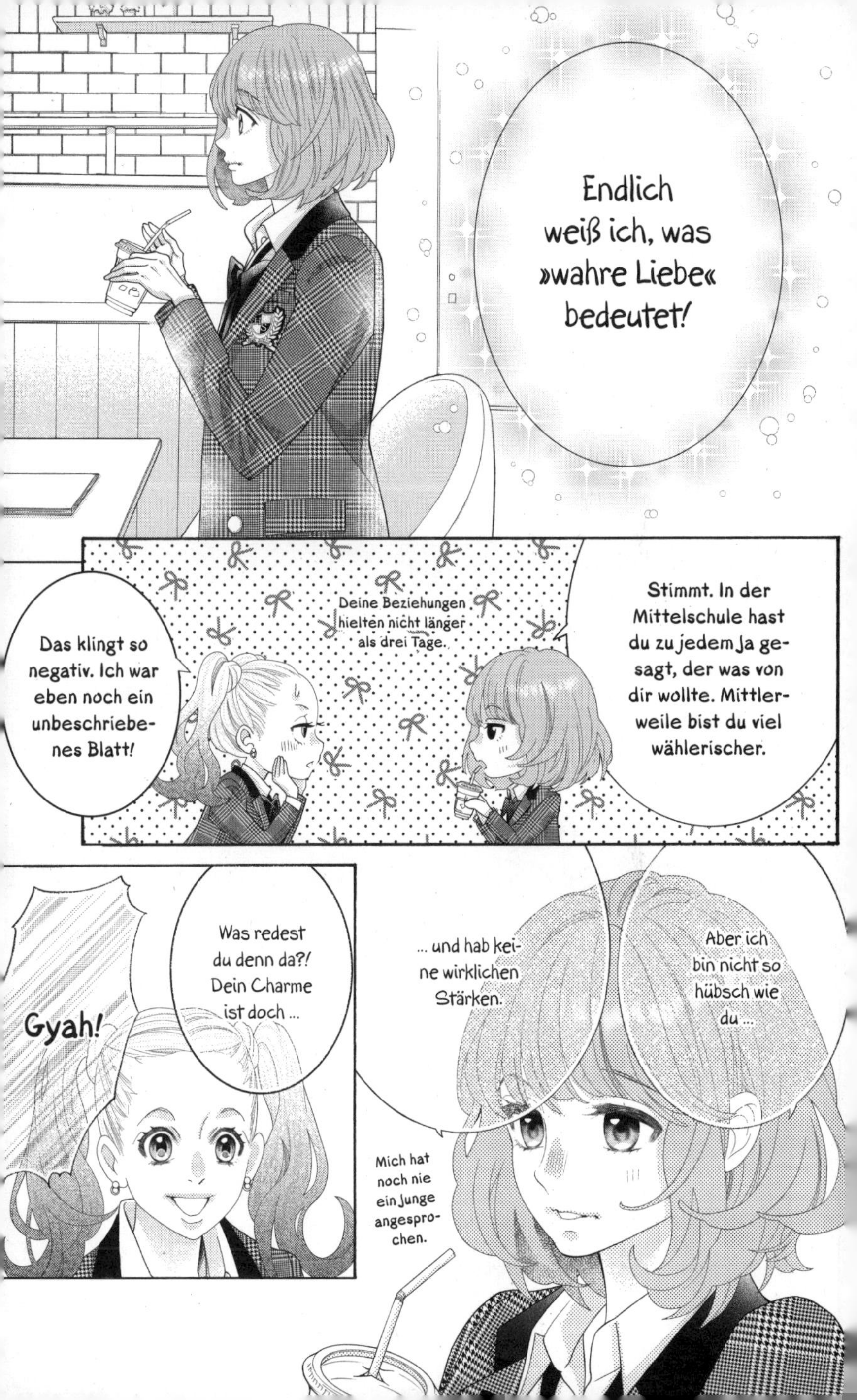
Endlich weiß ich, was »wahre Liebe« bedeutet!
Stimmt. In der Mittelschule hast du zu jedem Ja gesagt, der was von dir wollte. Mittlerweile bist du viel wählerischer.
Deine Beziehungen hielten nicht länger als drei Tage.
Das klingt so negativ. Ich war eben noch ein unbeschriebenes Blatt!
Aber ich bin nicht so hübsch wie du ...
... und hab keine wirklichen Stärken.
Mich hat noch nie ein Junge angesprochen.
Was redest du denn da?! Dein Charme ist doch ...
Gyah!

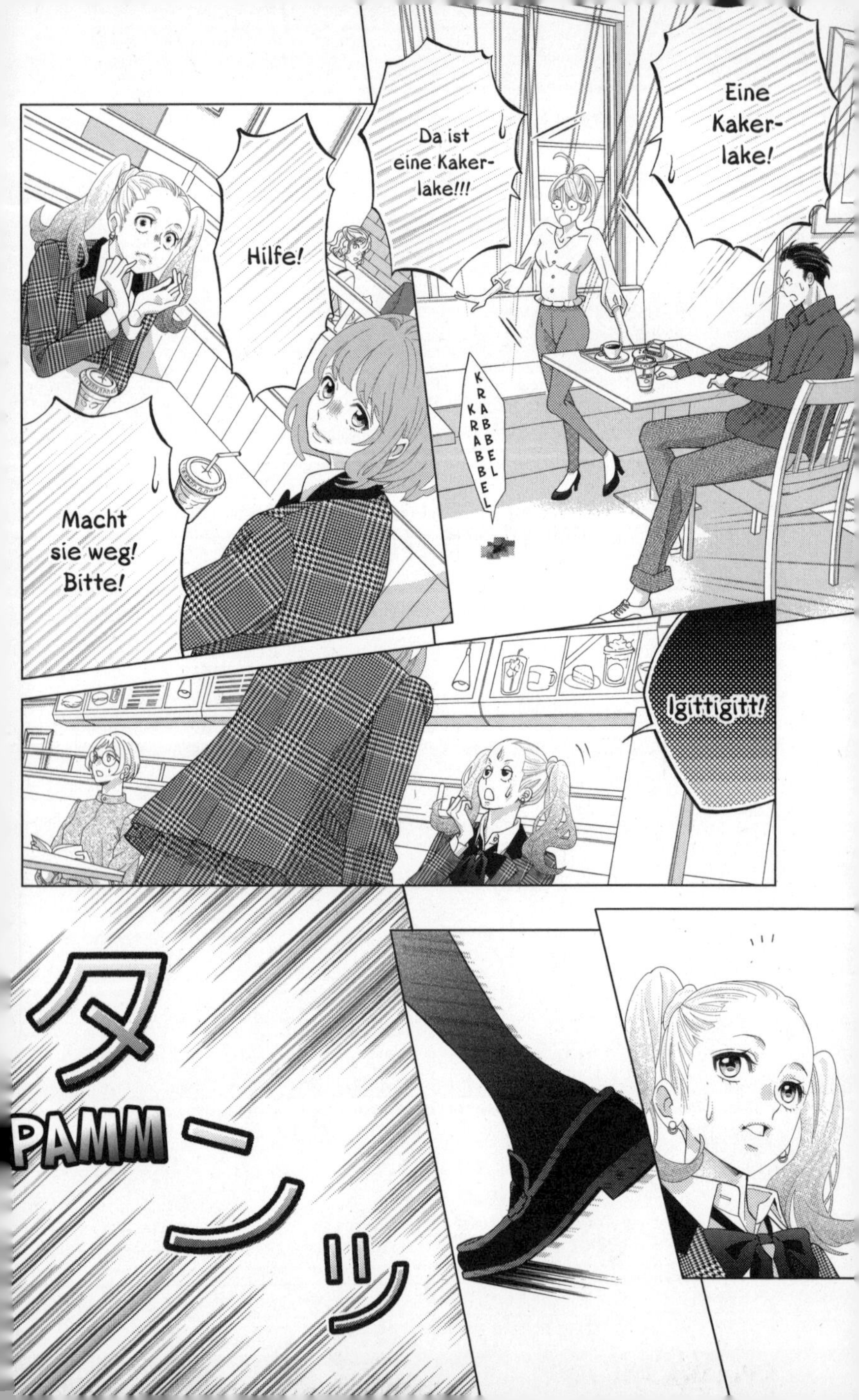
Eine Kaker-lake!
Da ist eine Kaker-lake!!!
Hilfe!
Macht sie weg! Bitte!
KRABBEL KRABBEL
Igittigitt!
タ
PAMM
ーンッ

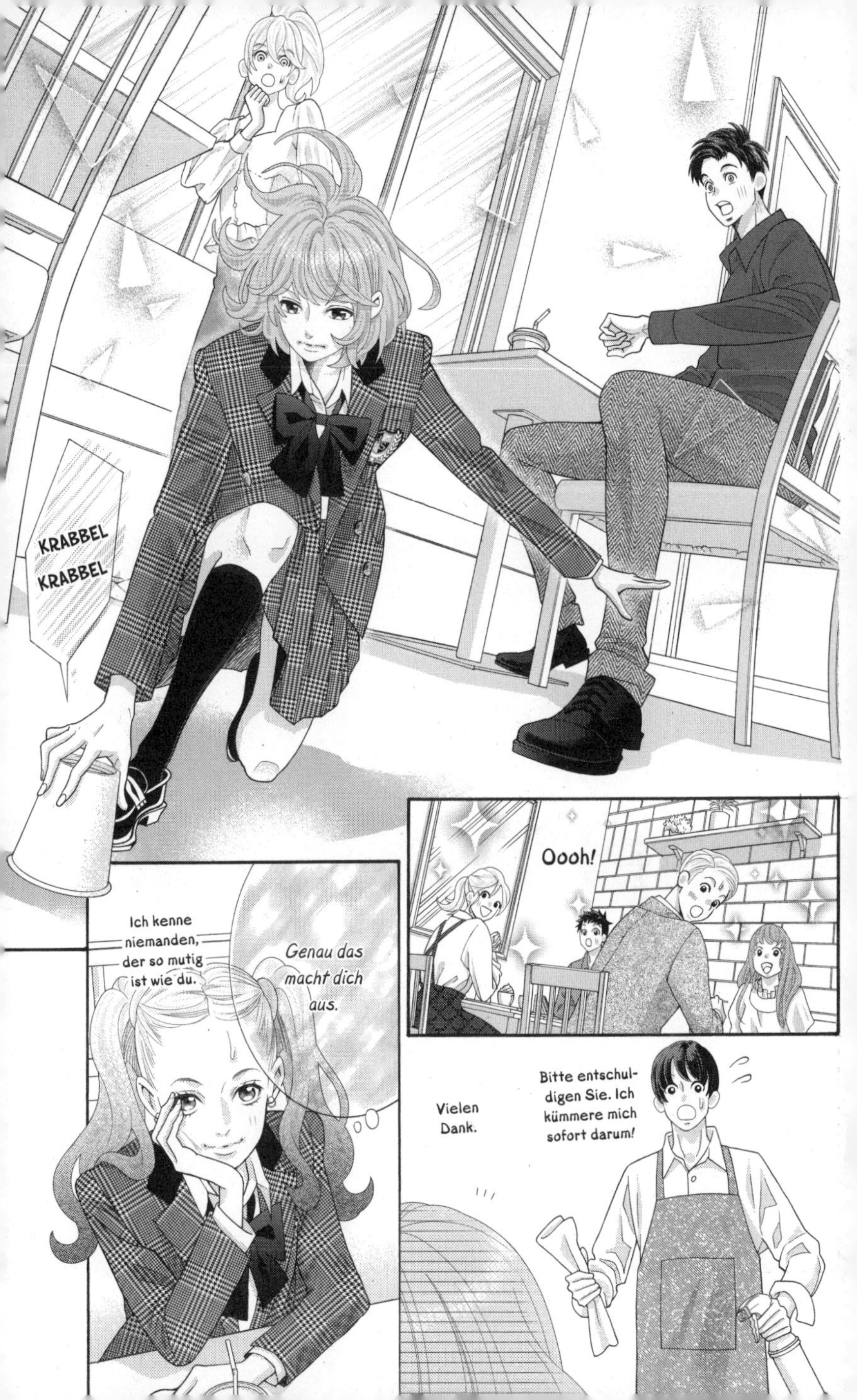
KRABBEL
KRABBEL
Oooh!
Ich kenne niemanden, der so mutig ist wie du.
Genau das macht dich aus.
Bitte entschuldigen Sie. Ich kümmere mich sofort darum!
Vielen Dank.

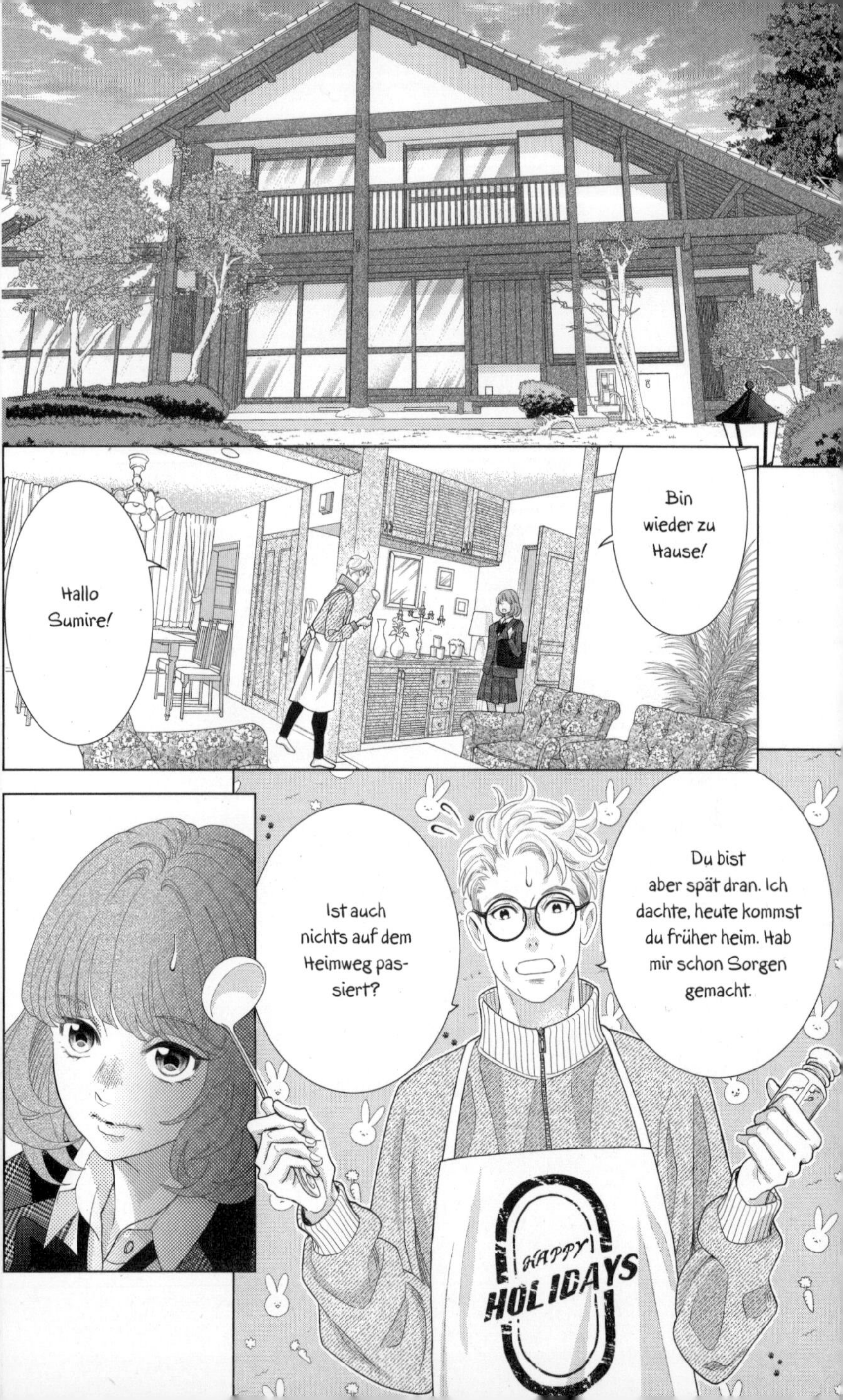
Bin wieder zu Hause!
Hallo Sumire!
Du bist aber spät dran. Ich dachte, heute kommst du früher heim. Hab mir schon Sorgen gemacht.
Ist auch nichts auf dem Heimweg passiert?
HAPPY HOLIDAYS

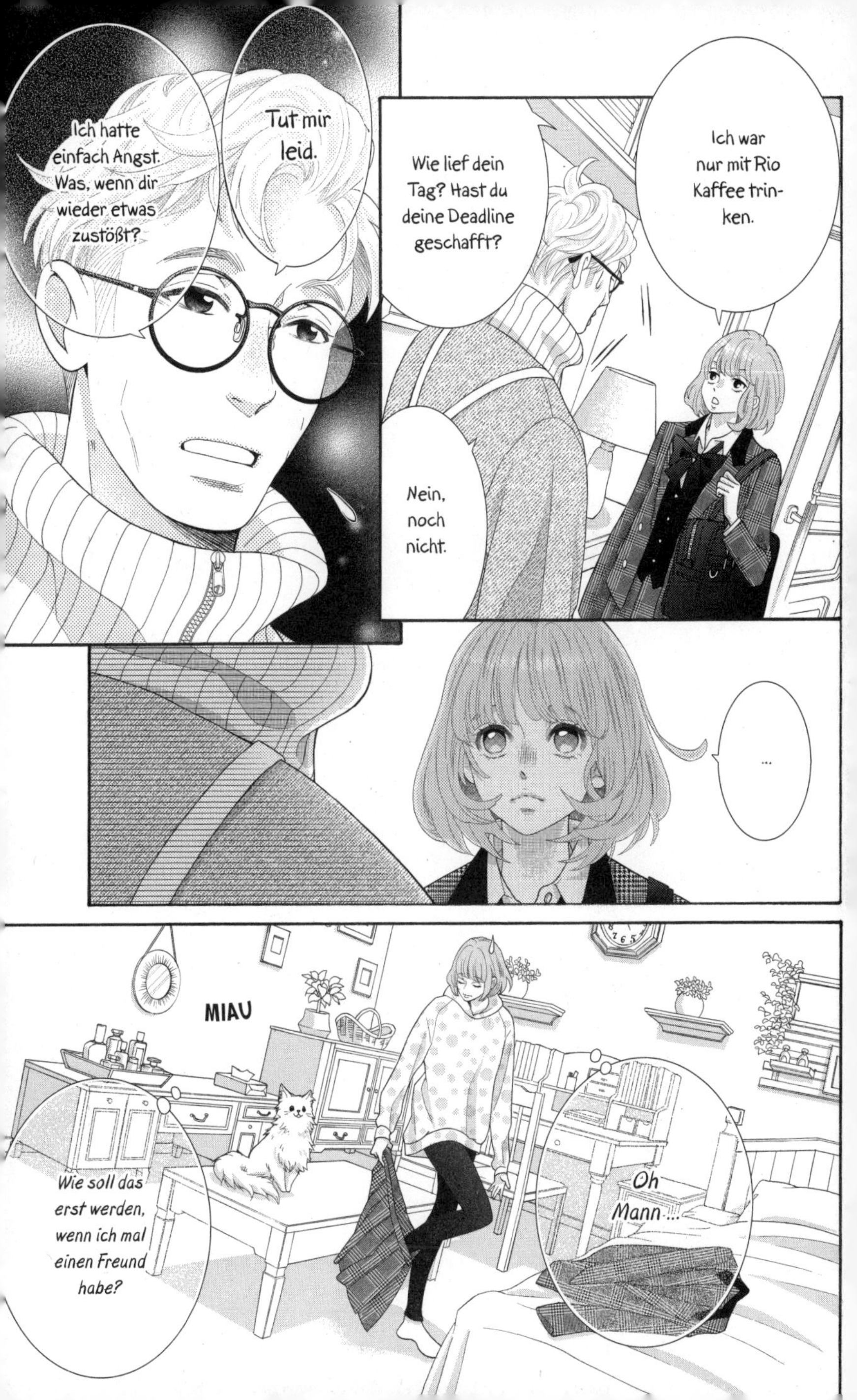
Ich war nur mit Rio Kaffee trinken.
Wie lief dein Tag? Hast du deine Deadline geschafft?
Nein, noch nicht.
Tut mir leid.
Ich hatte einfach Angst. Was, wenn dir wieder etwas zustößt?
...
MIAU
Oh Mann ...
Wie soll das erst werden, wenn ich mal einen Freund habe?

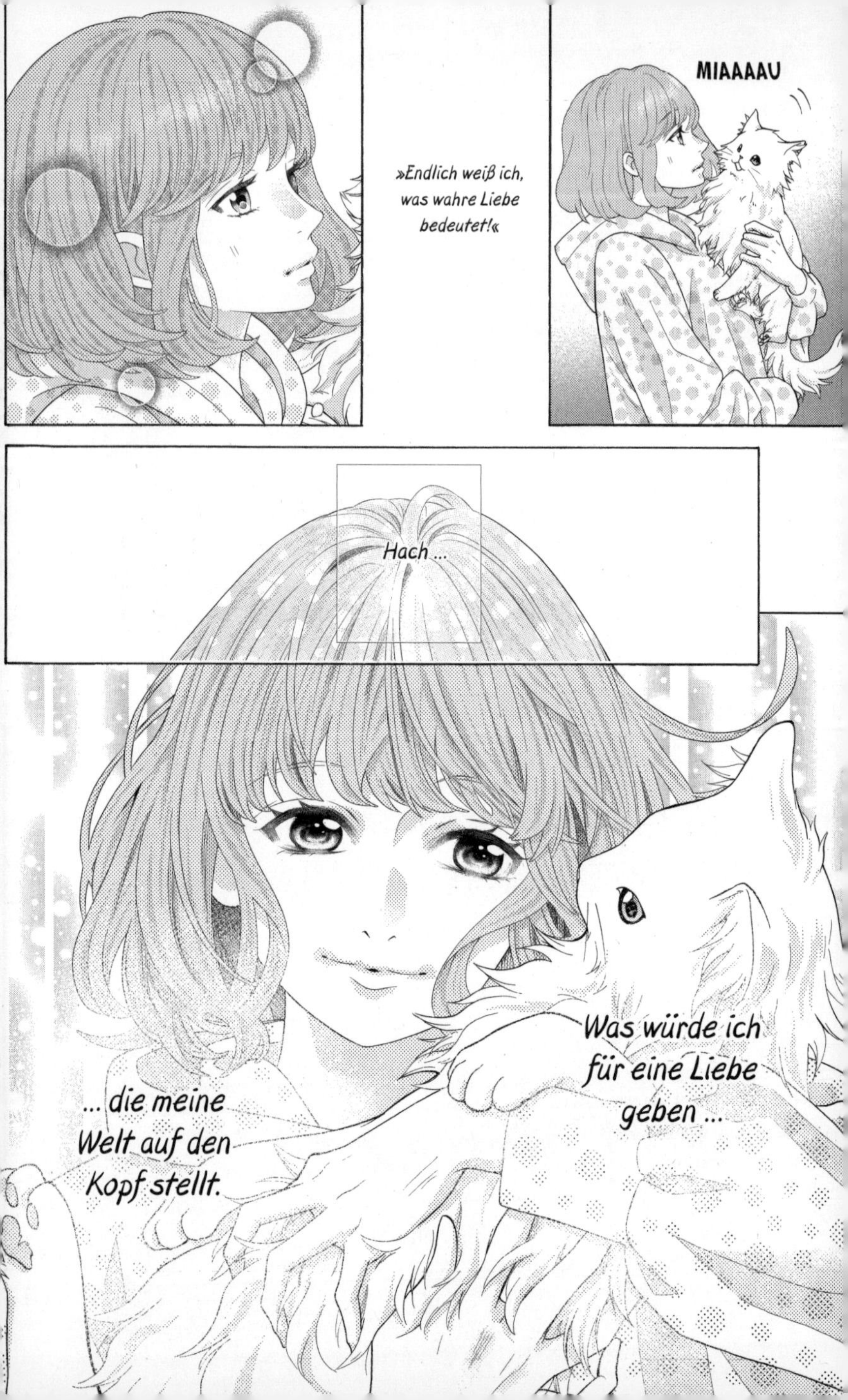
MIAAAAU
»Endlich weiß ich, was wahre Liebe bedeutet!«
Hach ...
Was würde ich für eine Liebe geben ...
... die meine Welt auf den Kopf stellt.

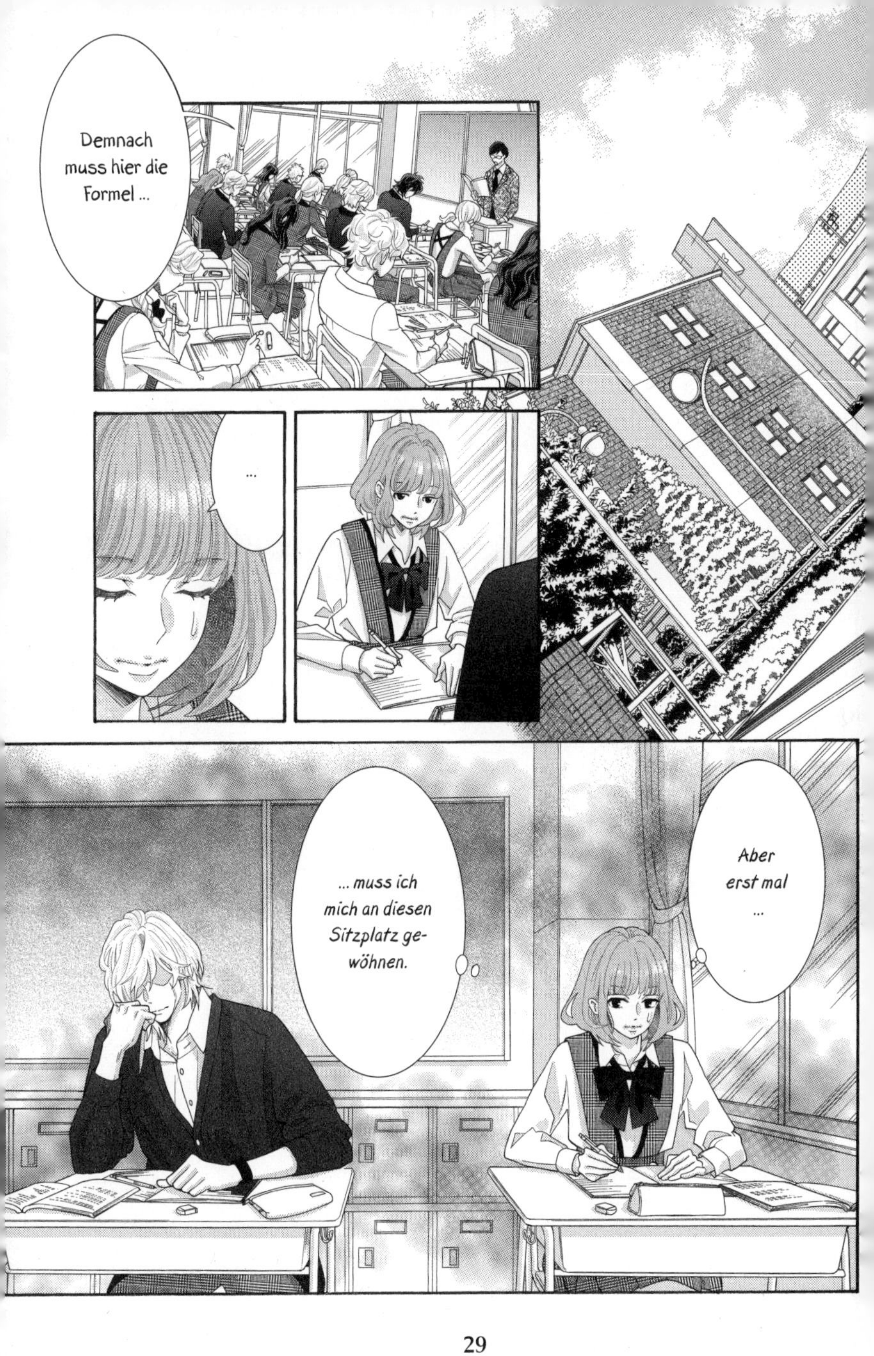
Demnach muss hier die Formel ...
...
Aber erst mal ...
... muss ich mich an diesen Sitzplatz gewöhnen.

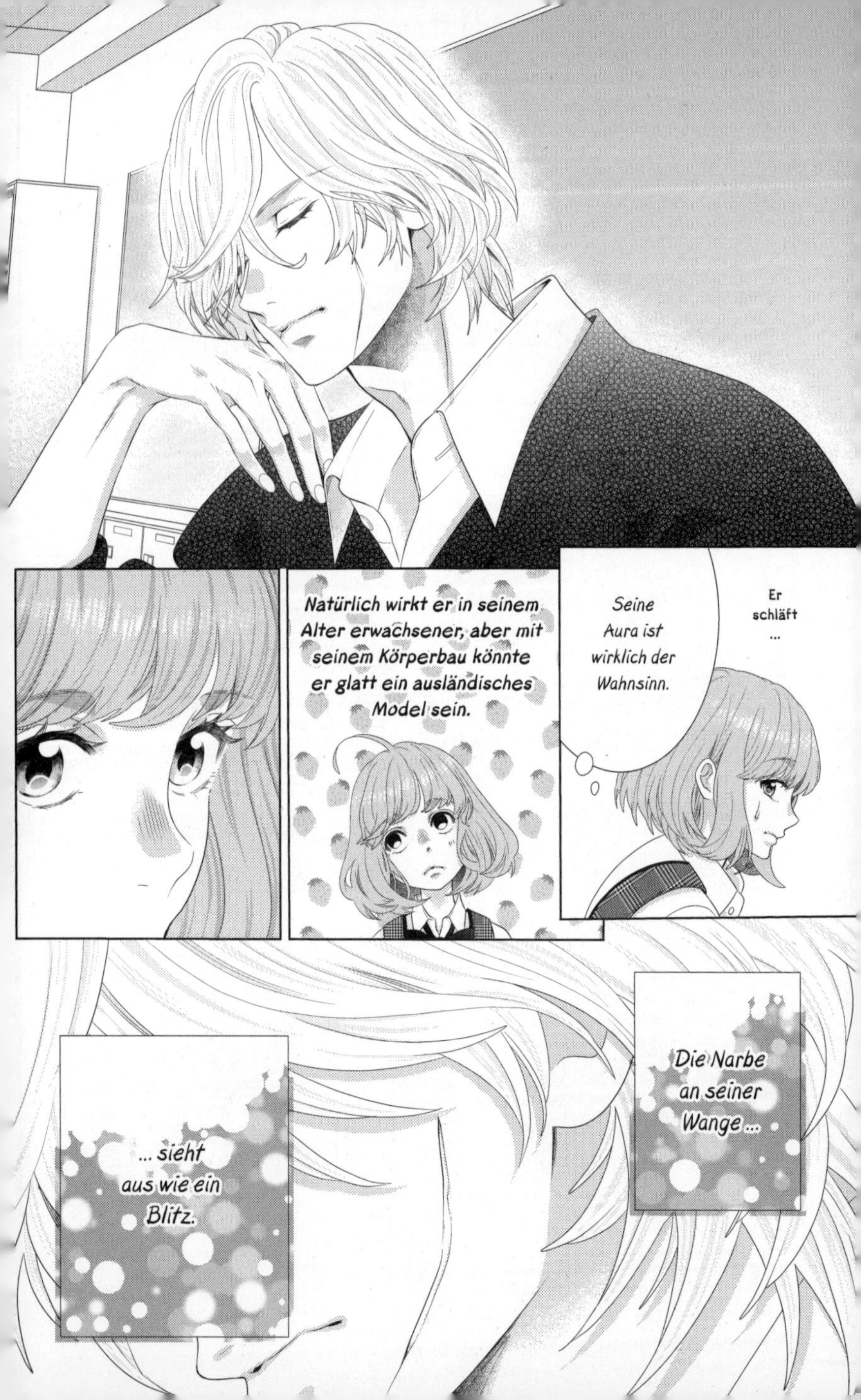
Er schläft ...
Seine Aura ist wirklich der Wahnsinn.
Natürlich wirkt er in seinem Alter erwachsener, aber mit seinem Körperbau könnte er glatt ein ausländisches Model sein.
Die Narbe an seiner Wange ...
... sieht aus wie ein Blitz.

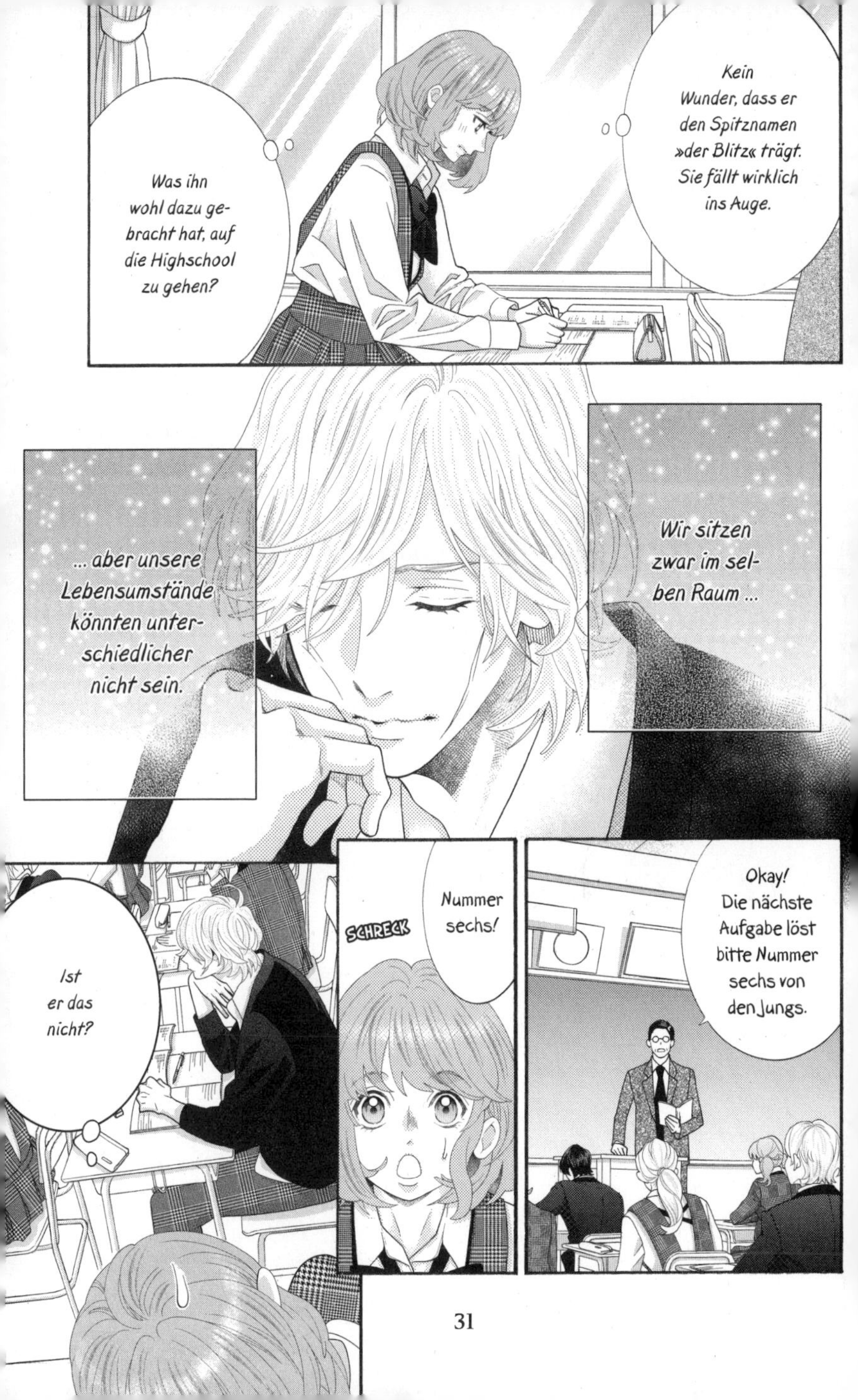
Kein Wunder, dass er den Spitznamen »der Blitz« trägt. Sie fällt wirklich ins Auge.
Was ihn wohl dazu gebracht hat, auf die Highschool zu gehen?
Wir sitzen zwar im selben Raum ...
... aber unsere Lebensumstände könnten unterschiedlicher nicht sein.
Okay! Die nächste Aufgabe löst bitte Nummer sechs von den Jungs.
Nummer sechs!
SCHRECK
Ist er das nicht?

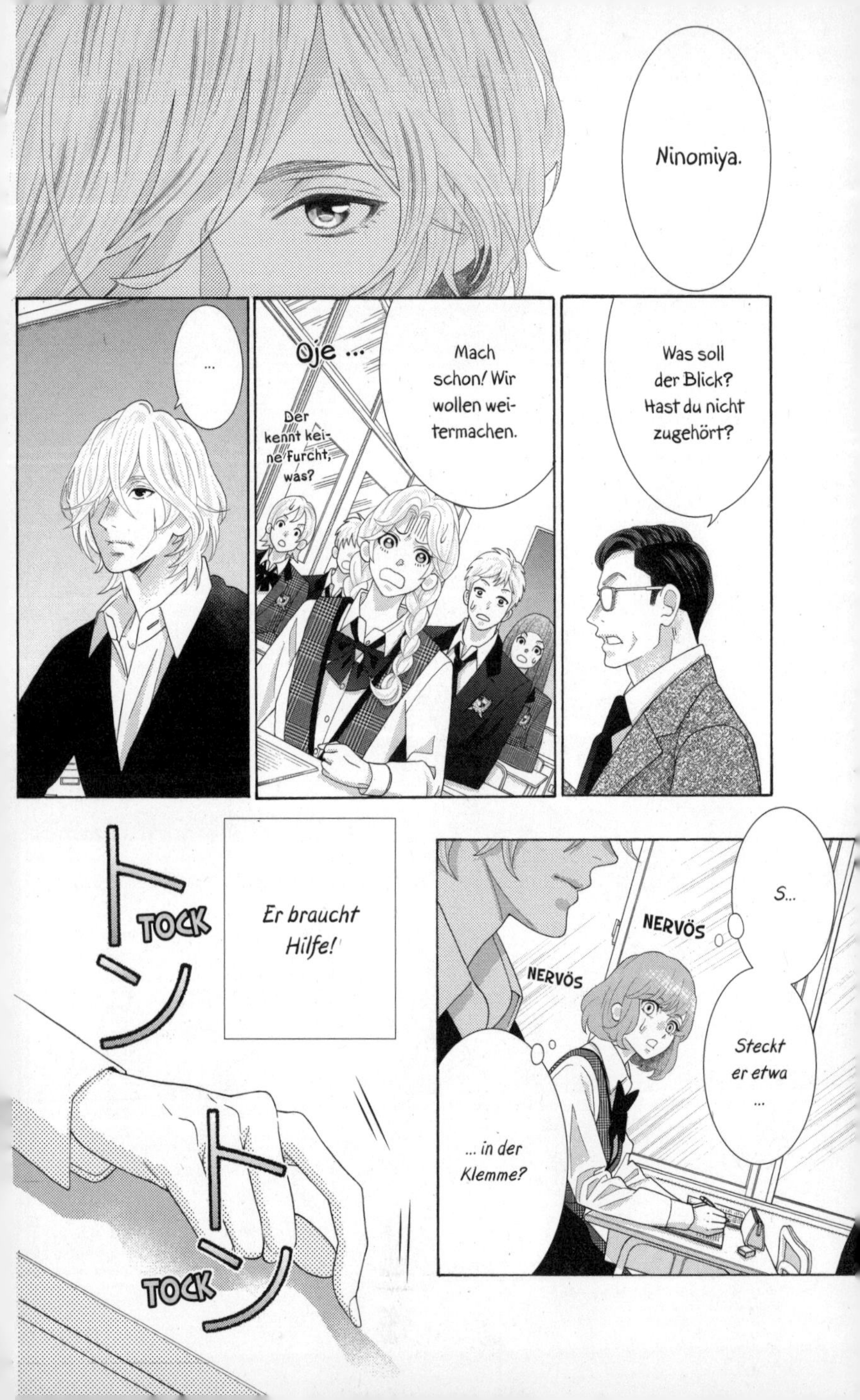
Ninomiya.
Was soll der Blick? Hast du nicht zugehört?
Mach schon! Wir wollen weitermachen.
Oje ...
Der kennt keine Furcht, was?
...
S...
Steckt er etwa ...
NERVÖS
NERVÖS
... in der Klemme?
Er braucht Hilfe!
TOCK
TOCK

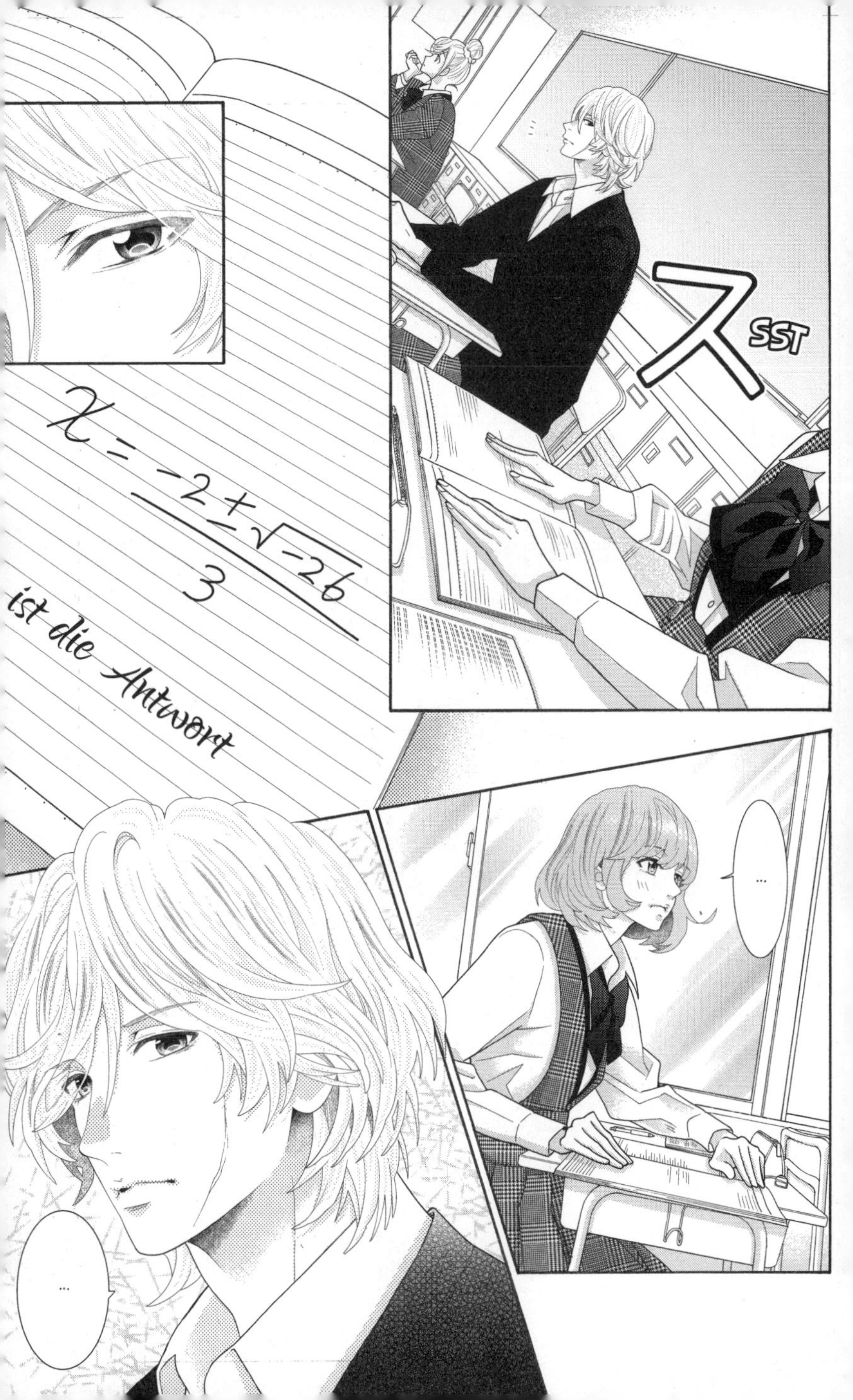

ス
SST
$x = \frac{-2 \pm \sqrt{-26}}{3}$
ist die Antwort
...
...

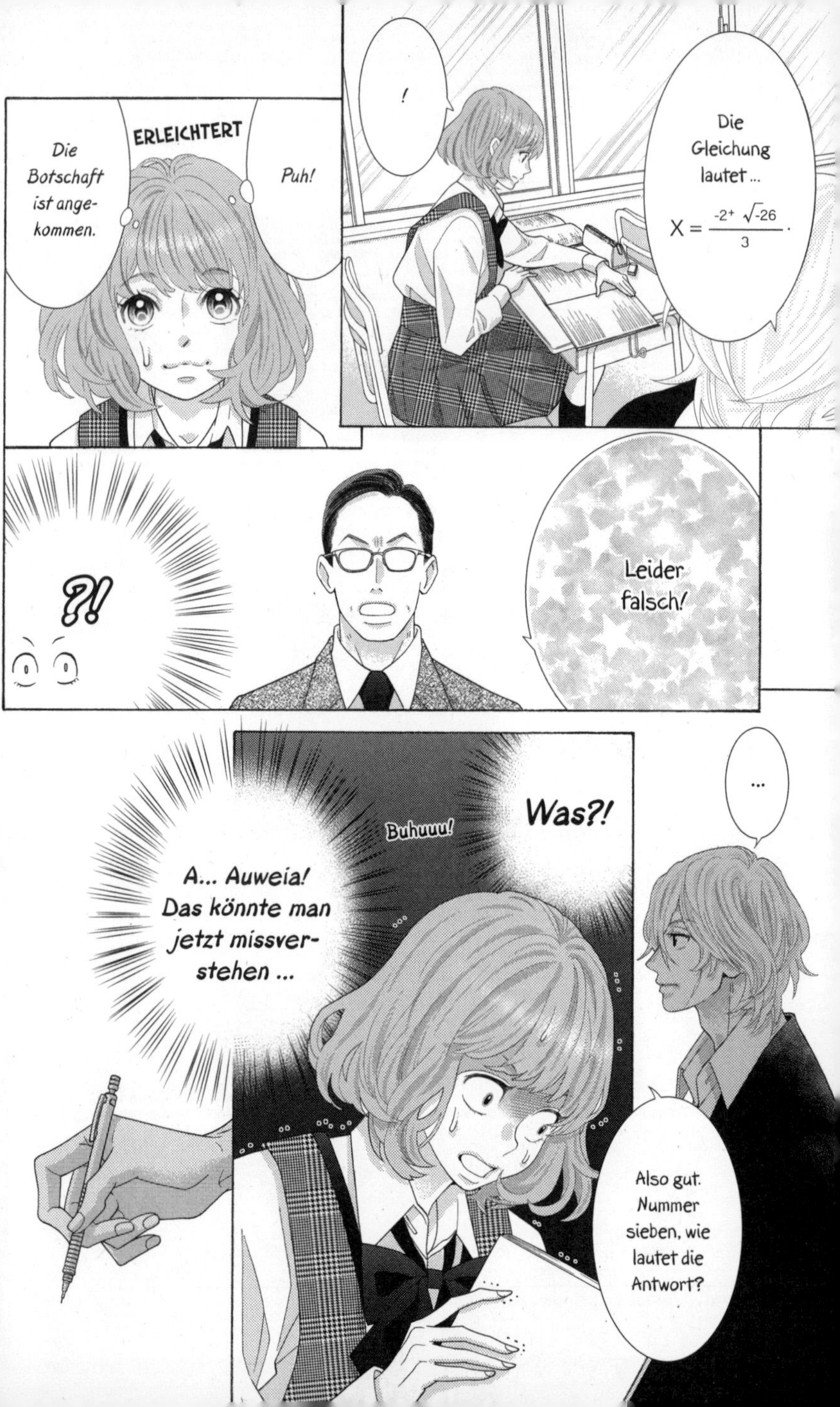
Die Gleichung lautet ...
$X = \frac{-2+\sqrt{-26}}{3}$.
!
Puh!
ERLEICHTERT
Die Botschaft ist angekommen.
Leider falsch!
?!
...
Also gut. Nummer sieben, wie lautet die Antwort?
Was?!
Buhuuu!
A... Auweia! Das könnte man jetzt missverstehen ...

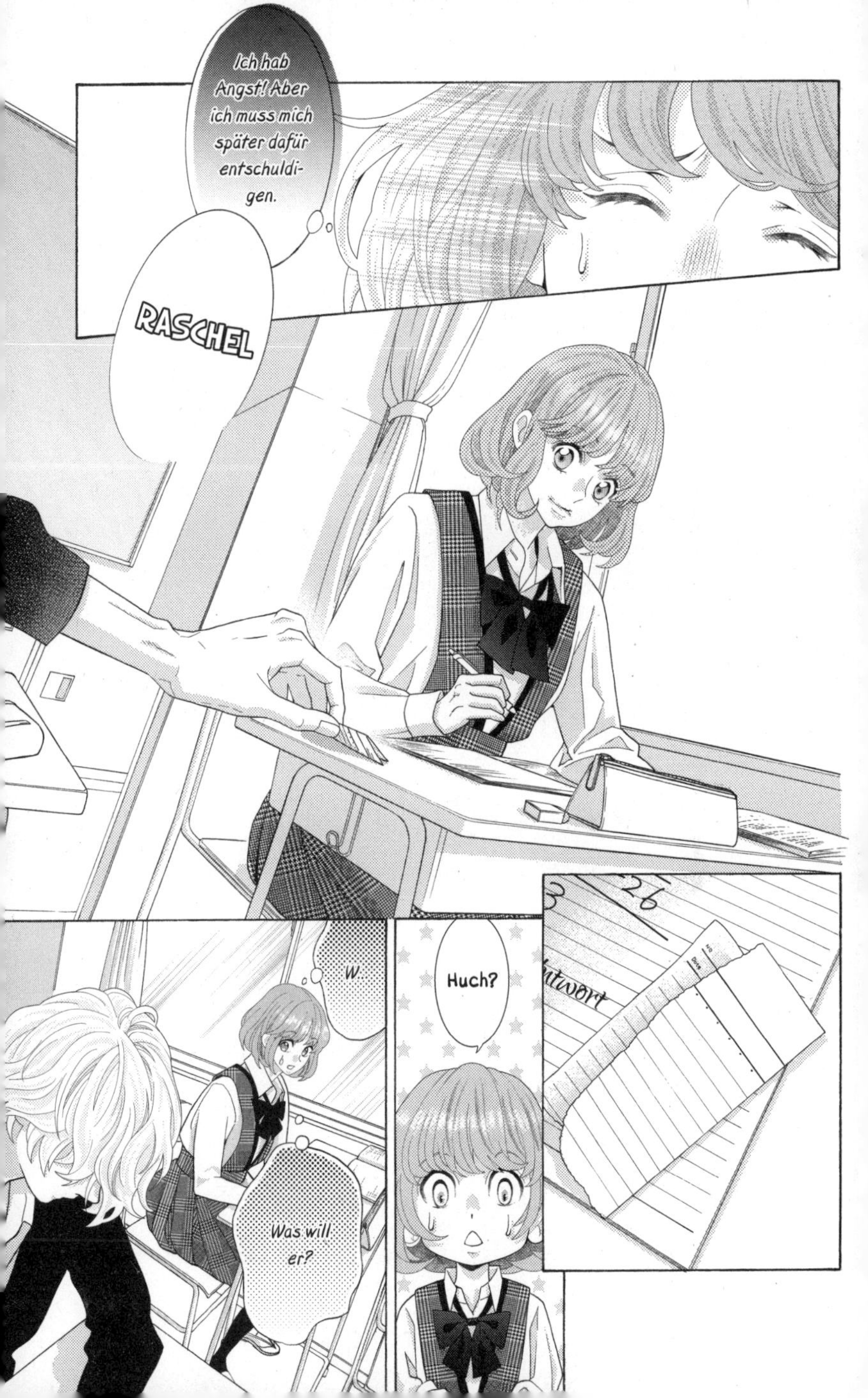
Ich hab Angst! Aber ich muss mich später dafür entschuldigen.
RASCHEL
Huch?
W..
Was will er?

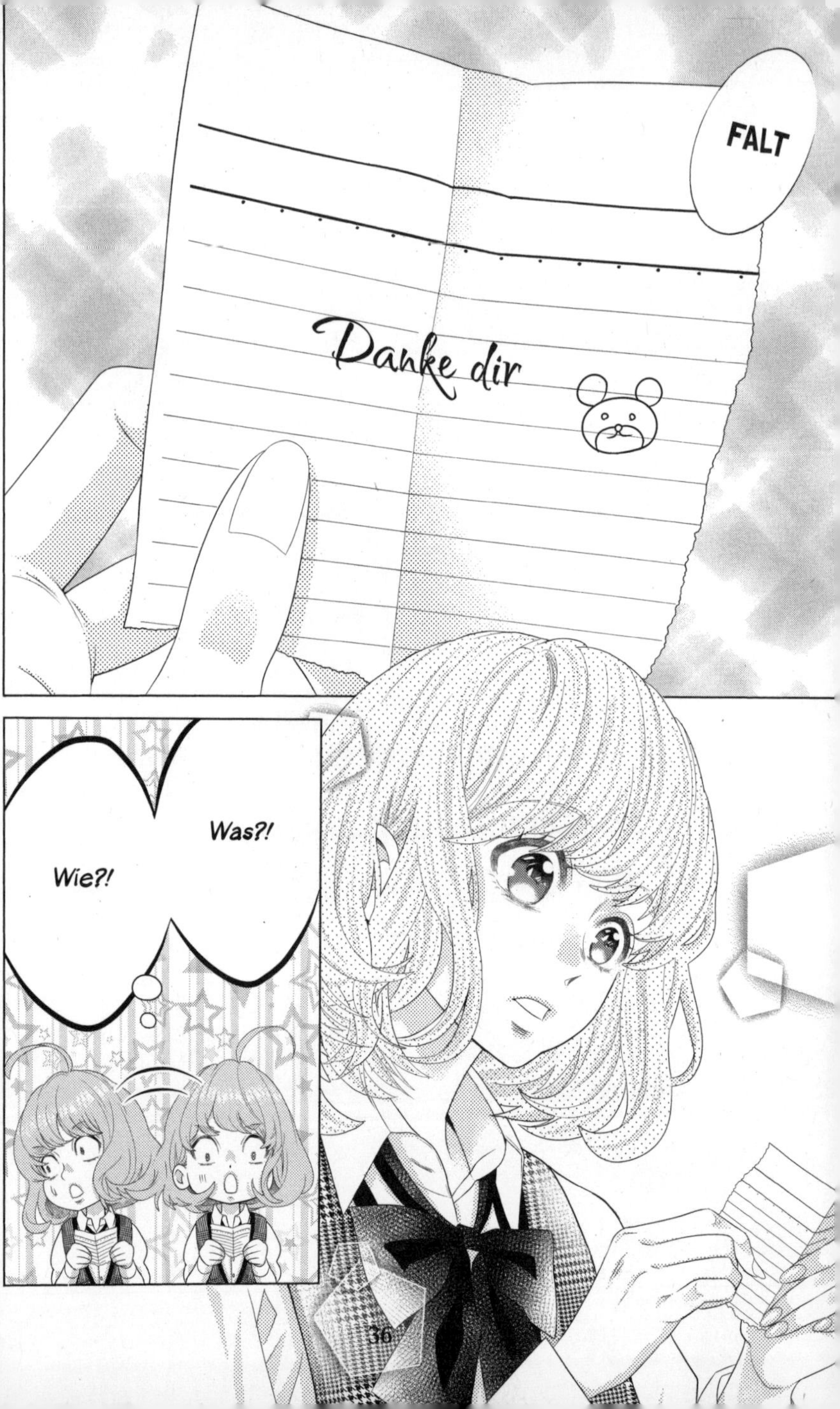
FALT
Danke dir
Was?!
Wie?!

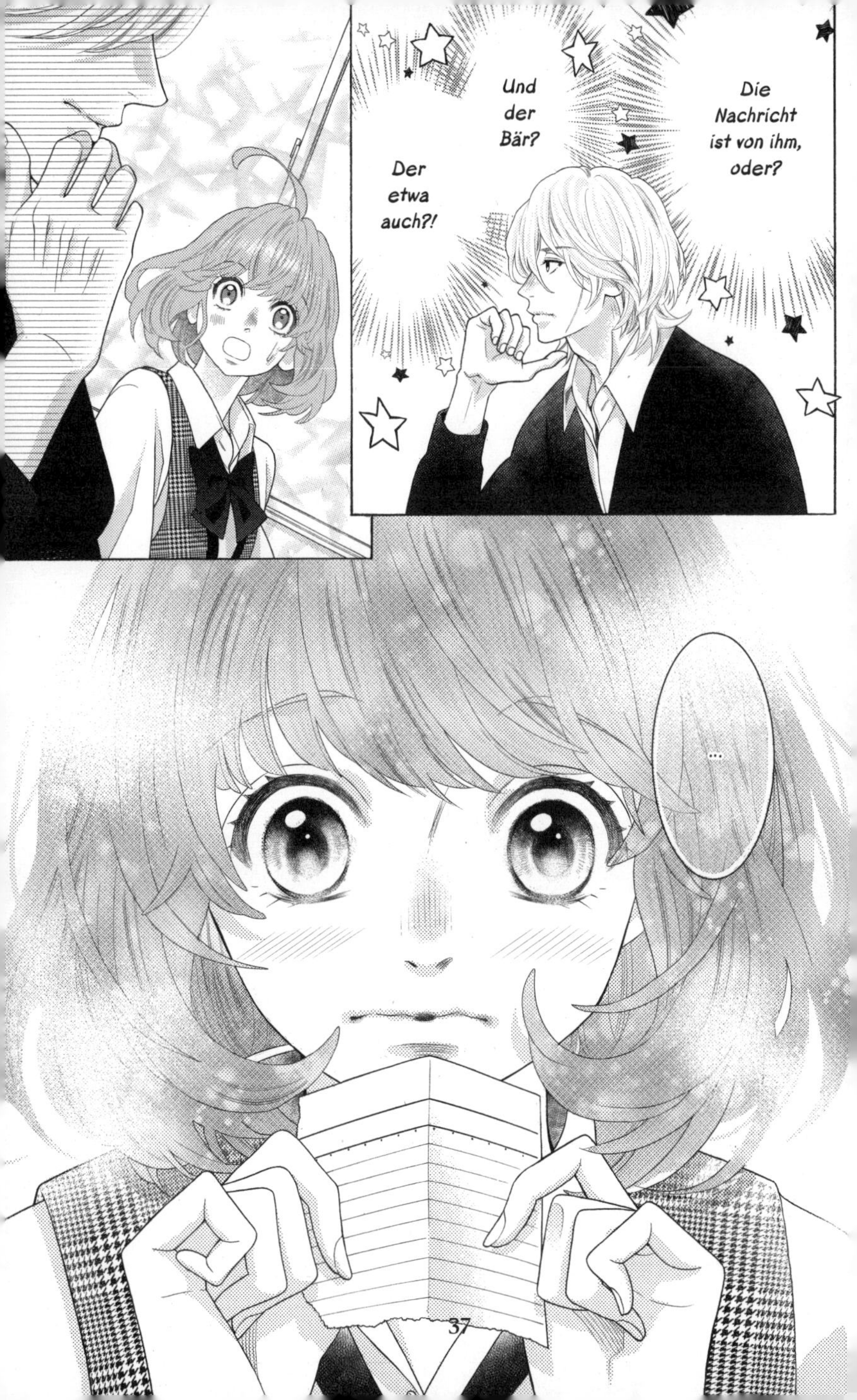
Die Nachricht ist von ihm, oder?
Und der Bär?
Der etwa auch?!
...

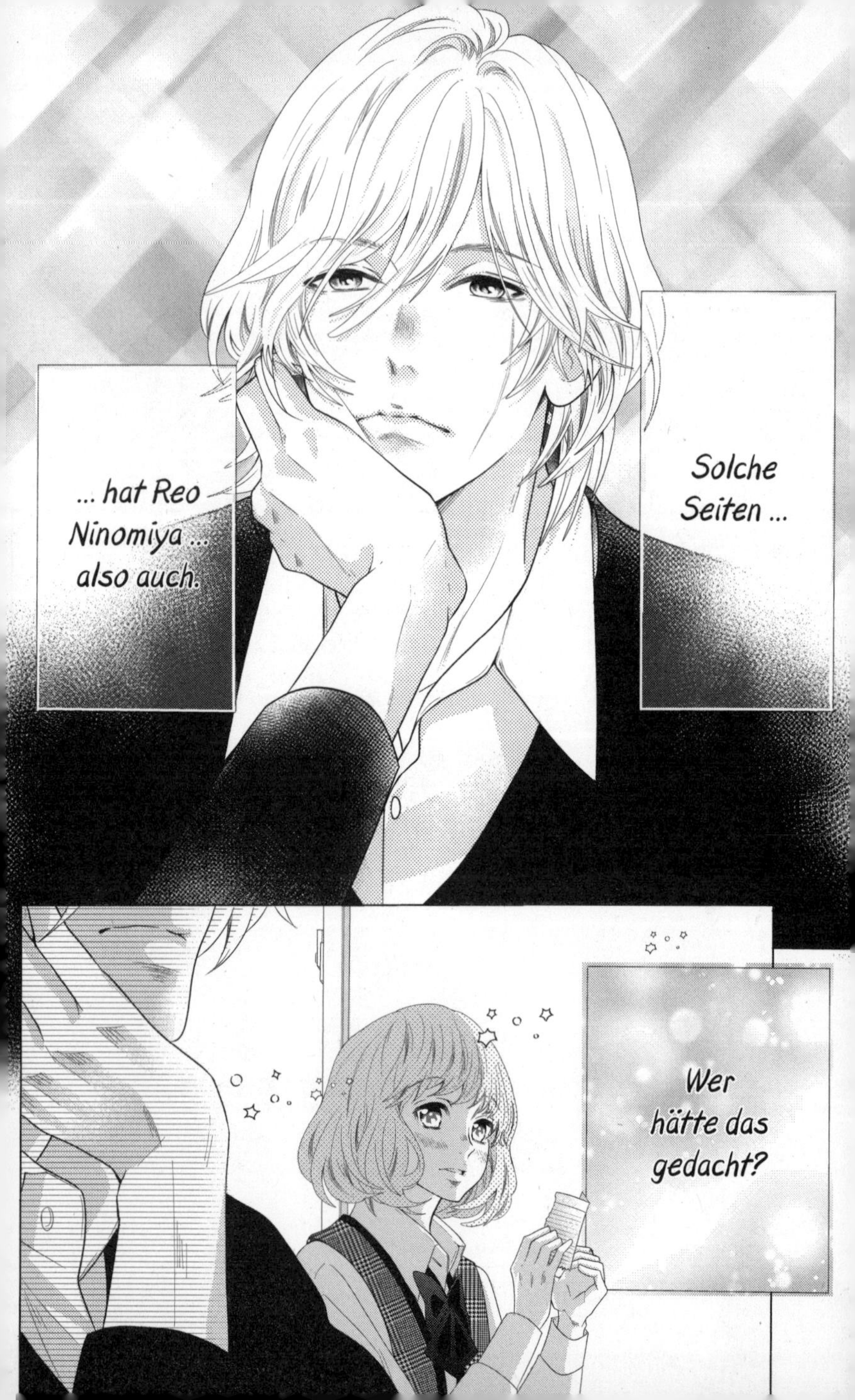
Solche Seiten ...
... hat Reo Ninomiya ... also auch.
Wer hätte das gedacht?

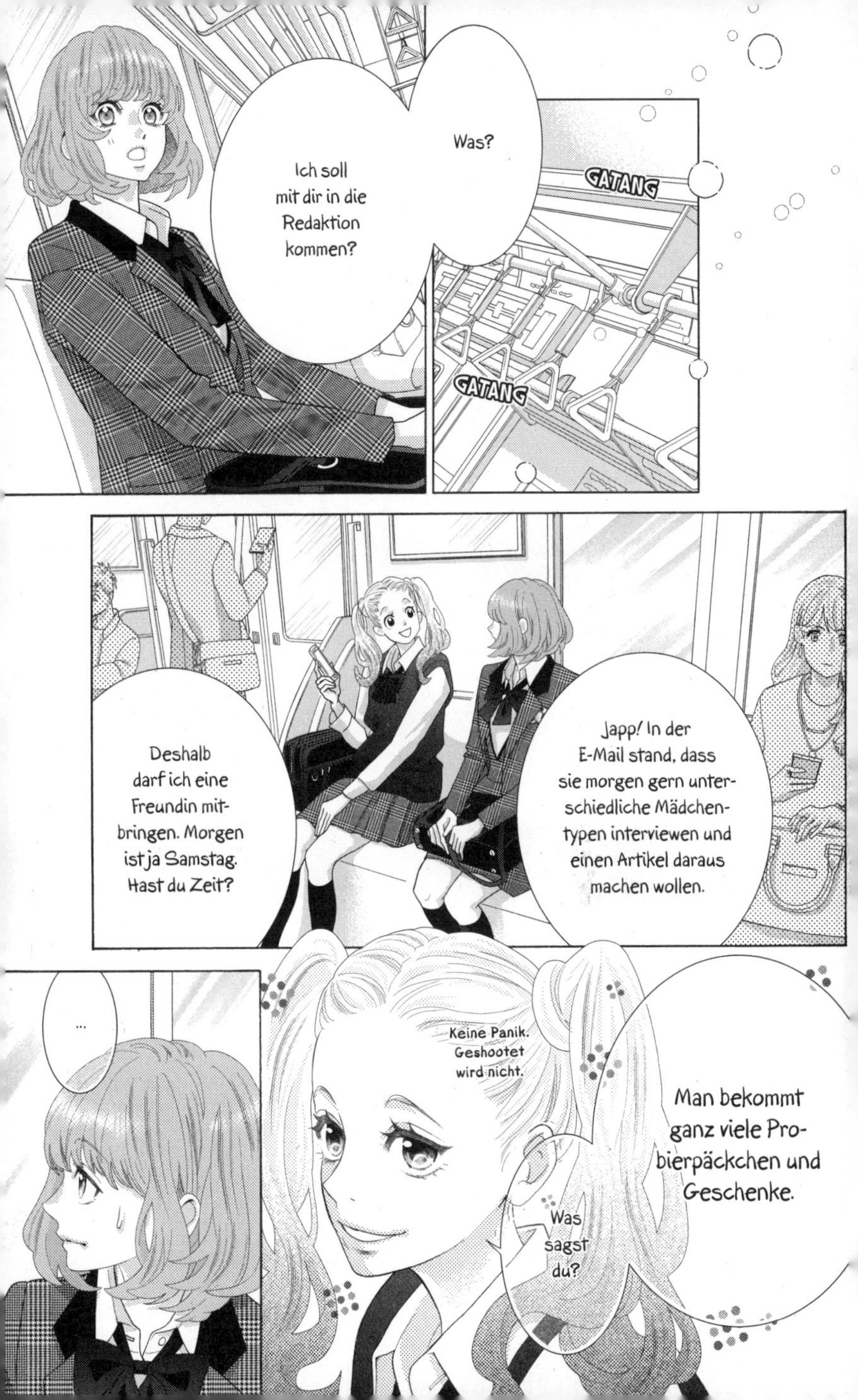
Was?
Ich soll mit dir in die Redaktion kommen?
GATANG
GATANG
Japp! In der E-Mail stand, dass sie morgen gern unterschiedliche Mädchentypen interviewen und einen Artikel daraus machen wollen.
Deshalb darf ich eine Freundin mitbringen. Morgen ist ja Samstag. Hast du Zeit?
Man bekommt ganz viele Probierpäckchen und Geschenke.
Keine Panik. Geshootet wird nicht.
...
Was sagst du?

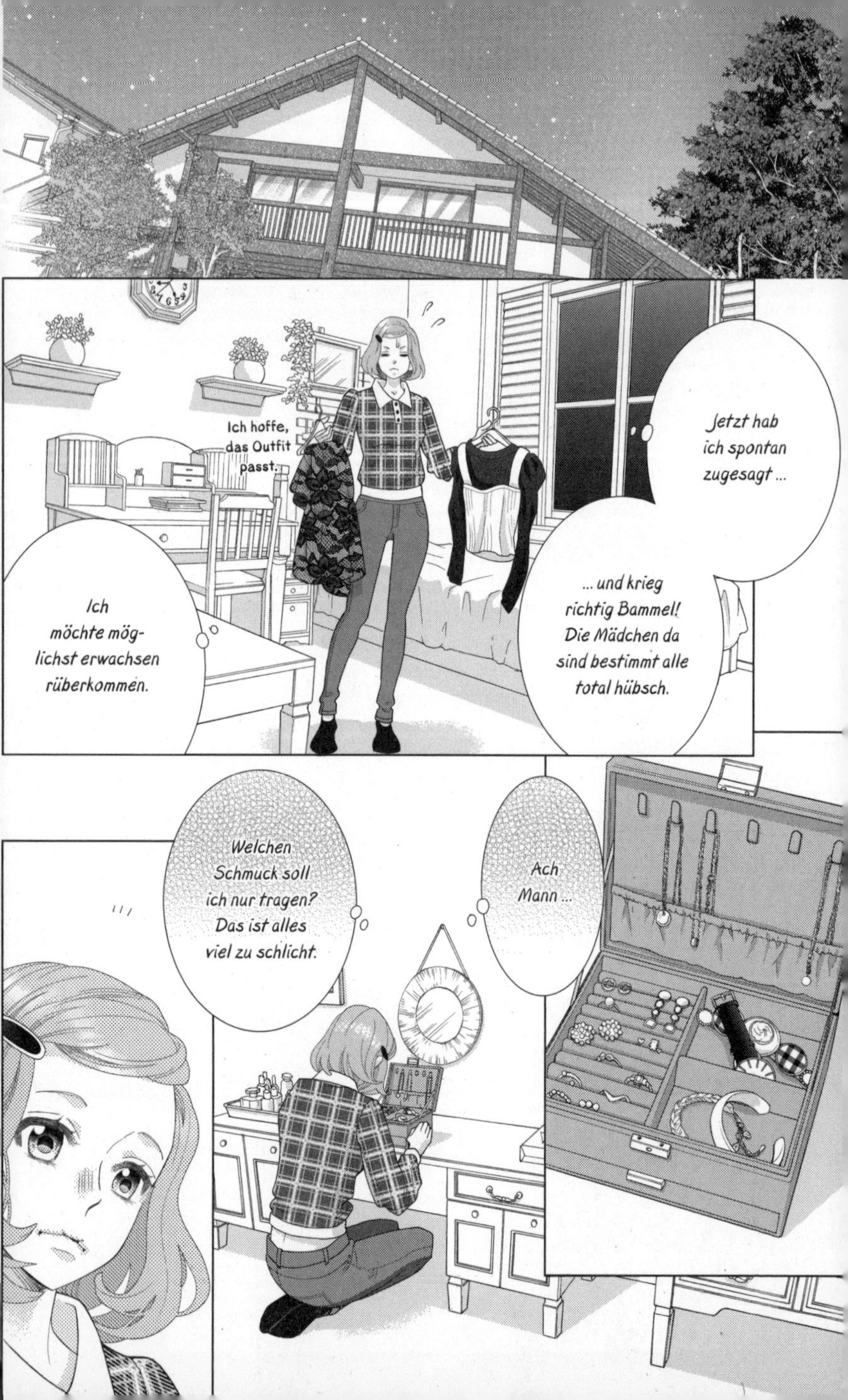
Jetzt hab ich spontan zugesagt ...
... und krieg richtig Bammel! Die Mädchen da sind bestimmt alle total hübsch.
Ich hoffe, das Outfit passt.
Ich möchte möglichst erwachsen rüberkommen.
Ach Mann ...
Welchen Schmuck soll ich nur tragen? Das ist alles viel zu schlicht.

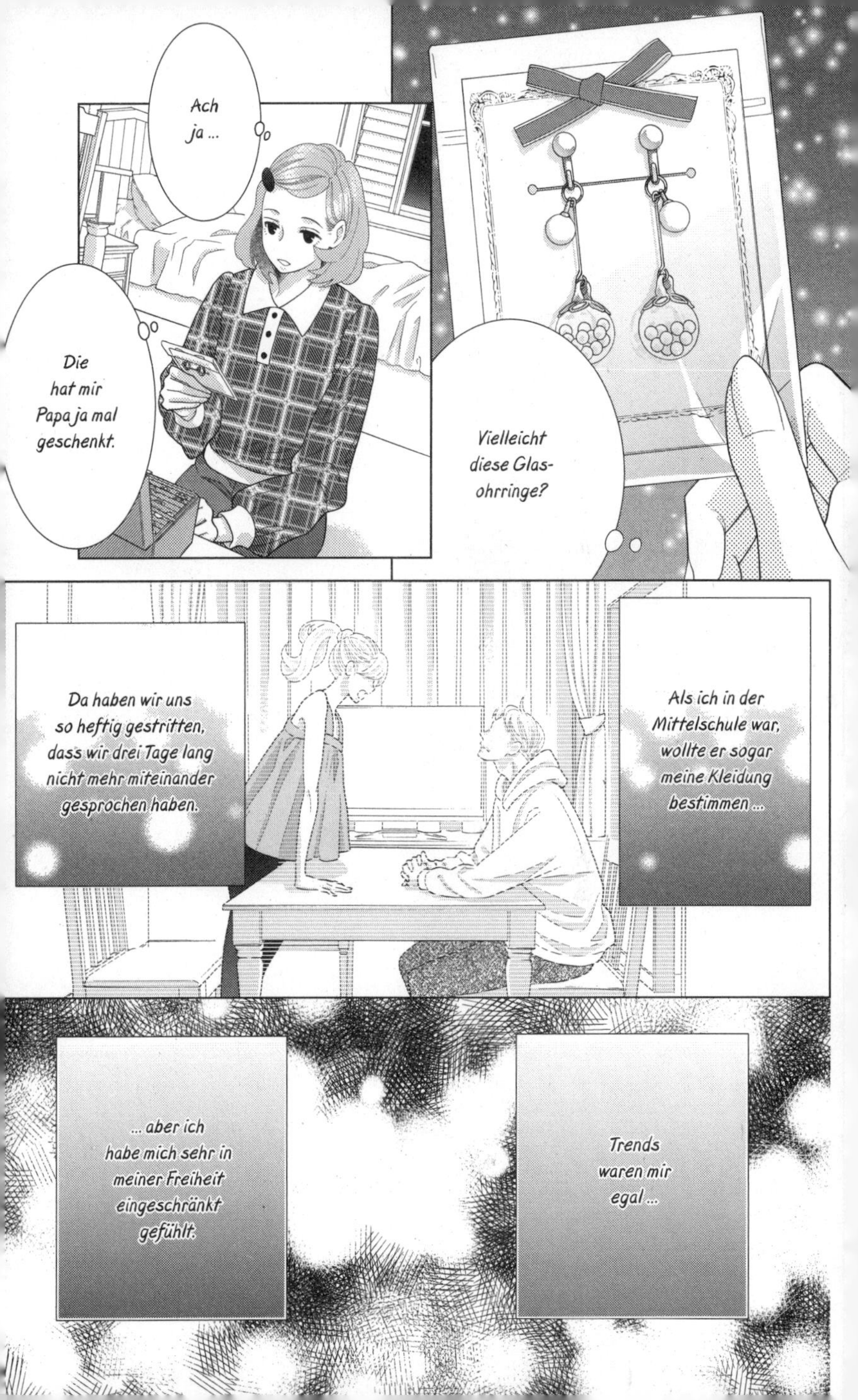
Vielleicht diese Glasohrringe?
Ach ja ...
Die hat mir Papa ja mal geschenkt.
Als ich in der Mittelschule war, wollte er sogar meine Kleidung bestimmen ...
Da haben wir uns so heftig gestritten, dass wir drei Tage lang nicht mehr miteinander gesprochen haben.
Trends waren mir egal ...
... aber ich habe mich sehr in meiner Freiheit eingeschränkt gefühlt.

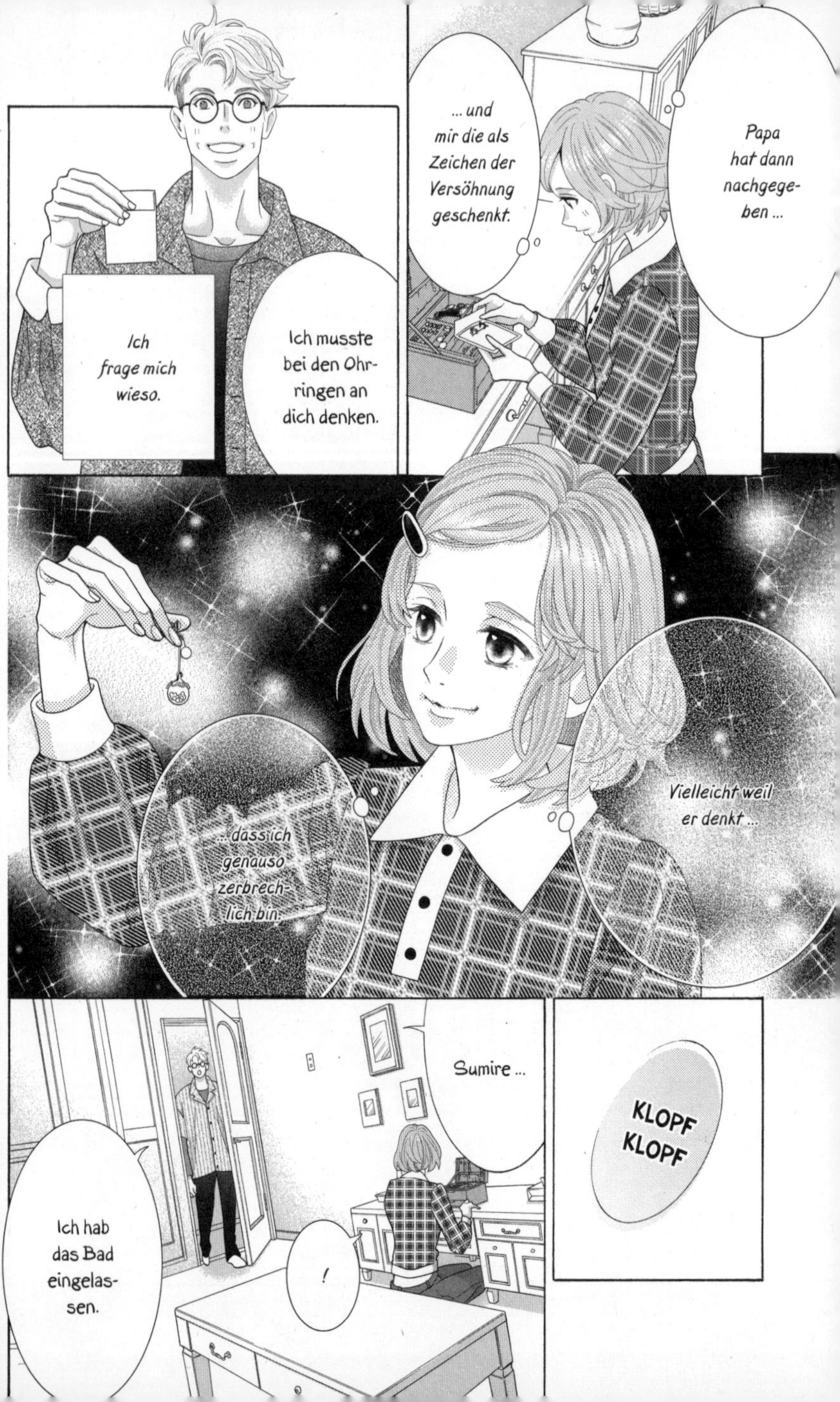
Papa hat dann nachgege-ben ...
... und mir die als Zeichen der Versöhnung geschenkt.
Ich musste bei den Ohr-ringen an dich denken.
Ich frage mich wieso.
Vielleicht weil er denkt ...
... dass ich genauso zerbrech-lich bin.
KLOPF KLOPF
Sumire ...
!
Ich hab das Bad eingelas-sen.

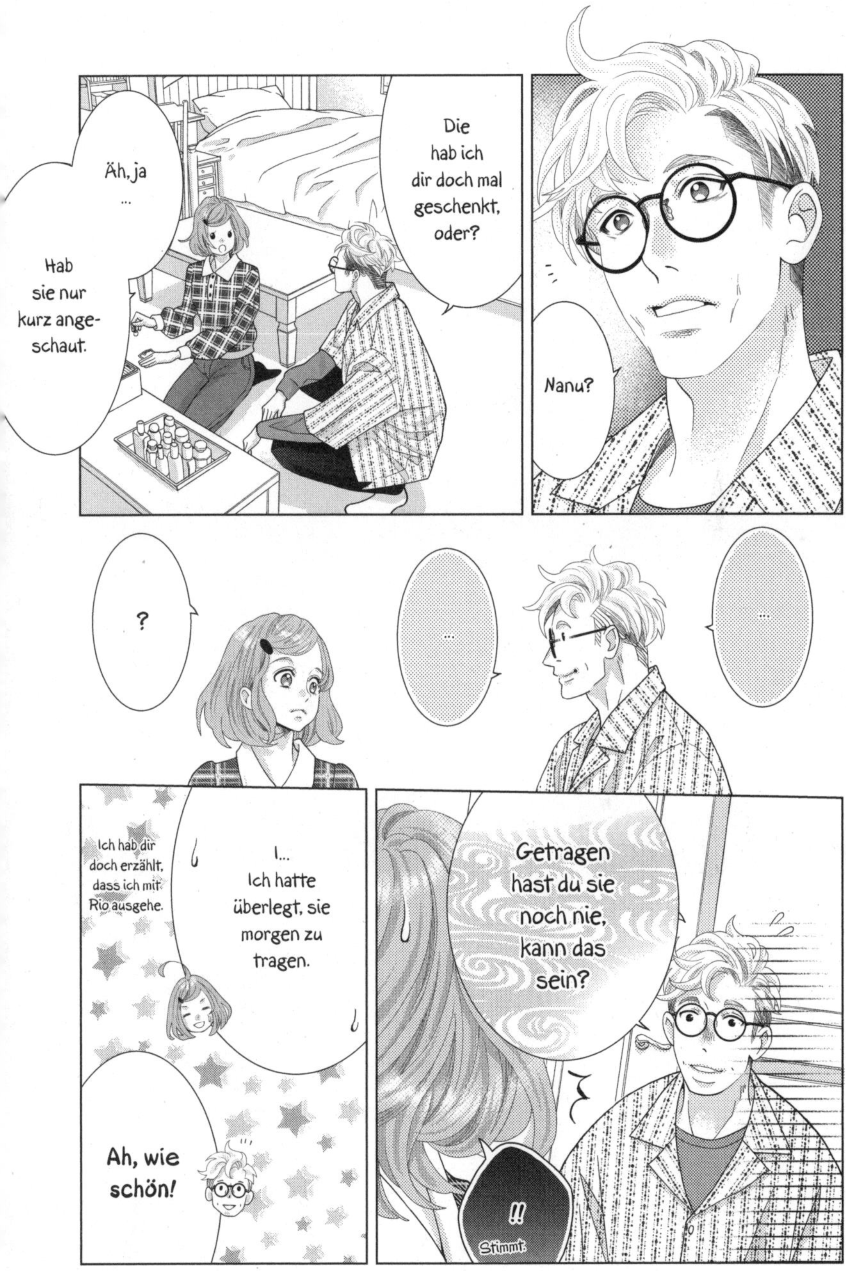
Nanu?
Die hab ich dir doch mal geschenkt, oder?
Äh, ja ...
Hab sie nur kurz angeschaut.
...
...
?
Getragen hast du sie noch nie, kann das sein?
!!
Stimmt.
I... Ich hatte überlegt, sie morgen zu tragen.
Ich hab dir doch erzählt, dass ich mit Rio ausgehe.
Ah, wie schön!

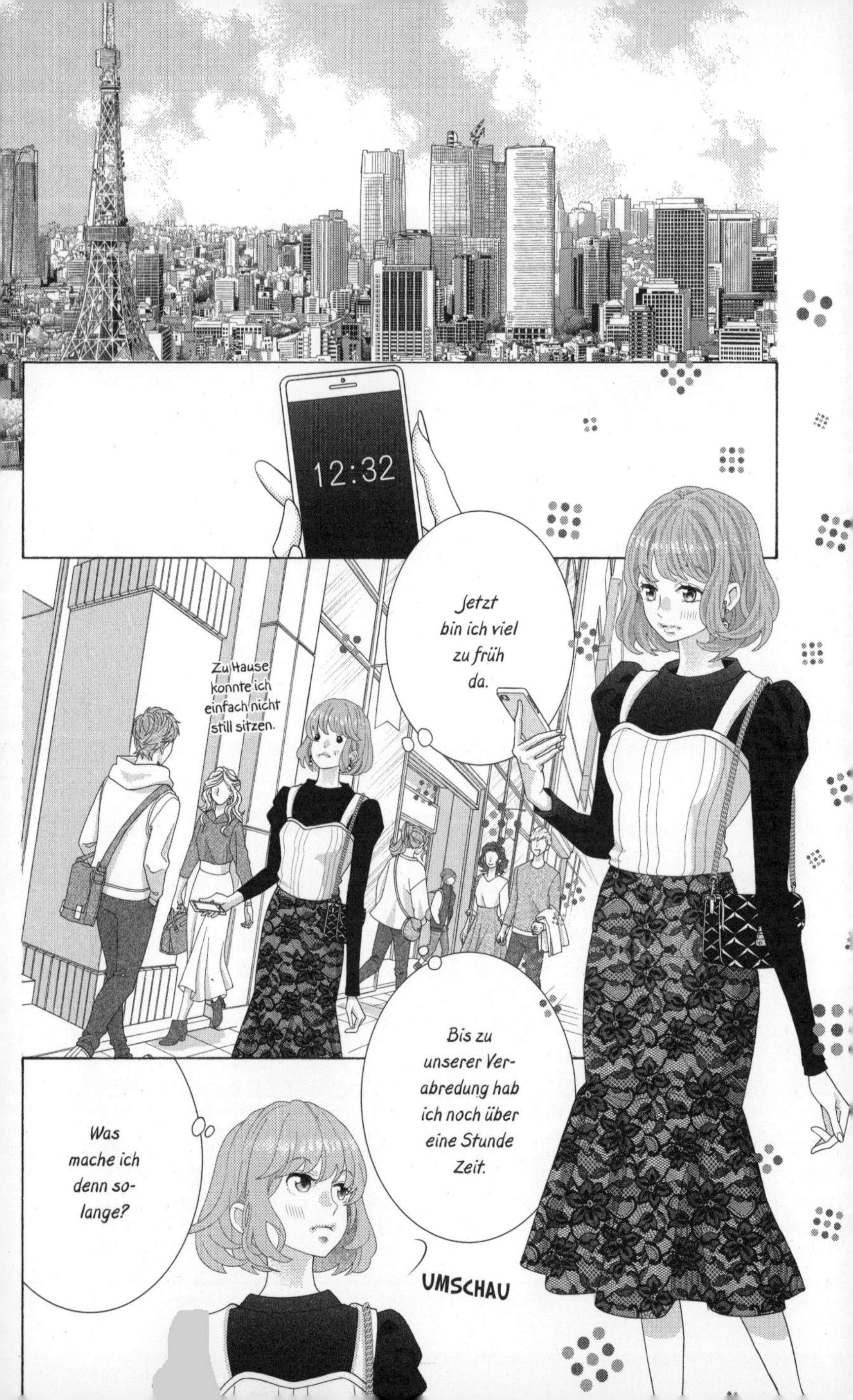
12:32
Jetzt bin ich viel zu früh da.
Zu Hause konnte ich einfach nicht still sitzen.
Bis zu unserer Verabredung hab ich noch über eine Stunde Zeit.
Was mache ich denn solange?
UMSCHAU

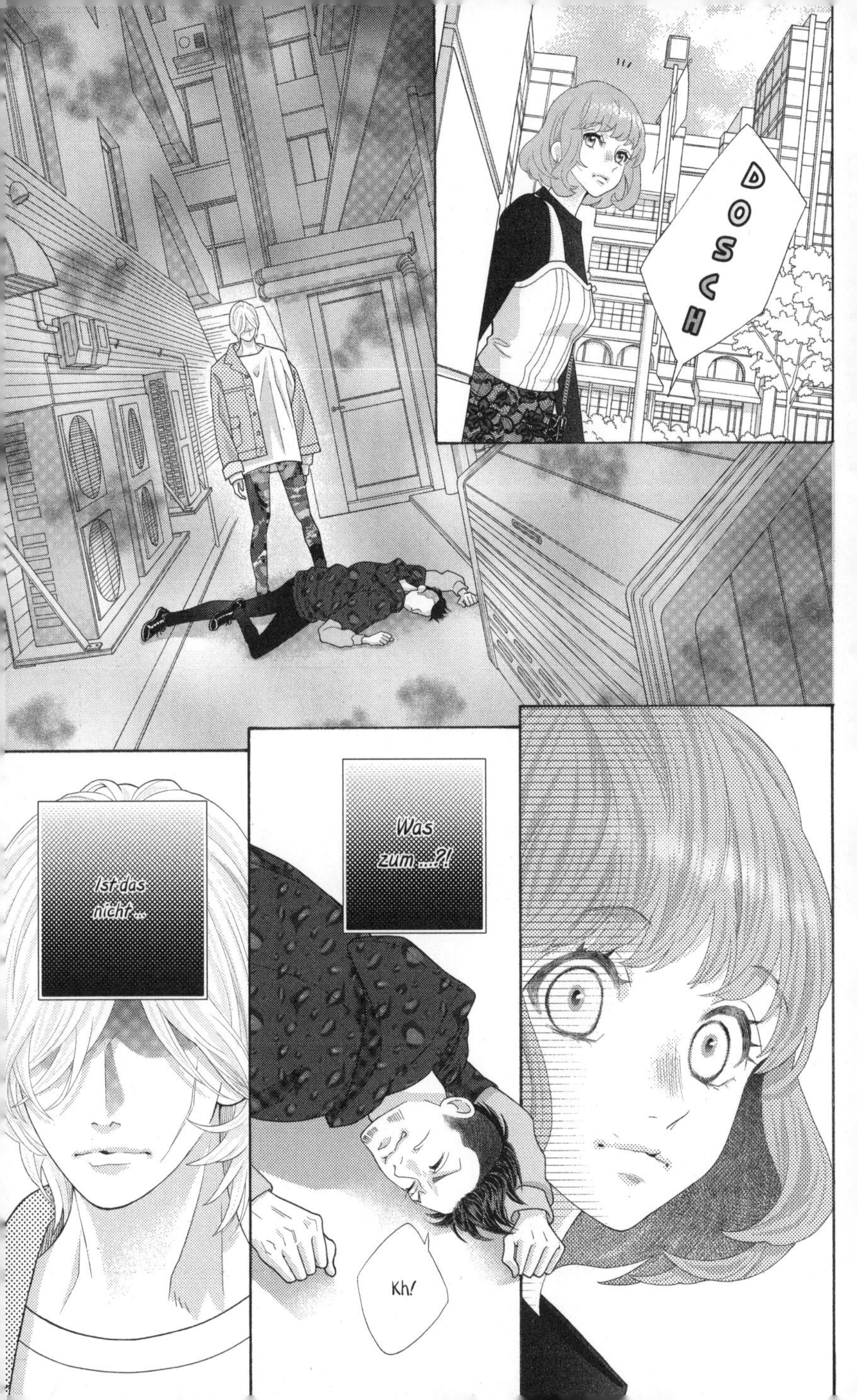
DOSCH
Ist das nicht ...
Was zum ...?!
Kh!

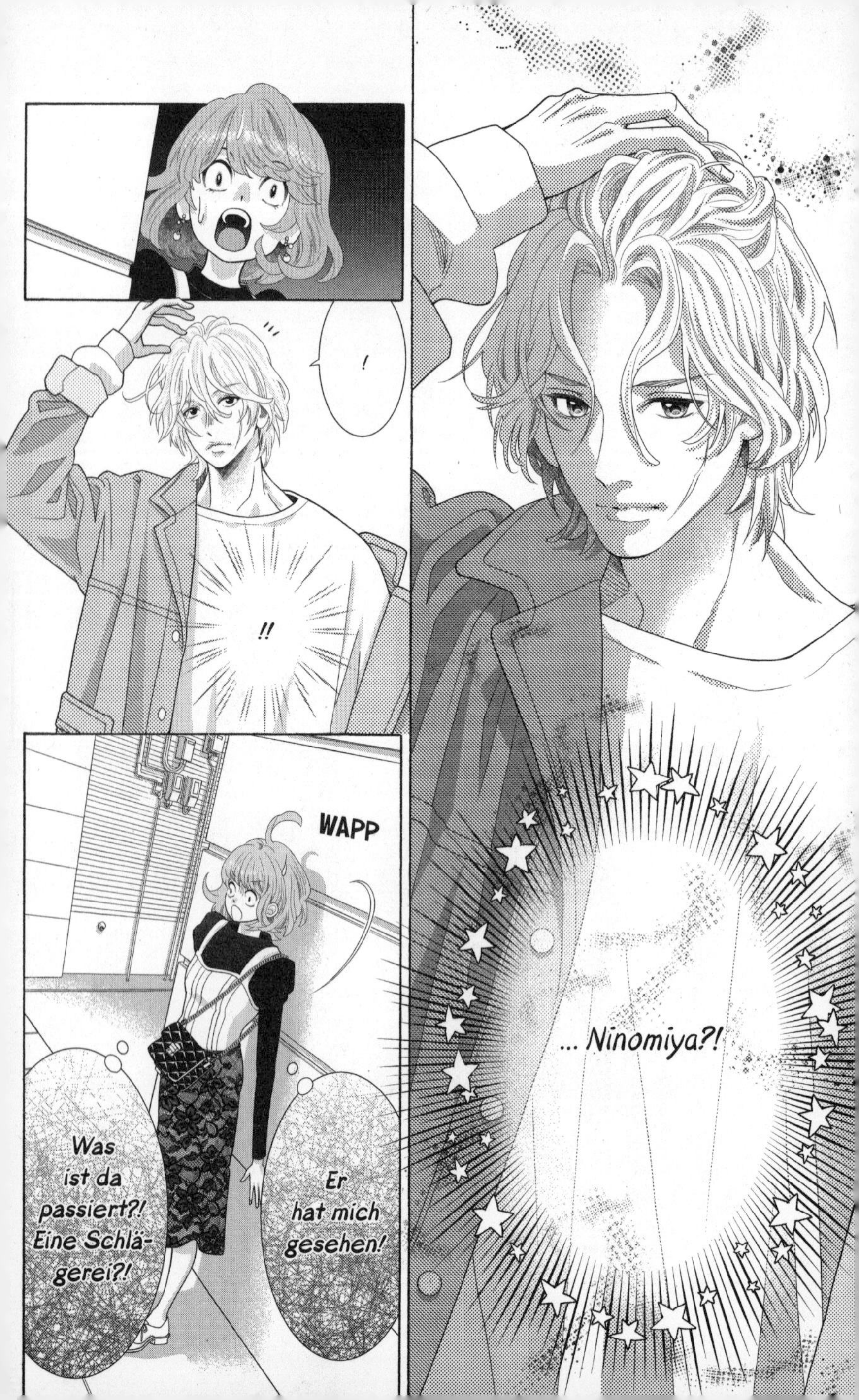
... Ninomiya?!
!
!!
WAPP
Er hat mich gesehen!
Was ist da passiert?! Eine Schlägerei?!

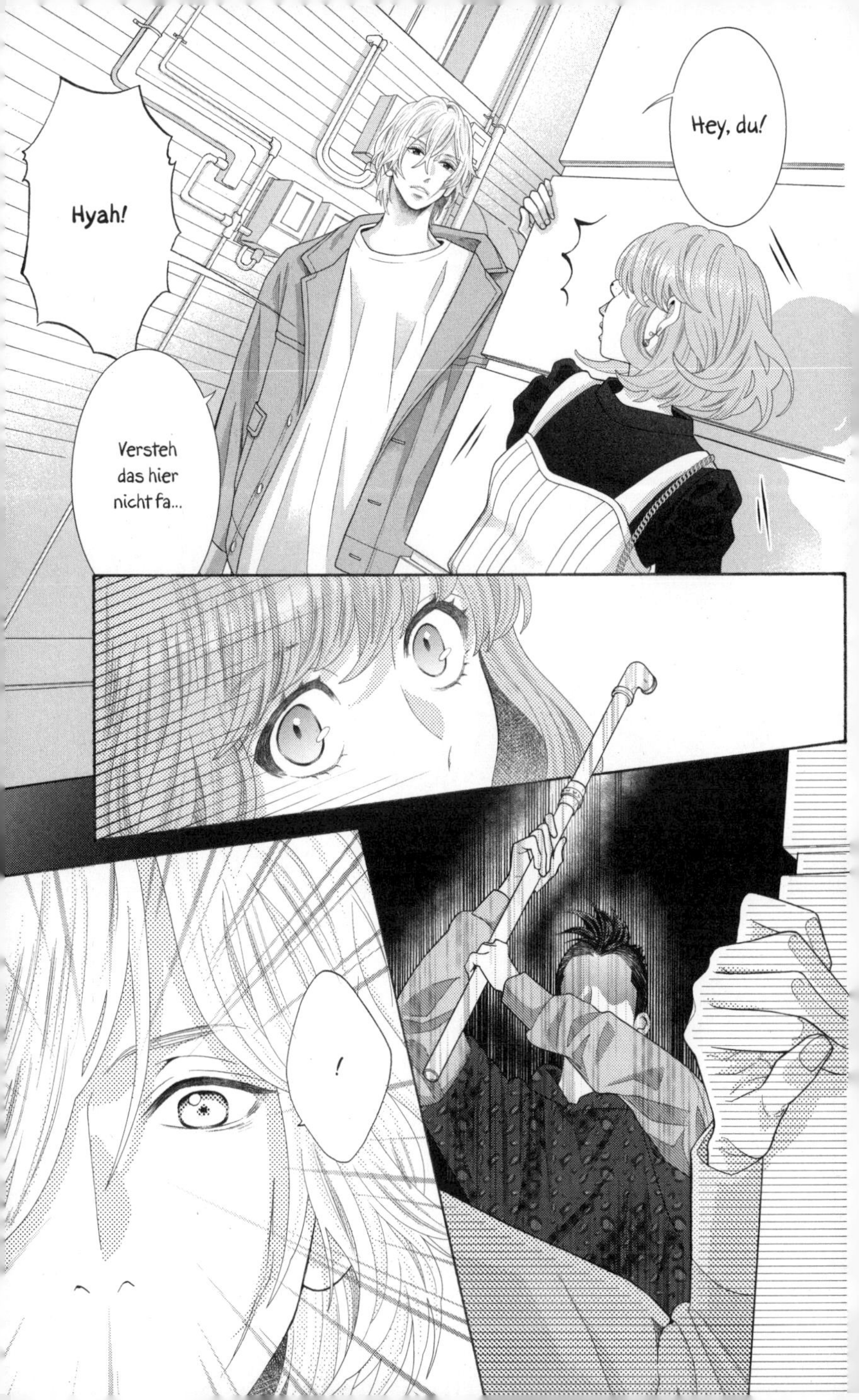
Hey, du!
Hyah!
Versteh das hier nicht fa...
!

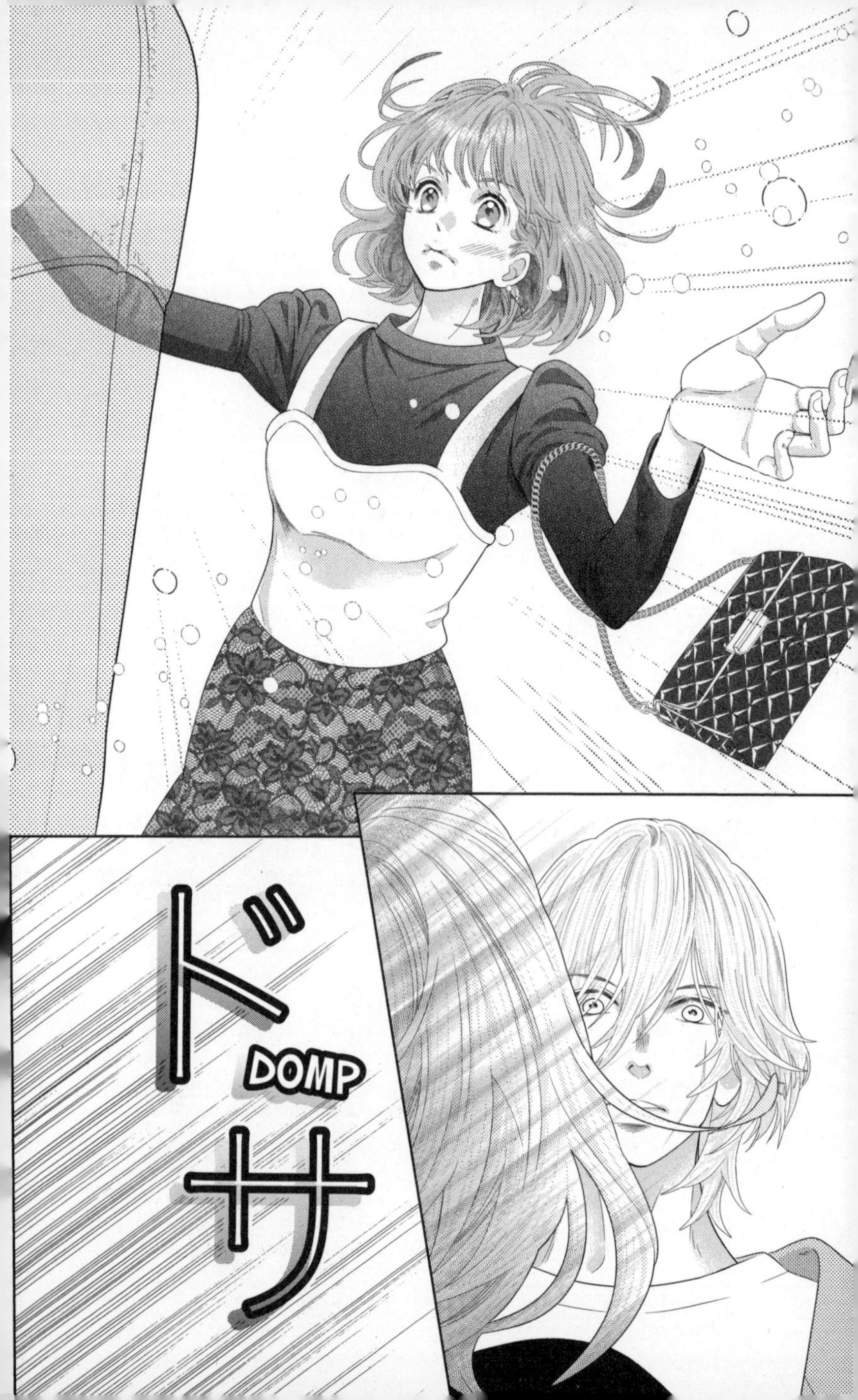

ドサ
DOMP

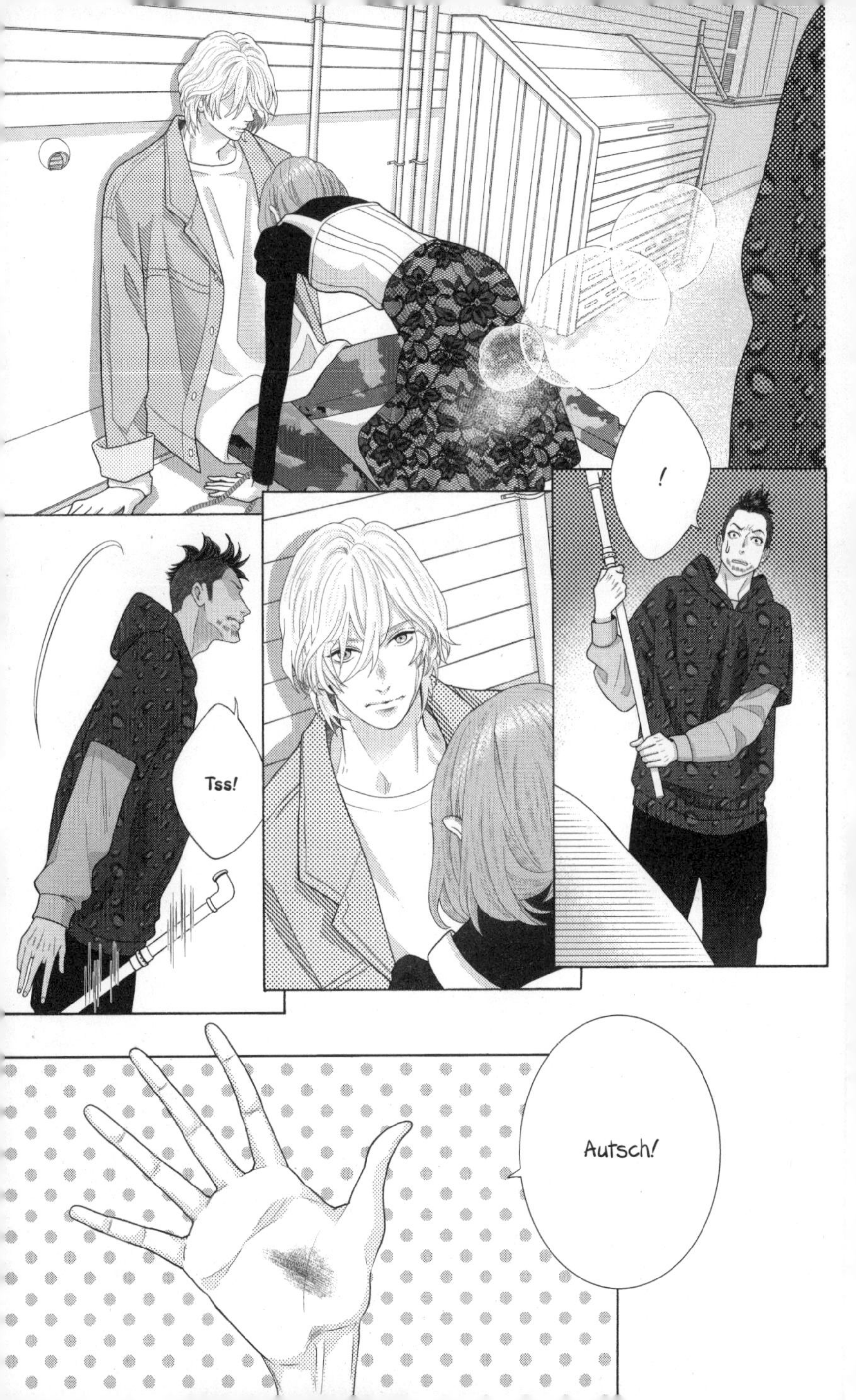
!
Tss!
Autsch!

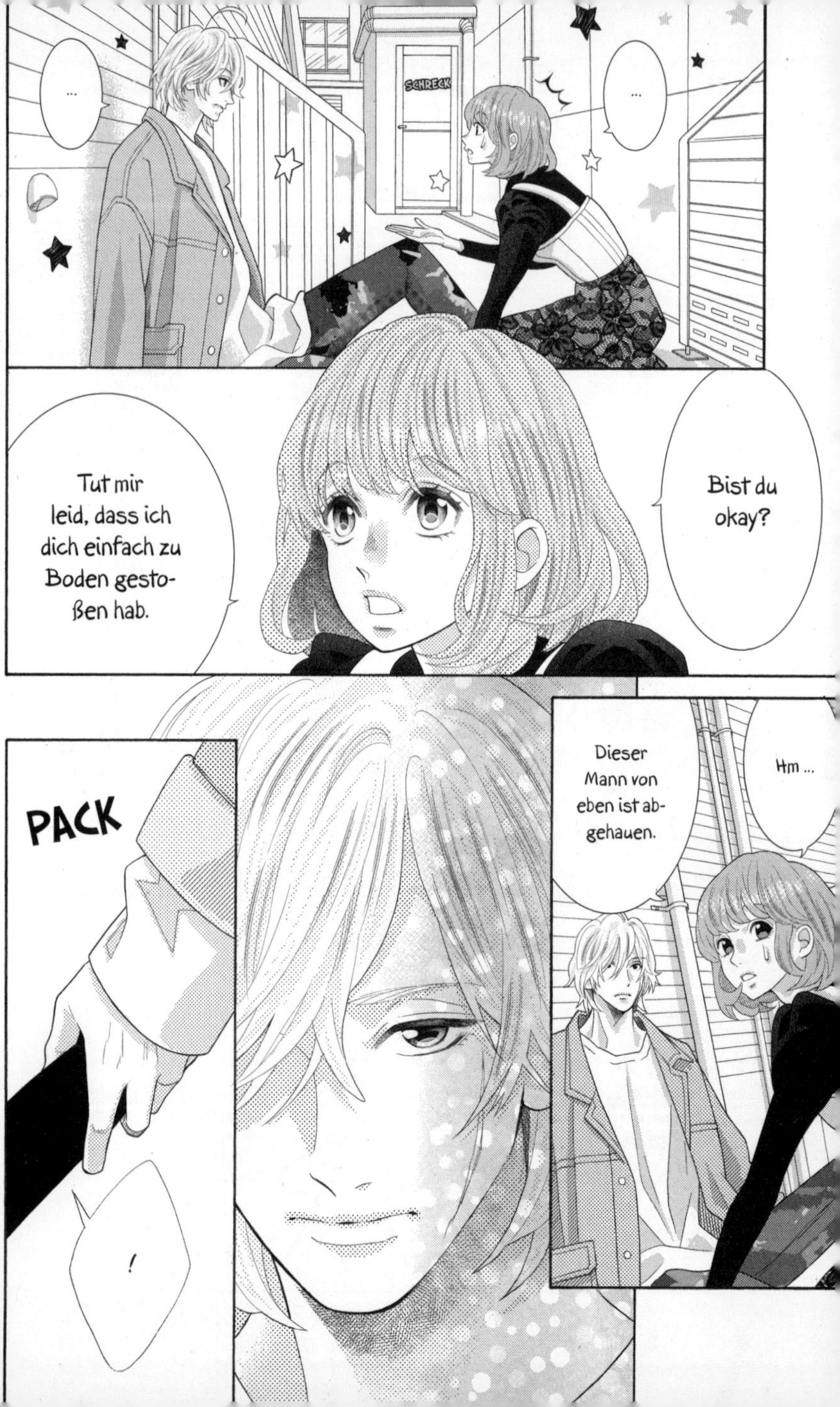
...
SCHRECK
...
Bist du okay?
Tut mir leid, dass ich dich einfach zu Boden gesto-ßen hab.
Hm ...
Dieser Mann von eben ist ab-gehauen.
PACK
!

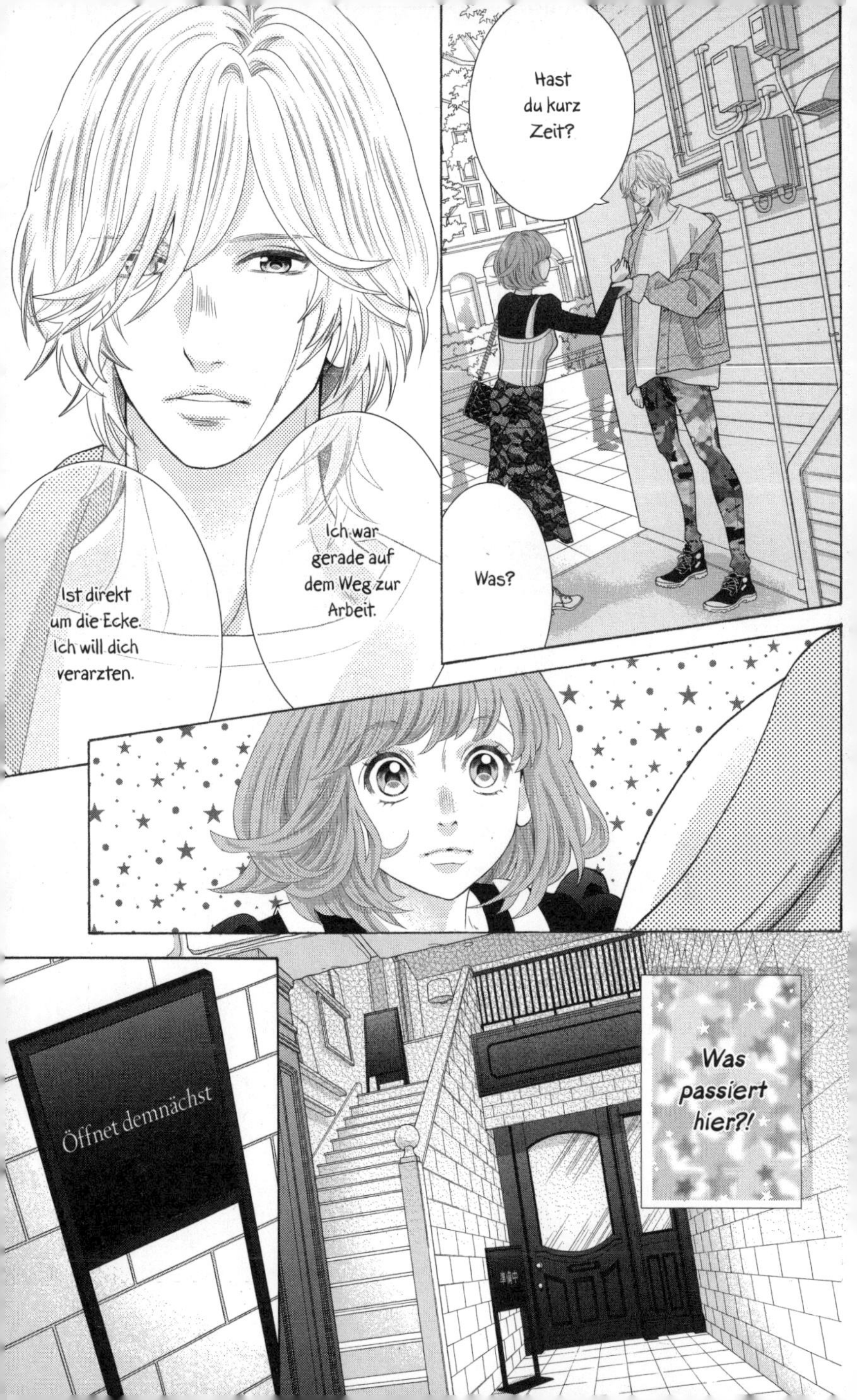
Hast du kurz Zeit?
Was?
Ich war gerade auf dem Weg zur Arbeit.
Ist direkt um die Ecke. Ich will dich verarzten.
Was passiert hier?!
Öffnet demnächst

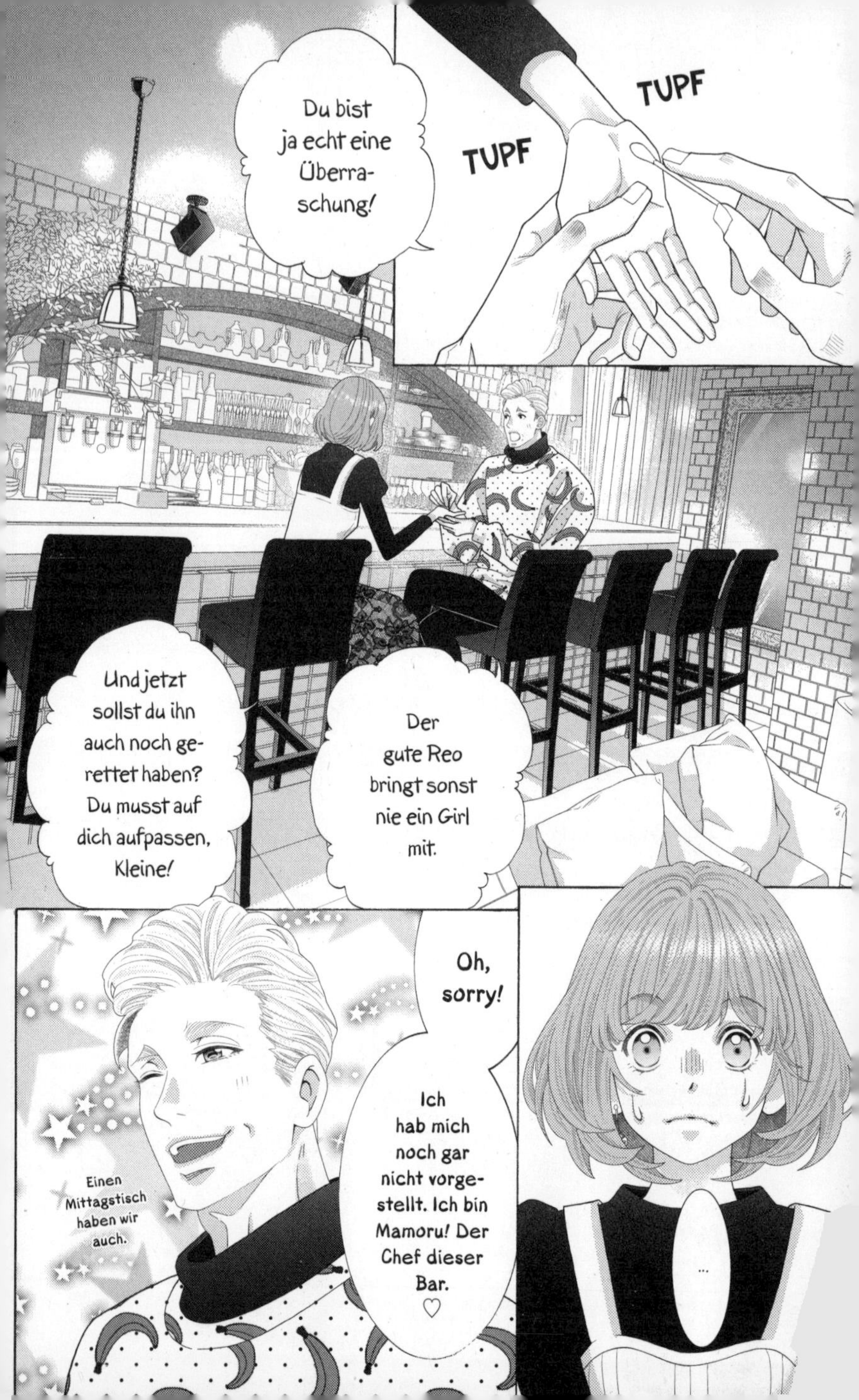
TUPF
TUPF
Du bist ja echt eine Überraschung!
Der gute Reo bringt sonst nie ein Girl mit.
Und jetzt sollst du ihn auch noch gerettet haben? Du musst auf dich aufpassen, Kleine!
…
Oh, sorry!
Ich hab mich noch gar nicht vorgestellt. Ich bin Mamoru! Der Chef dieser Bar. ♡
Einen Mittagstisch haben wir auch.

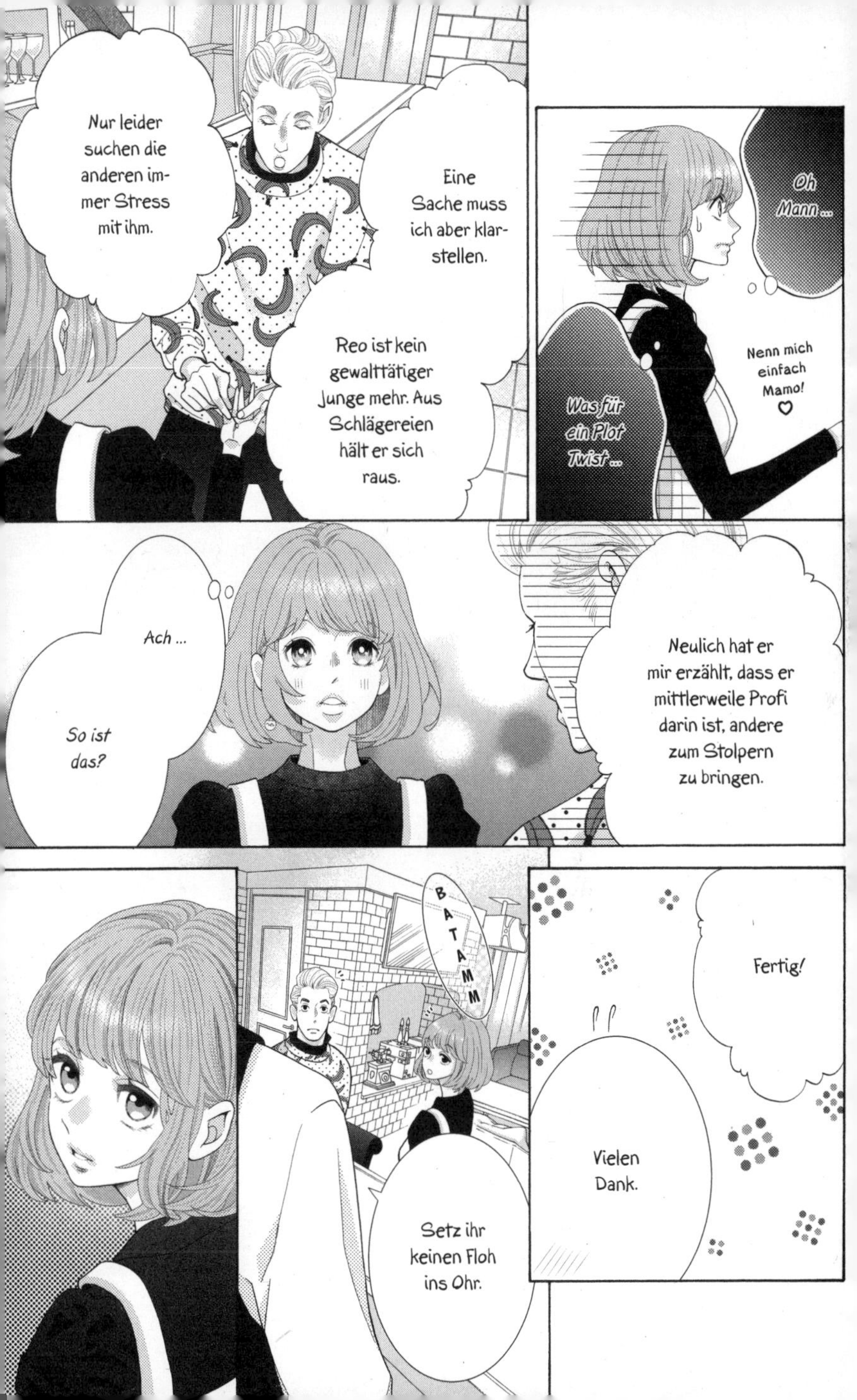
Nenn mich einfach Mamo! ♡
Was für ein Plot Twist ...
Oh Mann ...
Nur leider suchen die anderen immer Stress mit ihm.
Eine Sache muss ich aber klarstellen.
Reo ist kein gewalttätiger Junge mehr. Aus Schlägereien hält er sich raus.
Neulich hat er mir erzählt, dass er mittlerweile Profi darin ist, andere zum Stolpern zu bringen.
Ach ...
So ist das?
Fertig!
Vielen Dank.
BATAMM
Setz ihr keinen Floh ins Ohr.

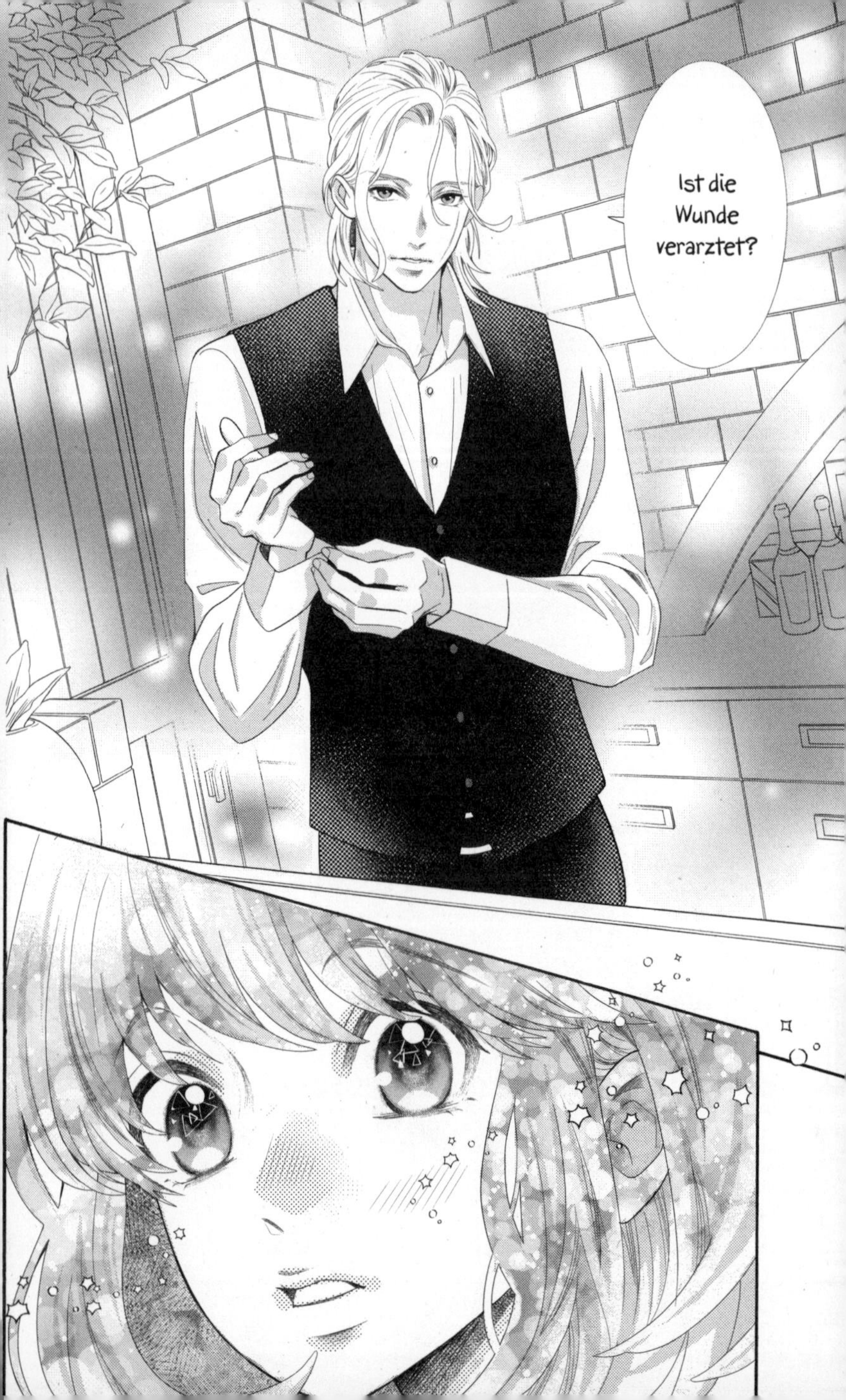
Ist die
Wunde
verarztet?

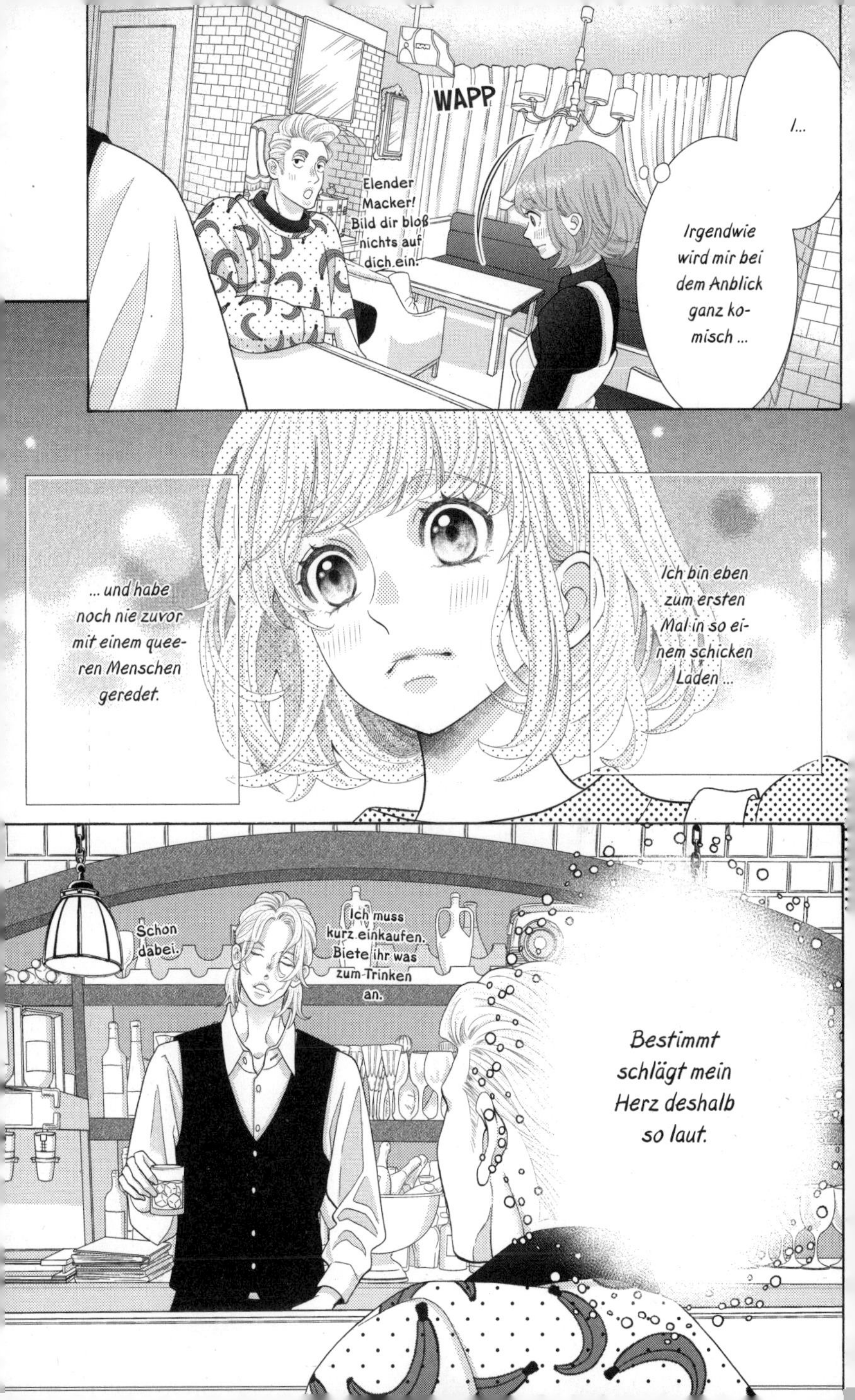
WAPP
I...
Irgendwie wird mir bei dem Anblick ganz ko-misch ...
Elender Macker! Bild dir bloß nichts auf dich ein.
Ich bin eben zum ersten Mal in so ei-nem schicken Laden ...
... und habe noch nie zuvor mit einem quee-ren Menschen geredet.
Bestimmt schlägt mein Herz deshalb so laut.
Ich muss kurz einkaufen. Biete ihr was zum Trinken an.
Schon dabei.

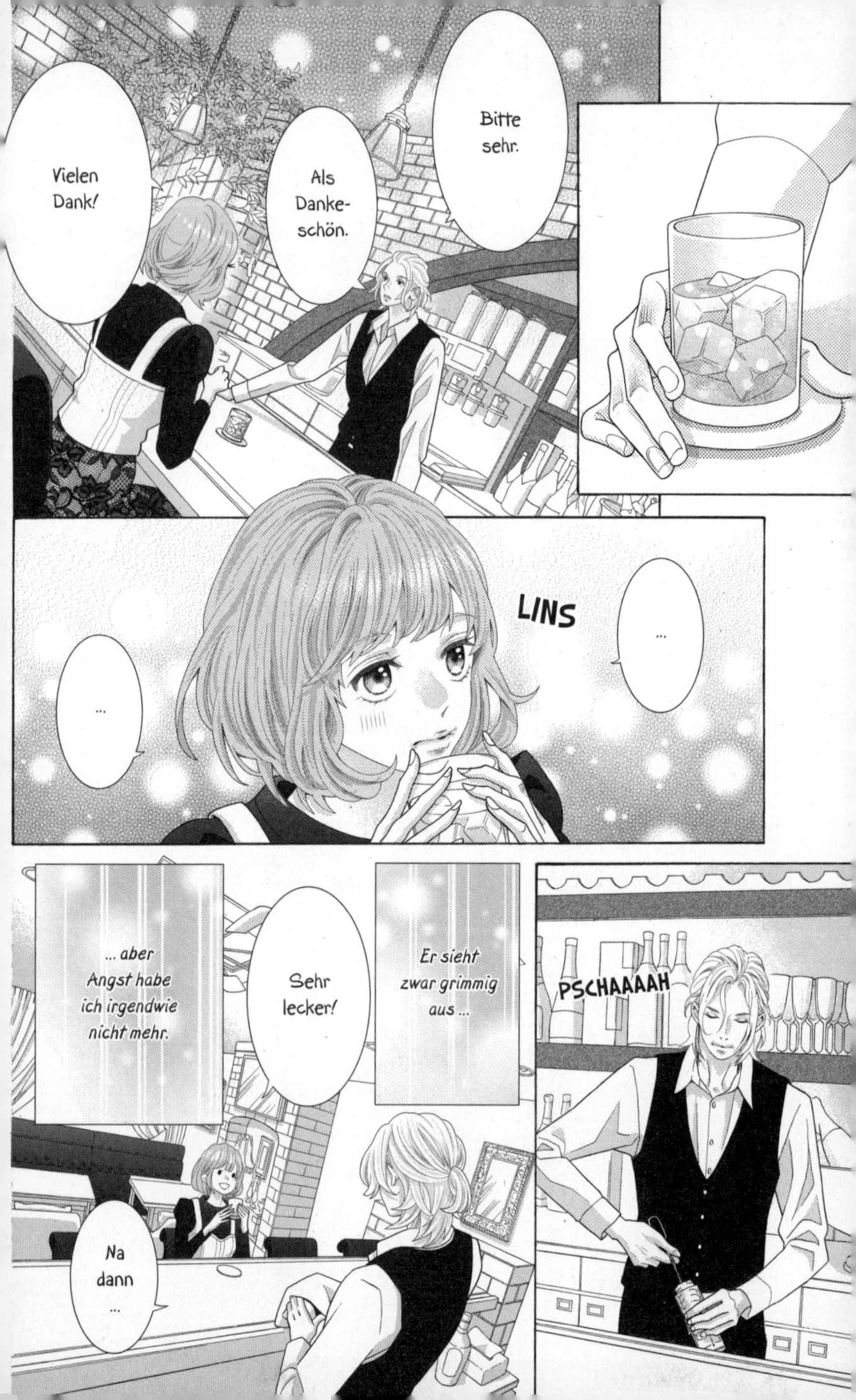
Bitte sehr.
Als Dankeschön.
Vielen Dank!
LINS
...
...
PSCHAAAAH
Er sieht zwar grimmig aus ...
Sehr lecker!
... aber Angst habe ich irgendwie nicht mehr.
Na dann ...

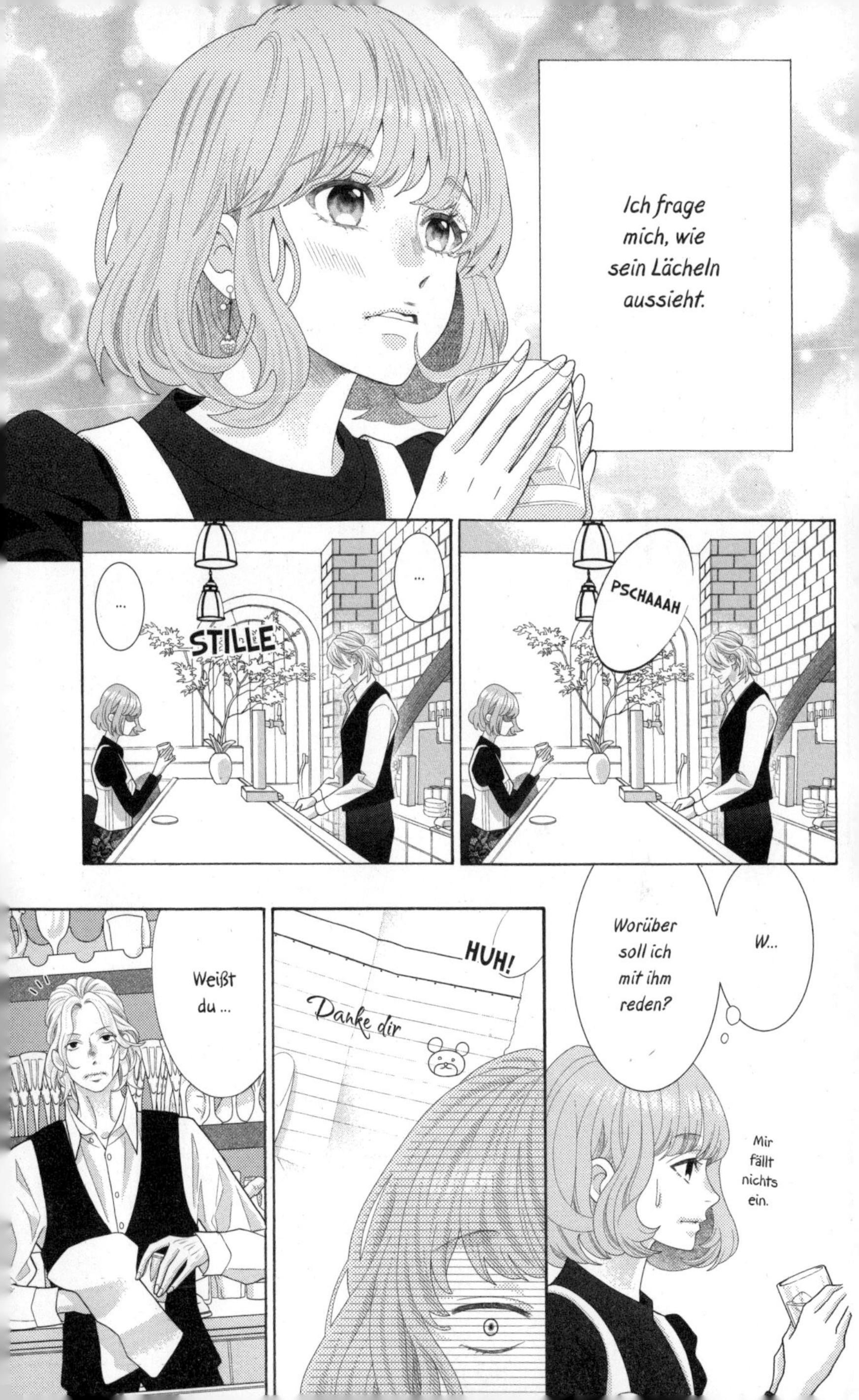
Ich frage mich, wie sein Lächeln aussieht.
...
STILLE
...
PSCHAAAH
Weißt du ...
HUH!
Danke dir
Worüber soll ich mit ihm reden?
W...
Mir fällt nichts ein.

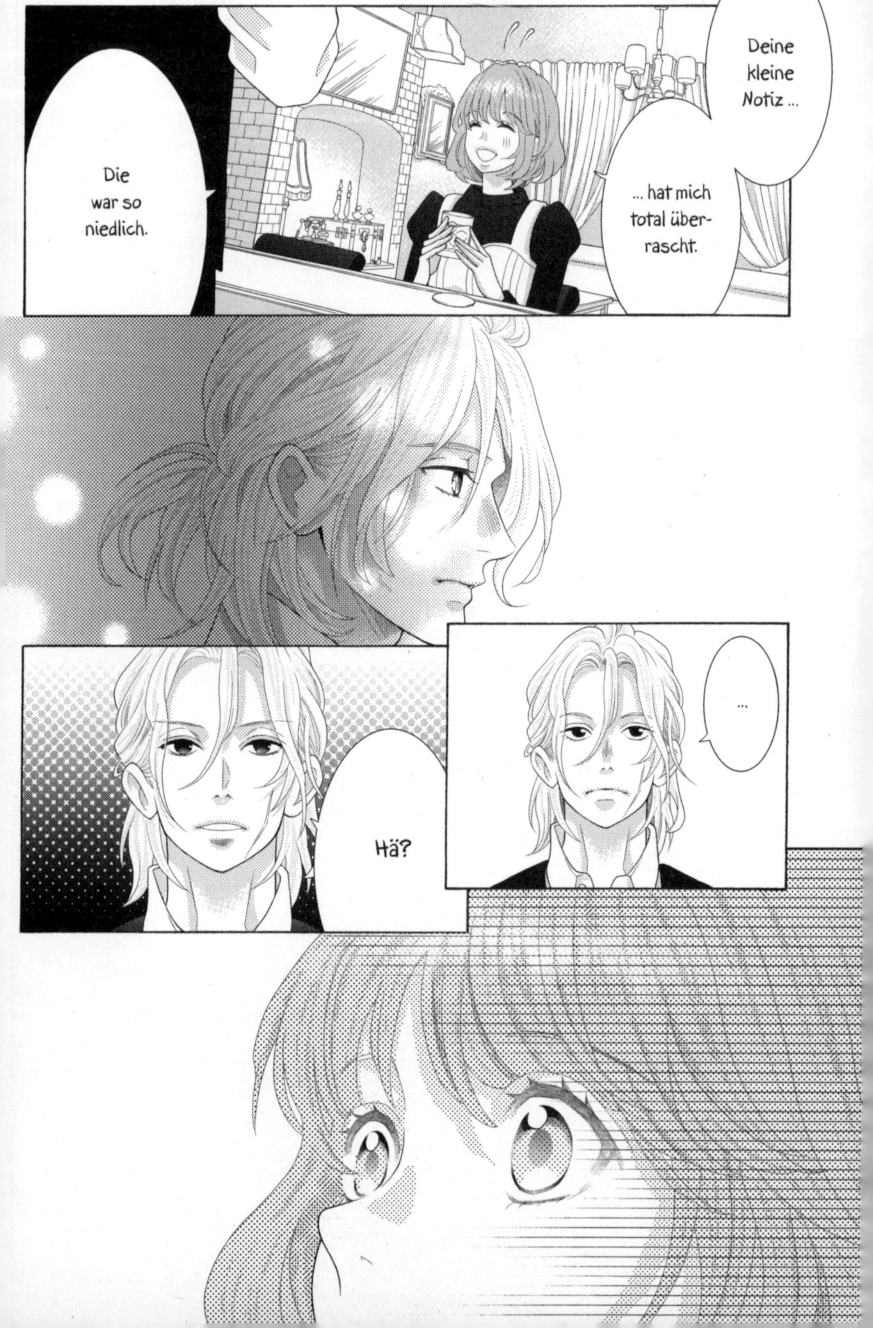
Deine kleine Notiz ...
... hat mich total überrascht.
Die war so niedlich.
...
Hä?

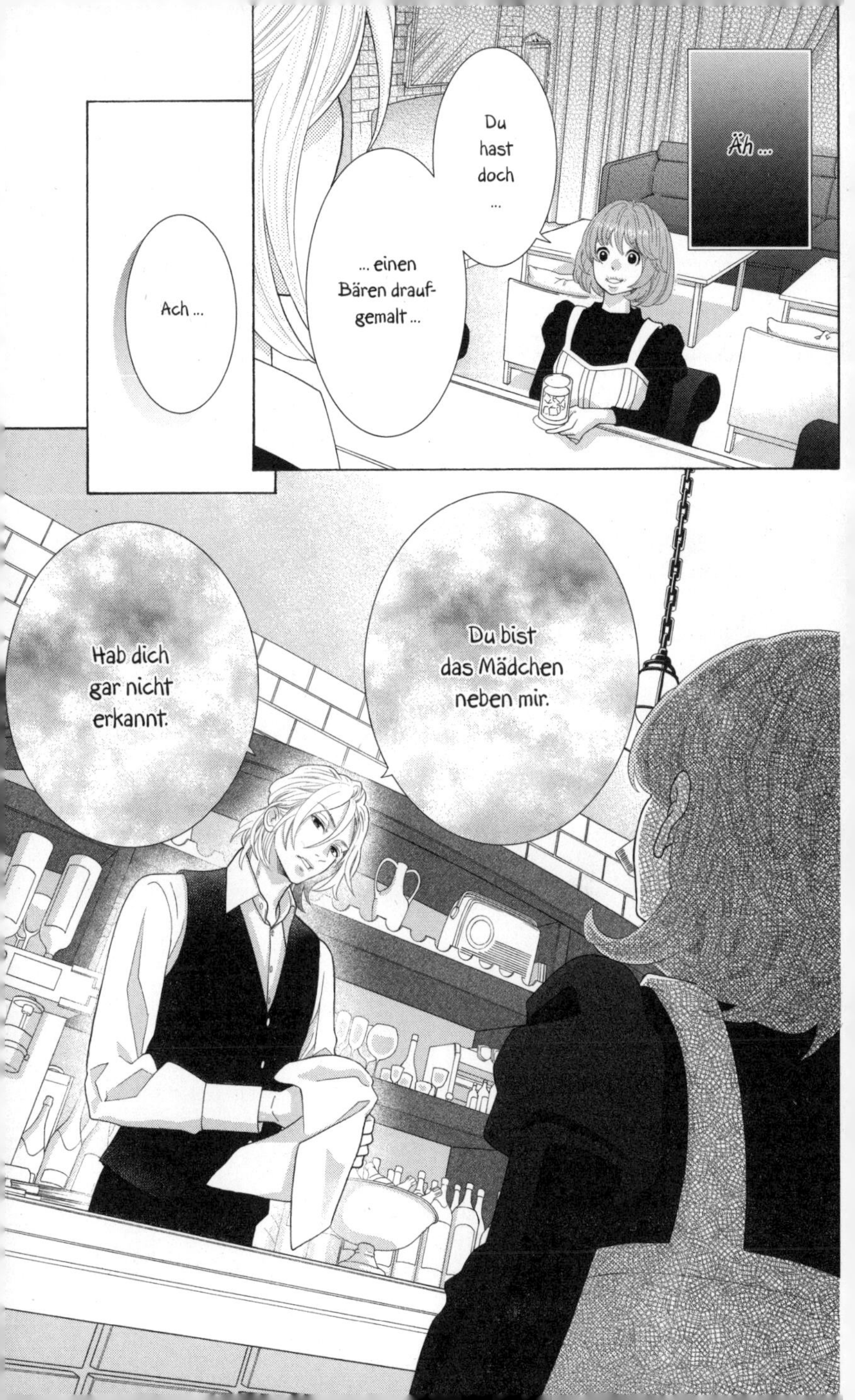
Äh ...
Du hast doch ...
... einen Bären drauf-gemalt ...
Ach ...
Du bist das Mädchen neben mir.
Hab dich gar nicht erkannt.

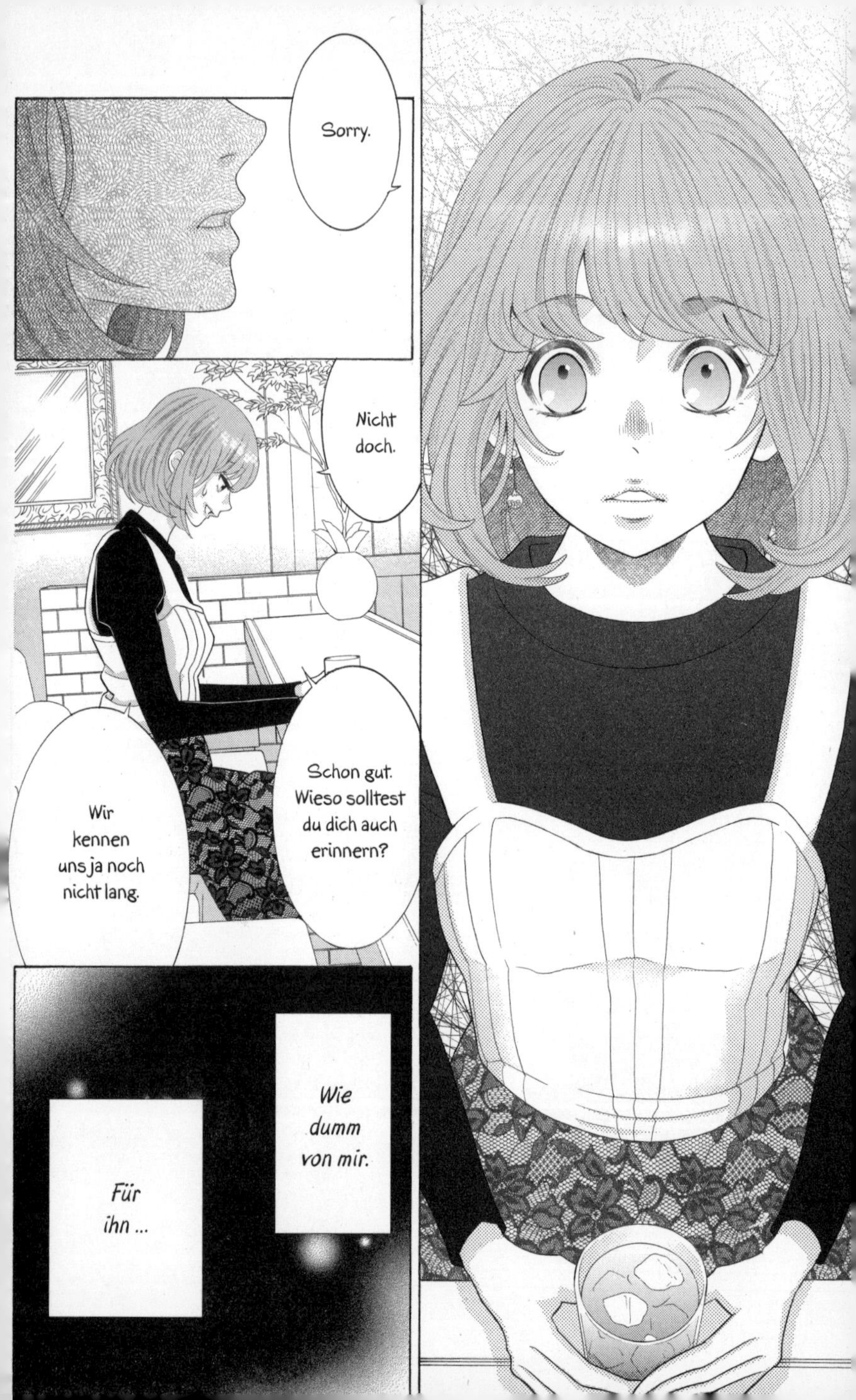
Sorry.
Nicht doch.
Schon gut. Wieso solltest du dich auch erinnern?
Wir kennen uns ja noch nicht lang.
Wie dumm von mir.
Für ihn ...

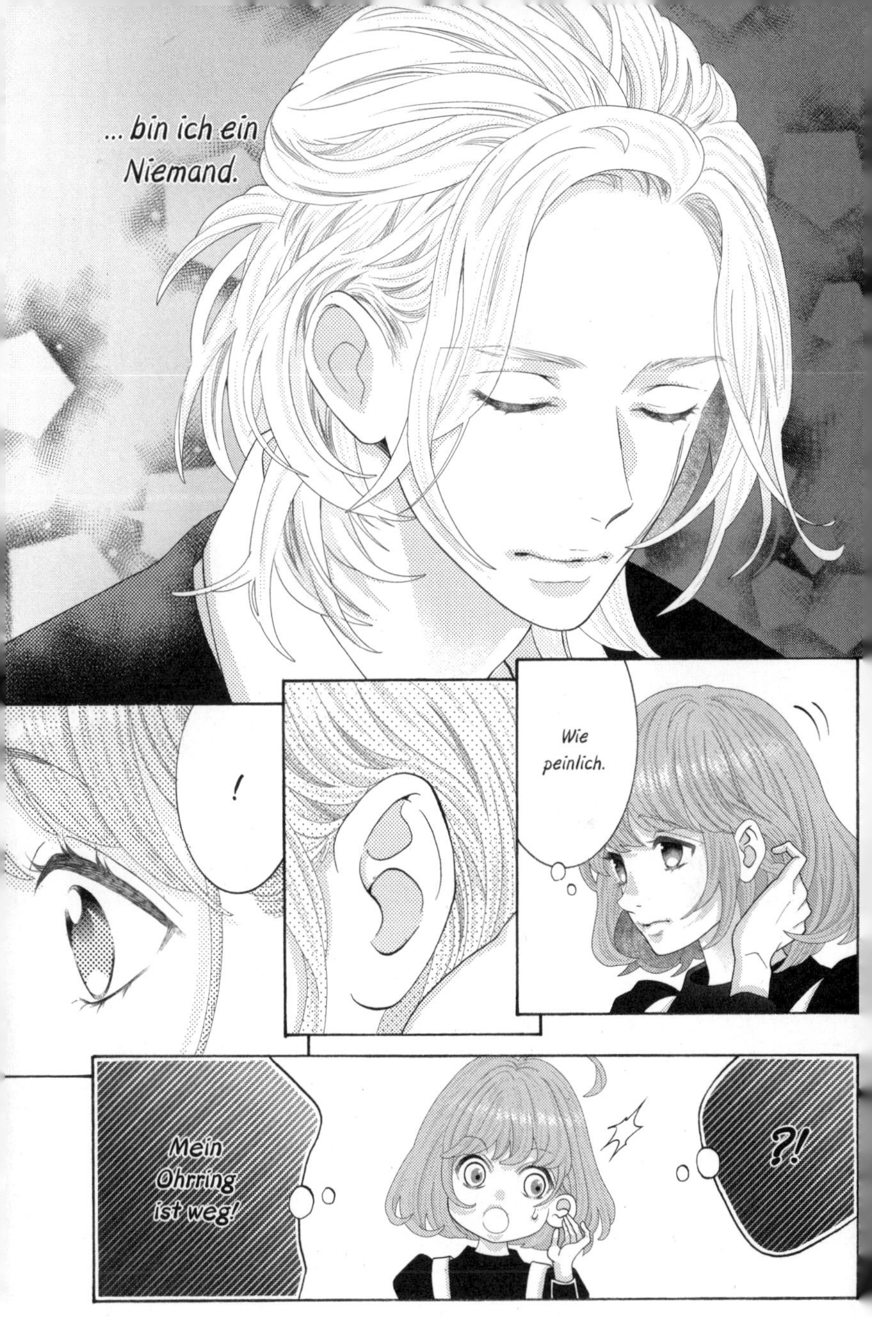
... bin ich ein Niemand.
Wie peinlich.
!
?!
Mein Ohrring ist weg!

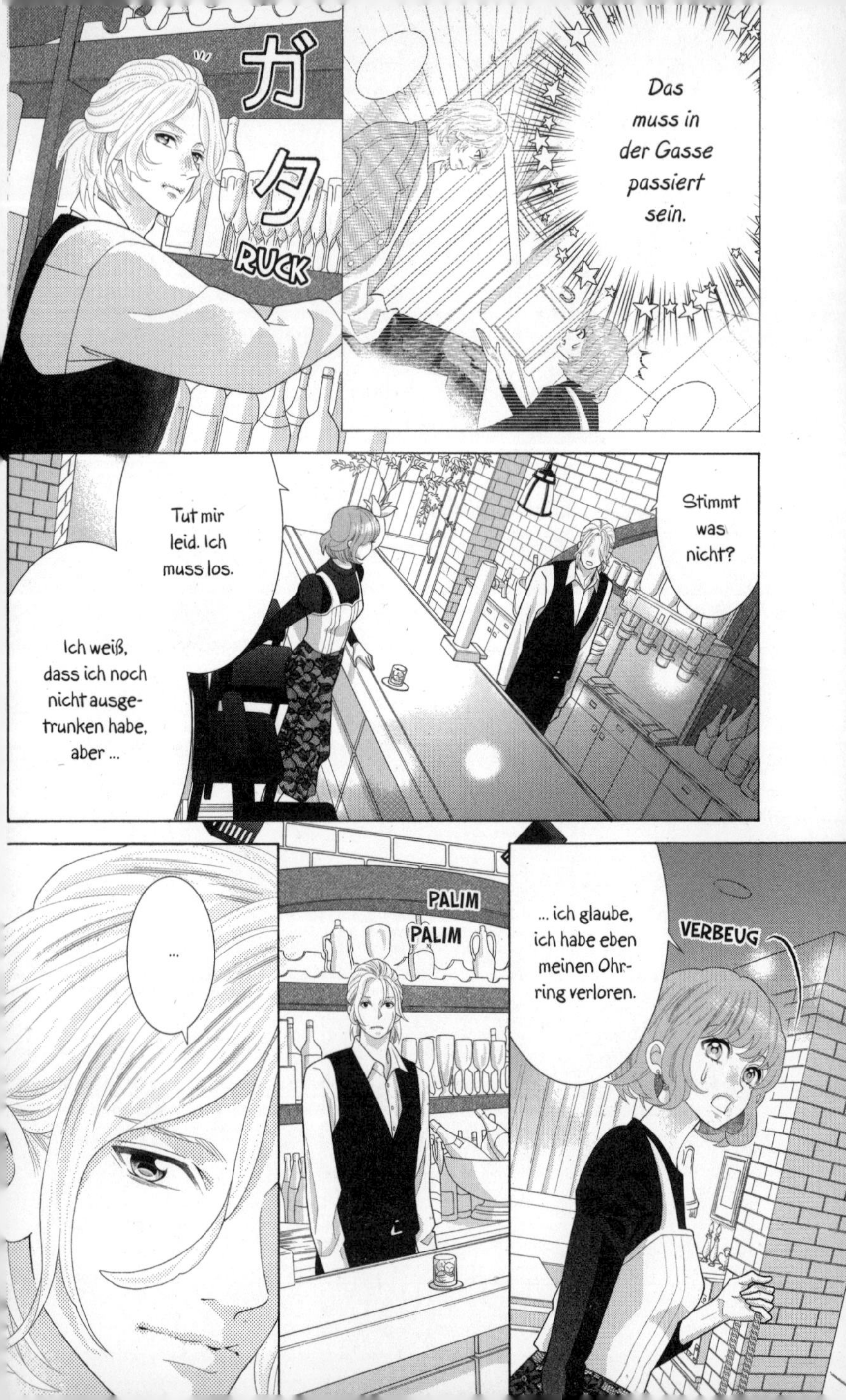
Das muss in der Gasse passiert sein.
ガタ
RUCK
Stimmt was nicht?
Tut mir leid. Ich muss los.
Ich weiß, dass ich noch nicht ausgetrunken habe, aber ...
VERBEUG
... ich glaube, ich habe eben meinen Ohrring verloren.
PALIM
PALIM
...

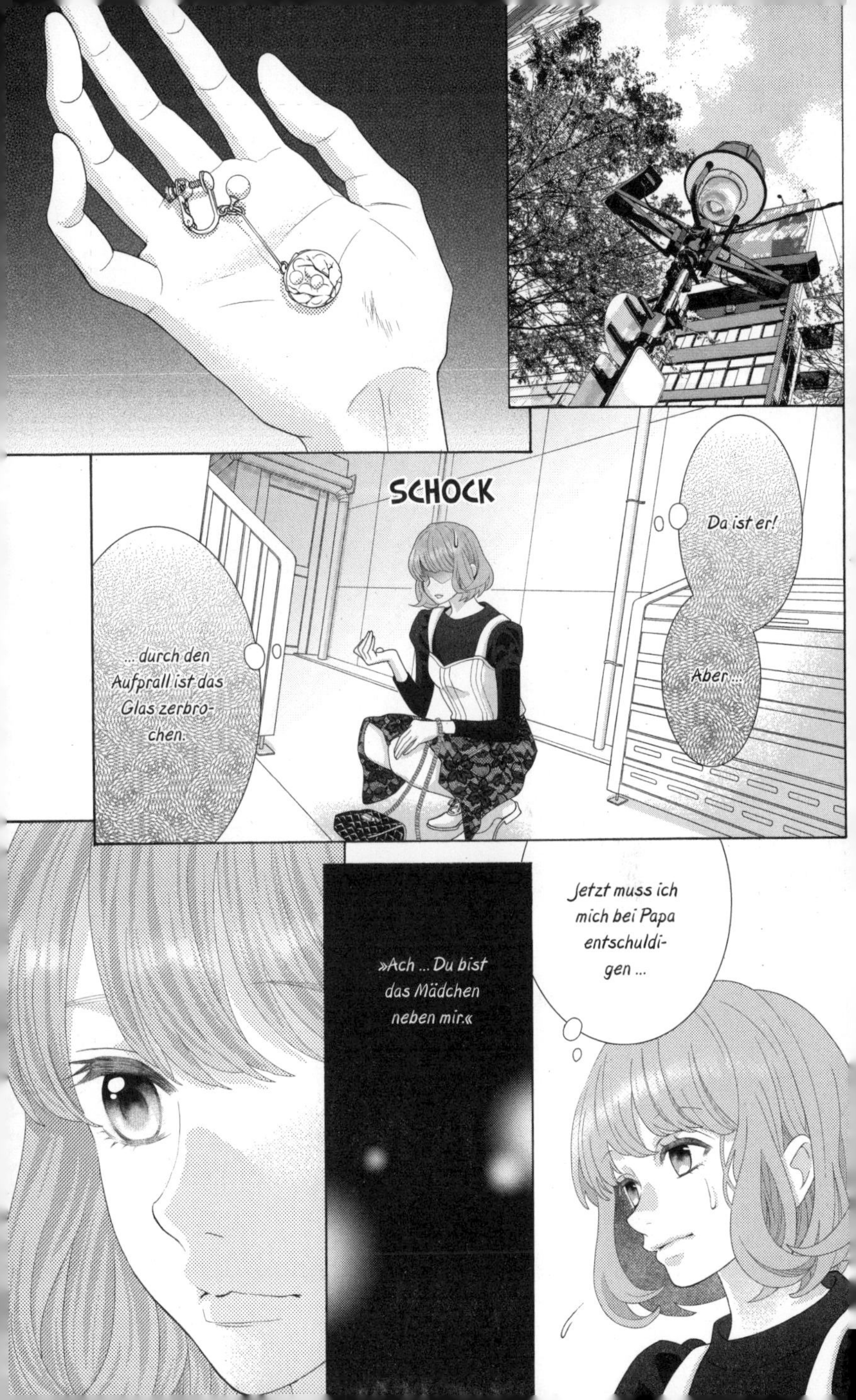
SCHOCK
Da ist er!
Aber ...
... durch den Aufprall ist das Glas zerbro-chen.
Jetzt muss ich mich bei Papa entschuldi-gen ...
»Ach ... Du bist das Mädchen neben mir.«

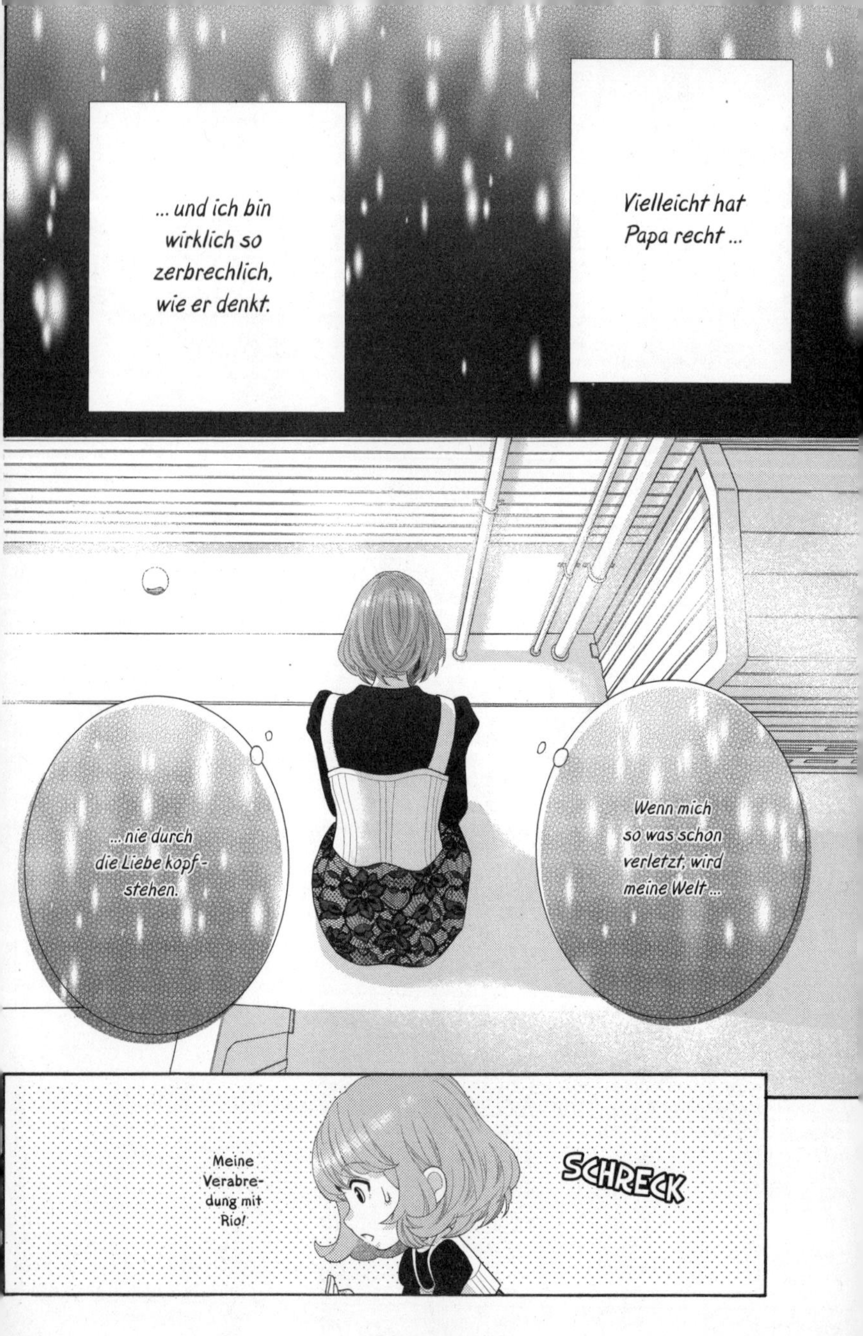
Vielleicht hat Papa recht ...
... und ich bin wirklich so zerbrechlich, wie er denkt.
Wenn mich so was schon verletzt, wird meine Welt ...
... nie durch die Liebe kopf- stehen.
SCHRECK
Meine Verabre- dung mit Rio!

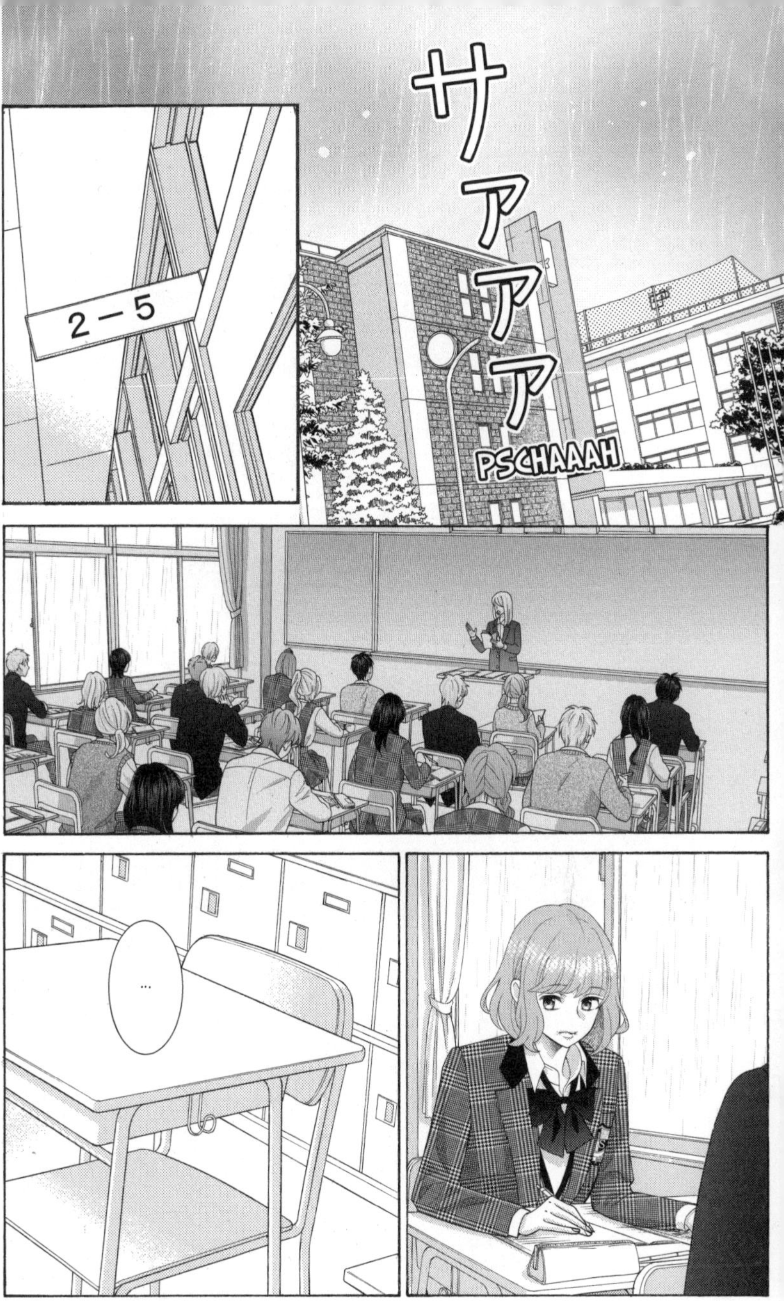
サァァァ
PSCHAAAH
2－5
...

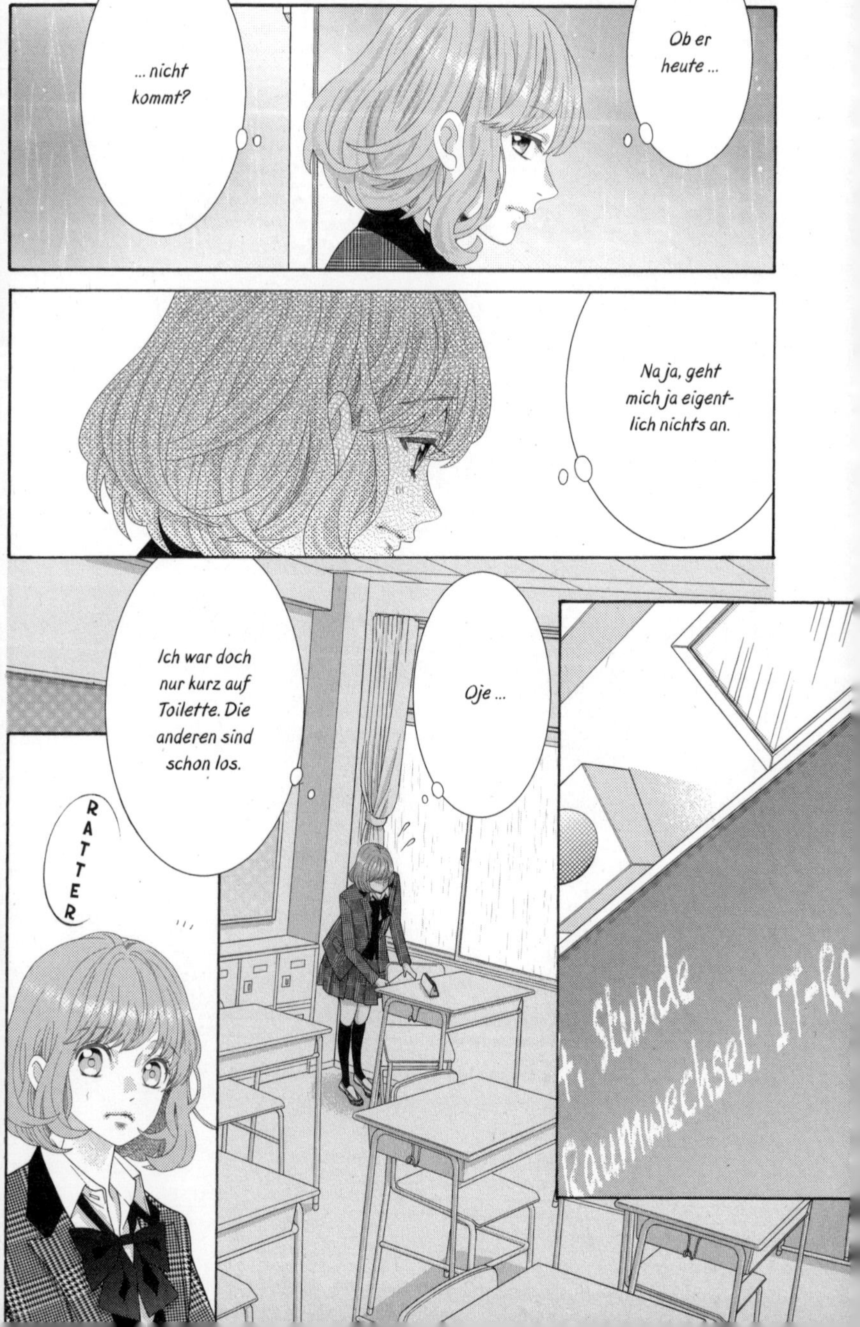

Ob er heute ...
... nicht kommt?
Na ja, geht mich ja eigentlich nichts an.
4. Stunde Raumwechsel: IT-Ro
Oje ...
Ich war doch nur kurz auf Toilette. Die anderen sind schon los.
RATTER

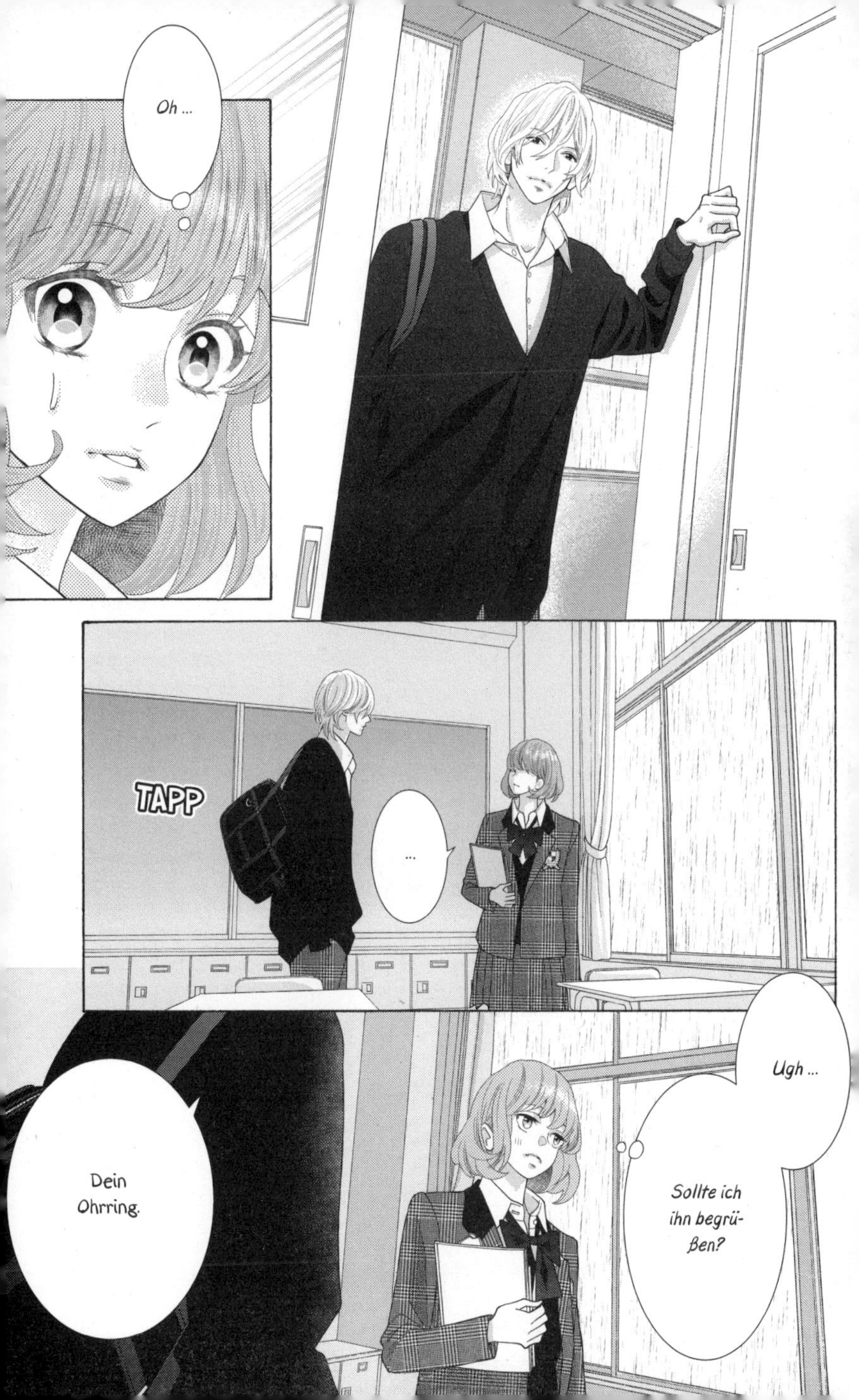
Oh ...
TAPP
...
Ugh ...
Sollte ich ihn begrü-ßen?
Dein Ohrring.

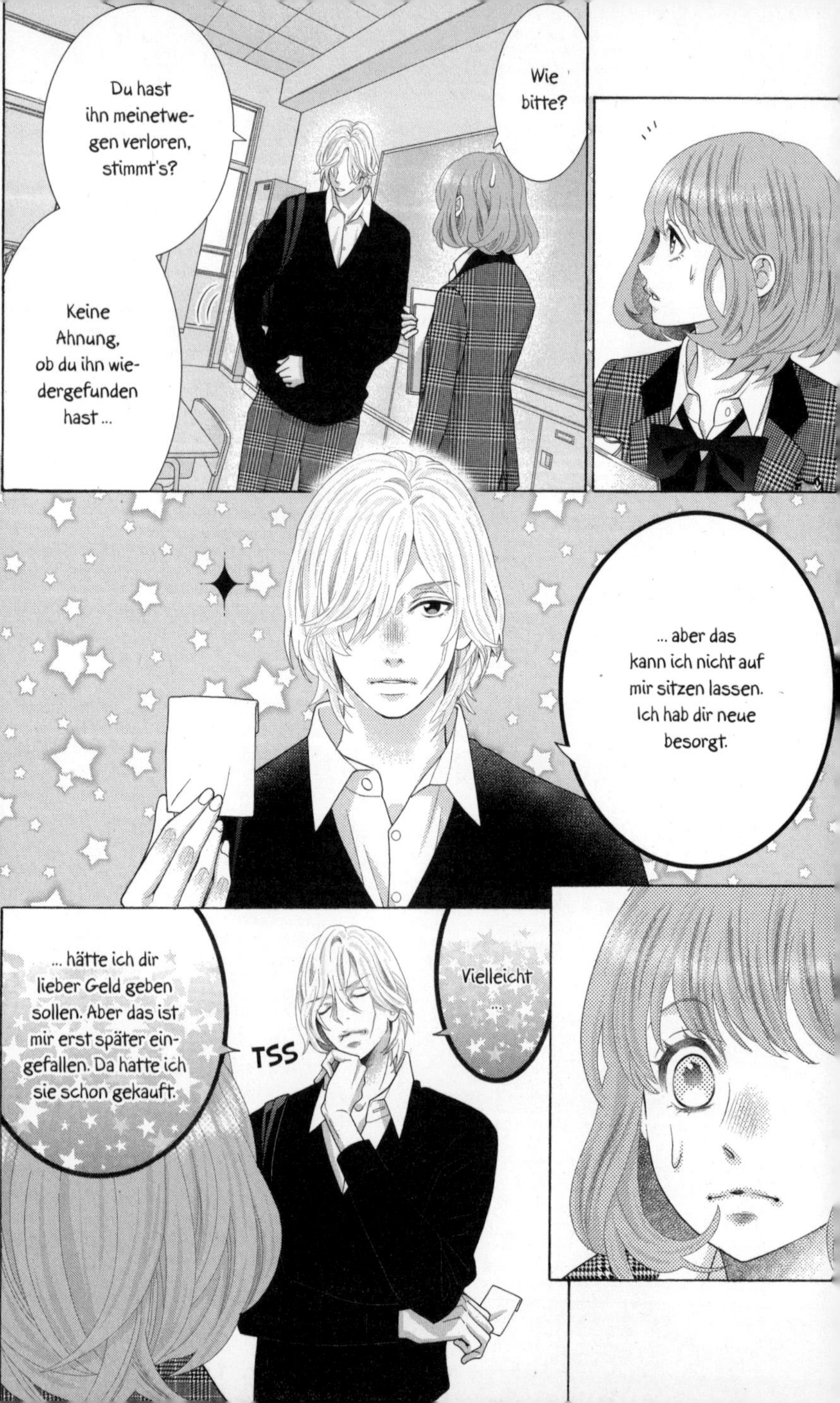
Wie bitte?
Du hast ihn meinetwegen verloren, stimmt's?
Keine Ahnung, ob du ihn wiedergefunden hast ...
... aber das kann ich nicht auf mir sitzen lassen. Ich hab dir neue besorgt.
Vielleicht ...
TSS
... hätte ich dir lieber Geld geben sollen. Aber das ist mir erst später eingefallen. Da hatte ich sie schon gekauft.

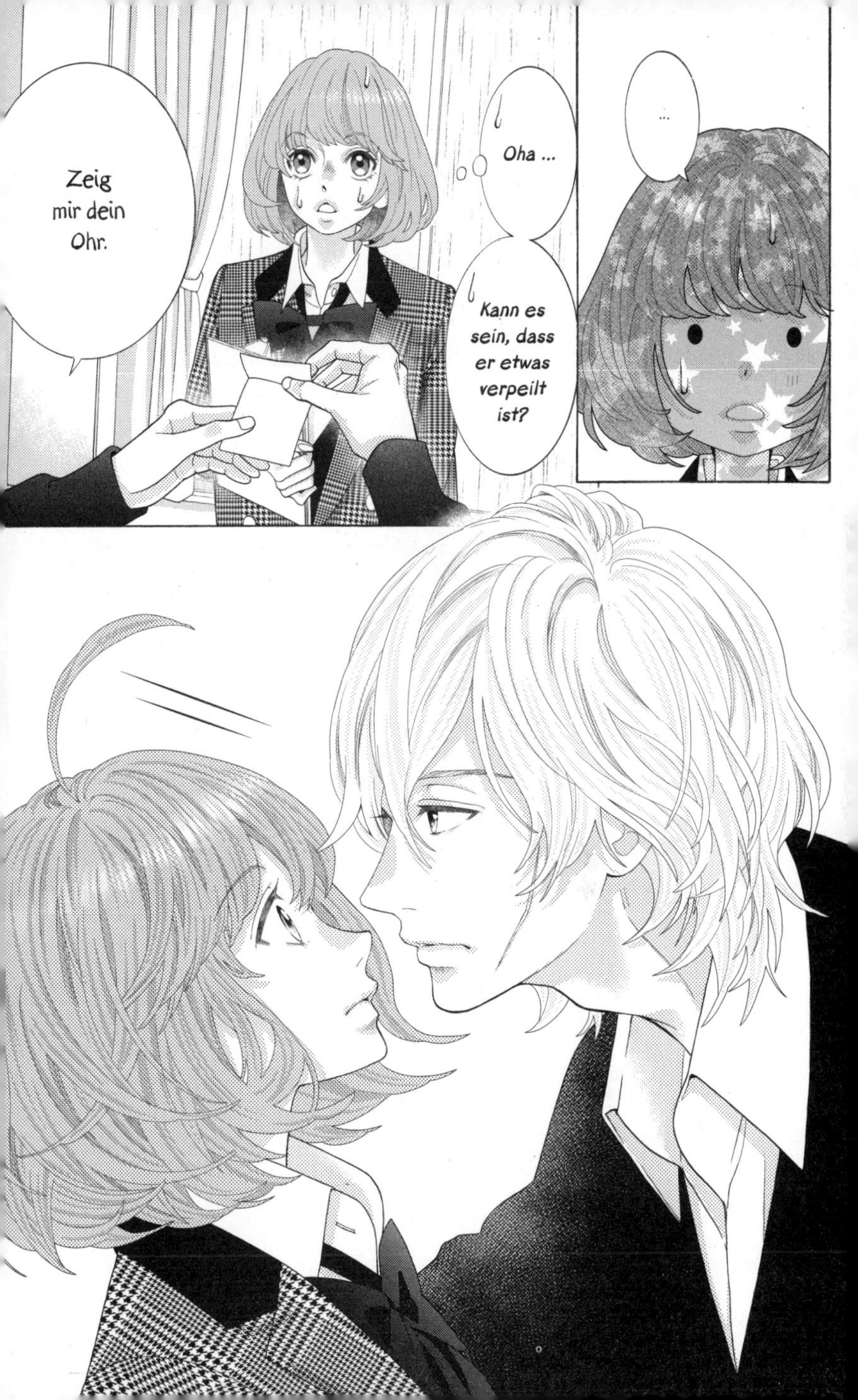
...
Oha ...
Kann es sein, dass er etwas verpeilt ist?
Zeig mir dein Ohr.

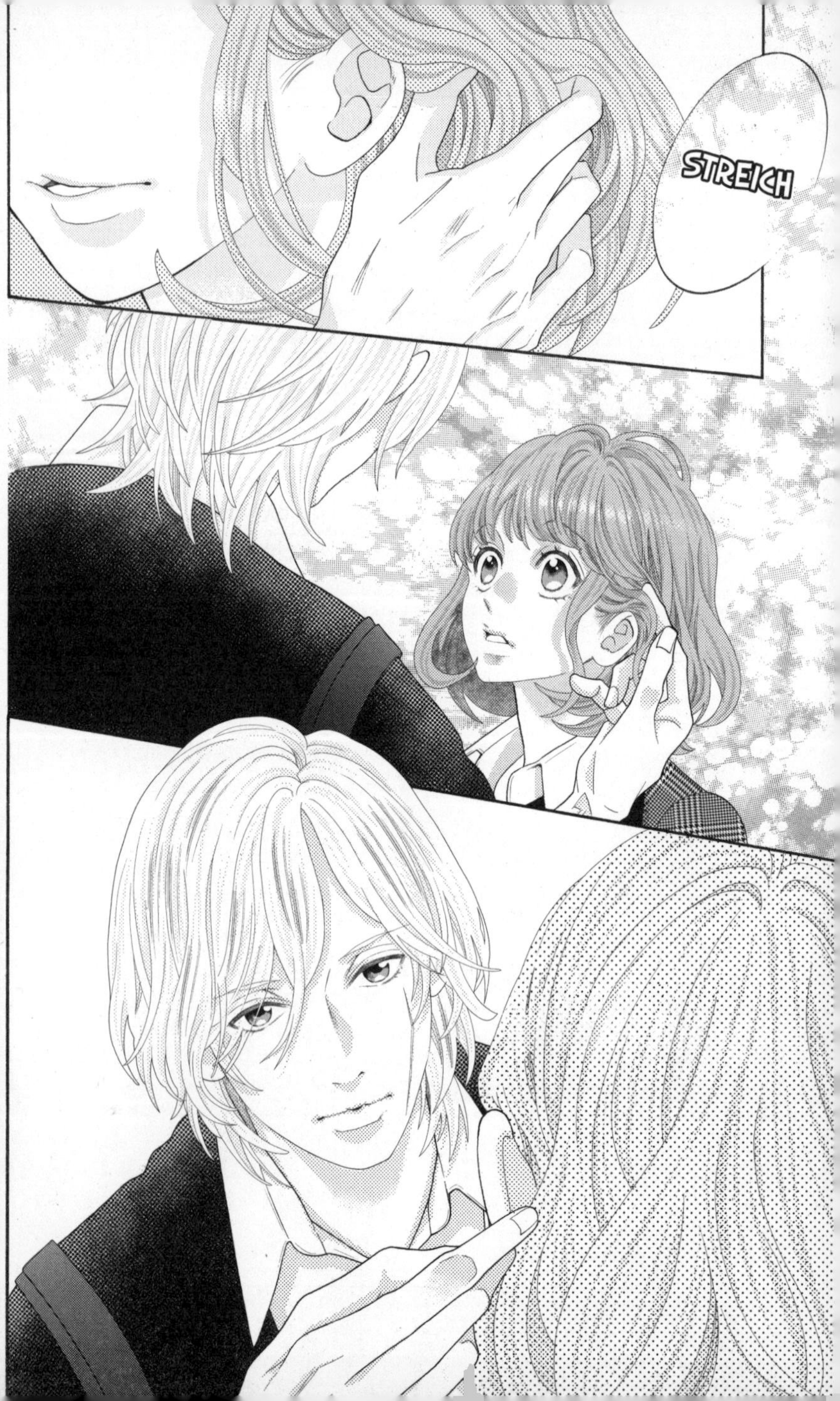
STREICH

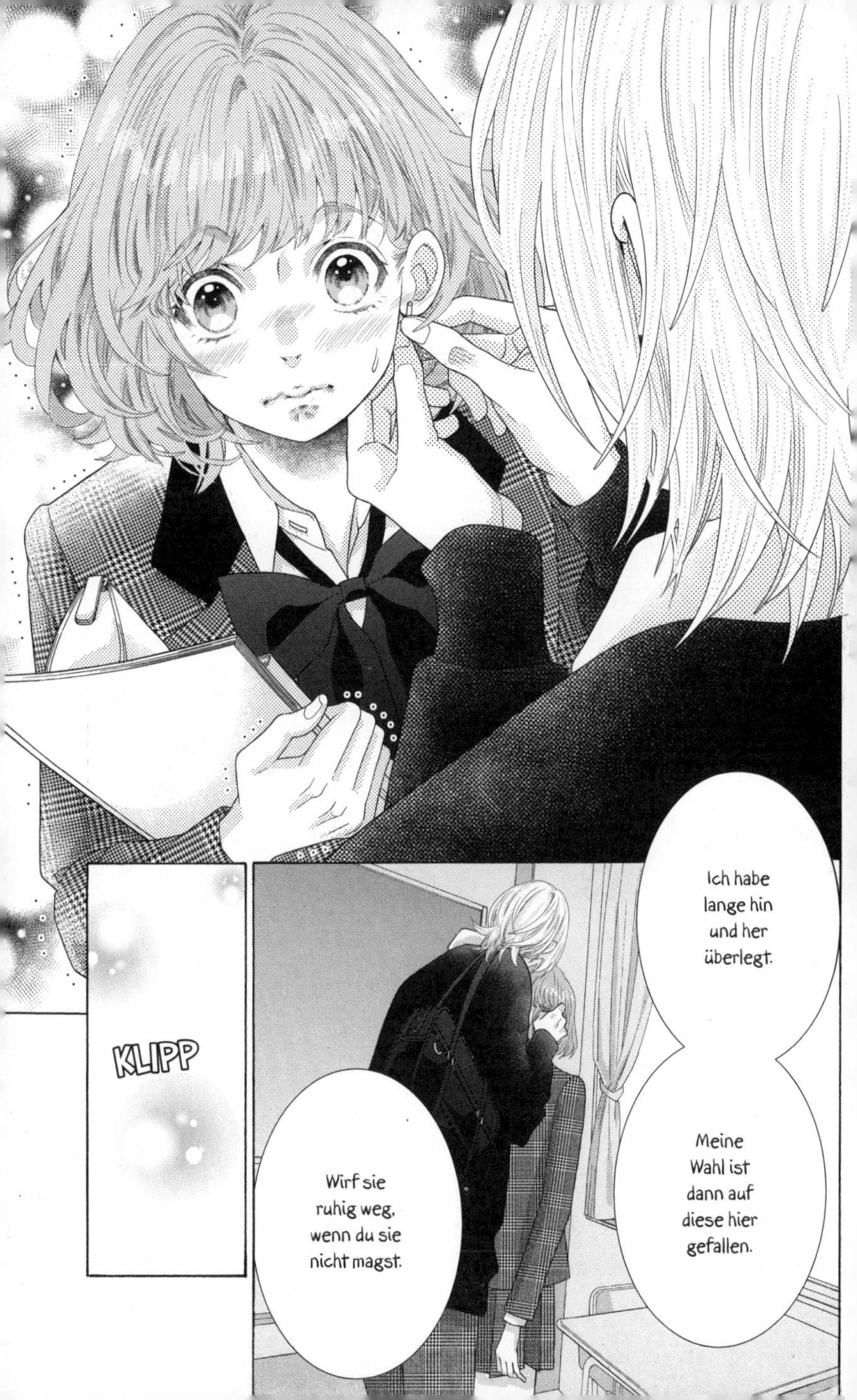
Ich habe lange hin und her überlegt.
Meine Wahl ist dann auf diese hier gefallen.
Wirf sie ruhig weg, wenn du sie nicht magst.
KLIPP

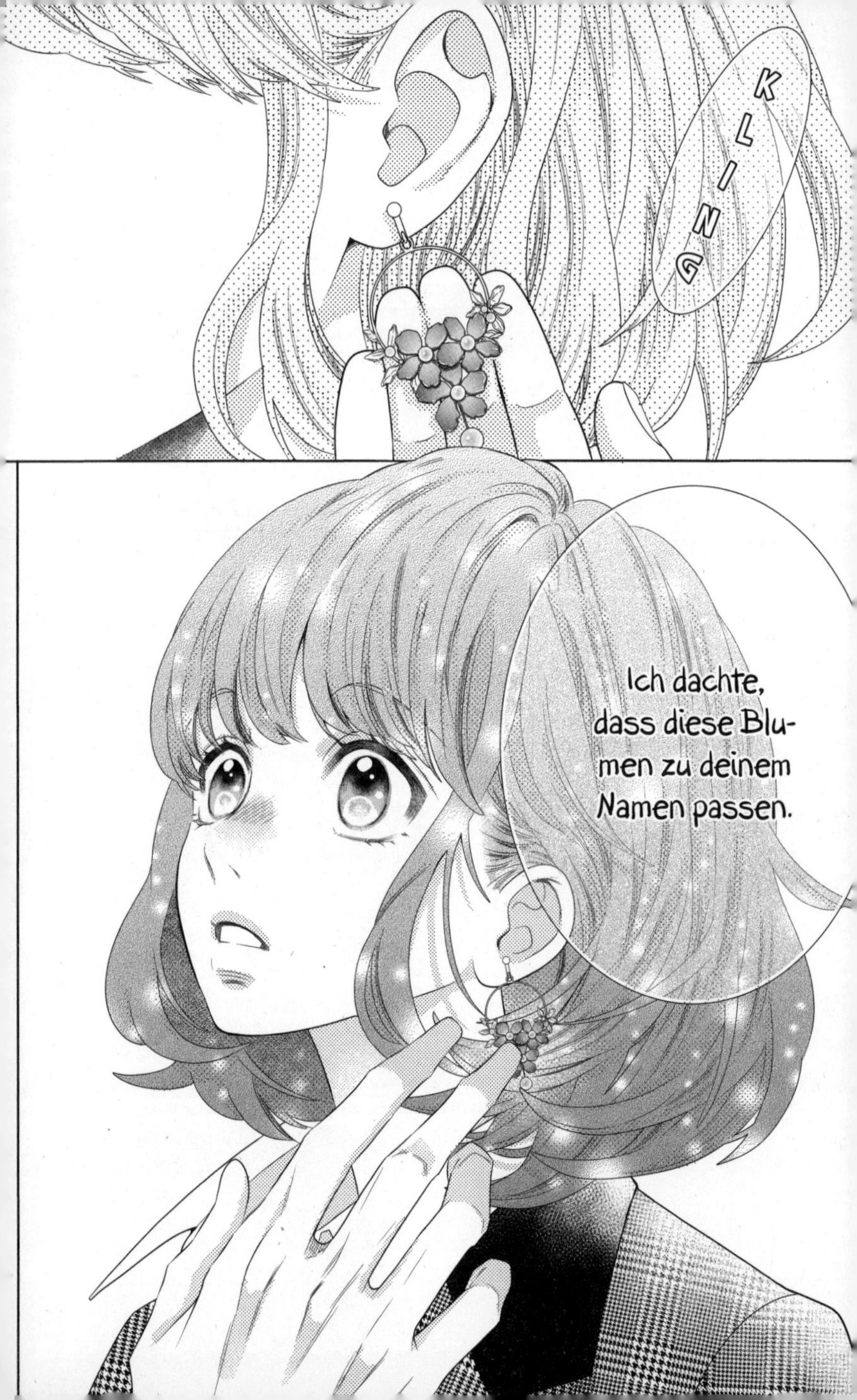
KLING
Ich dachte, dass diese Blumen zu deinem Namen passen.

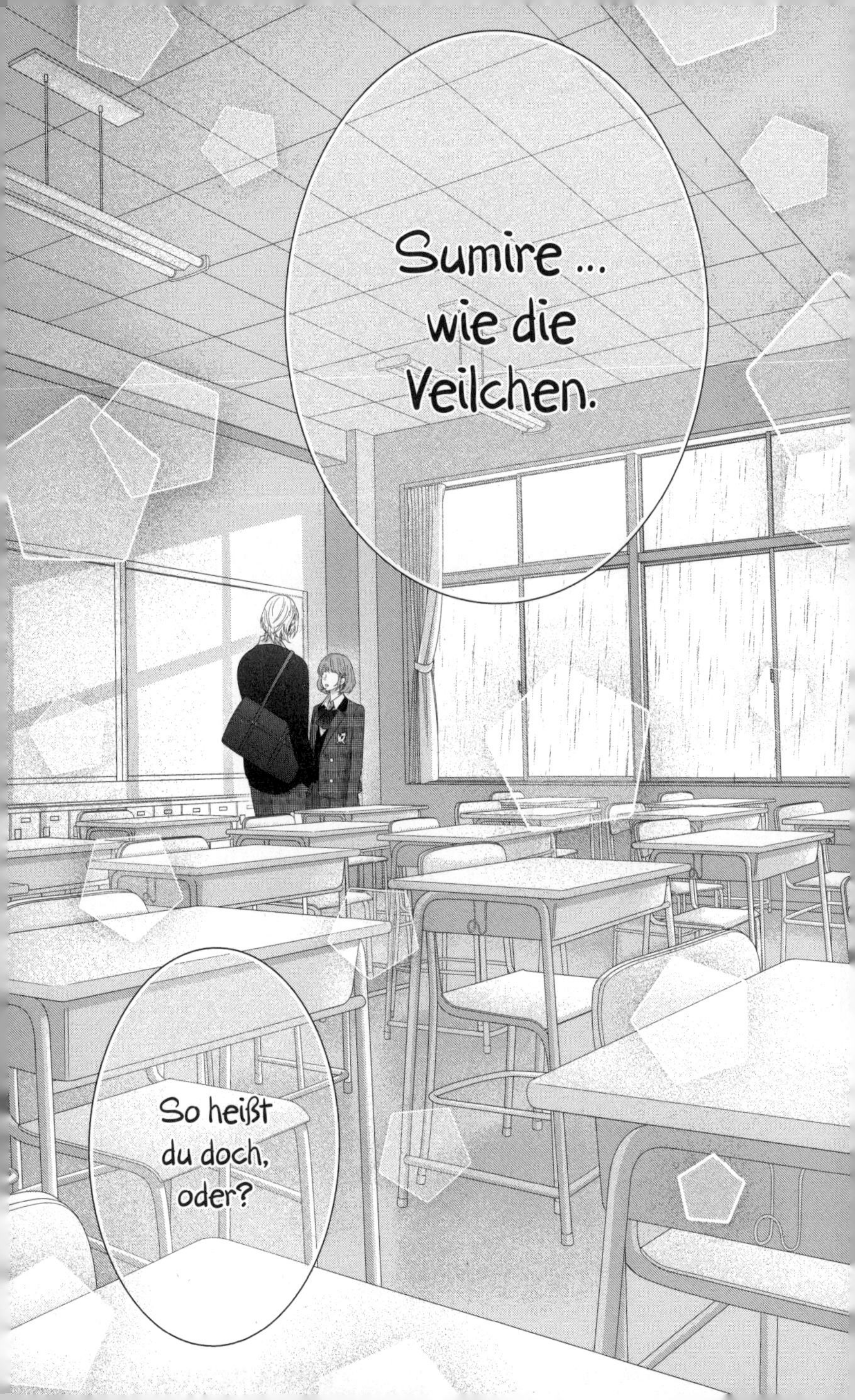
Sumire ... wie die Veilchen.
So heißt du doch, oder?

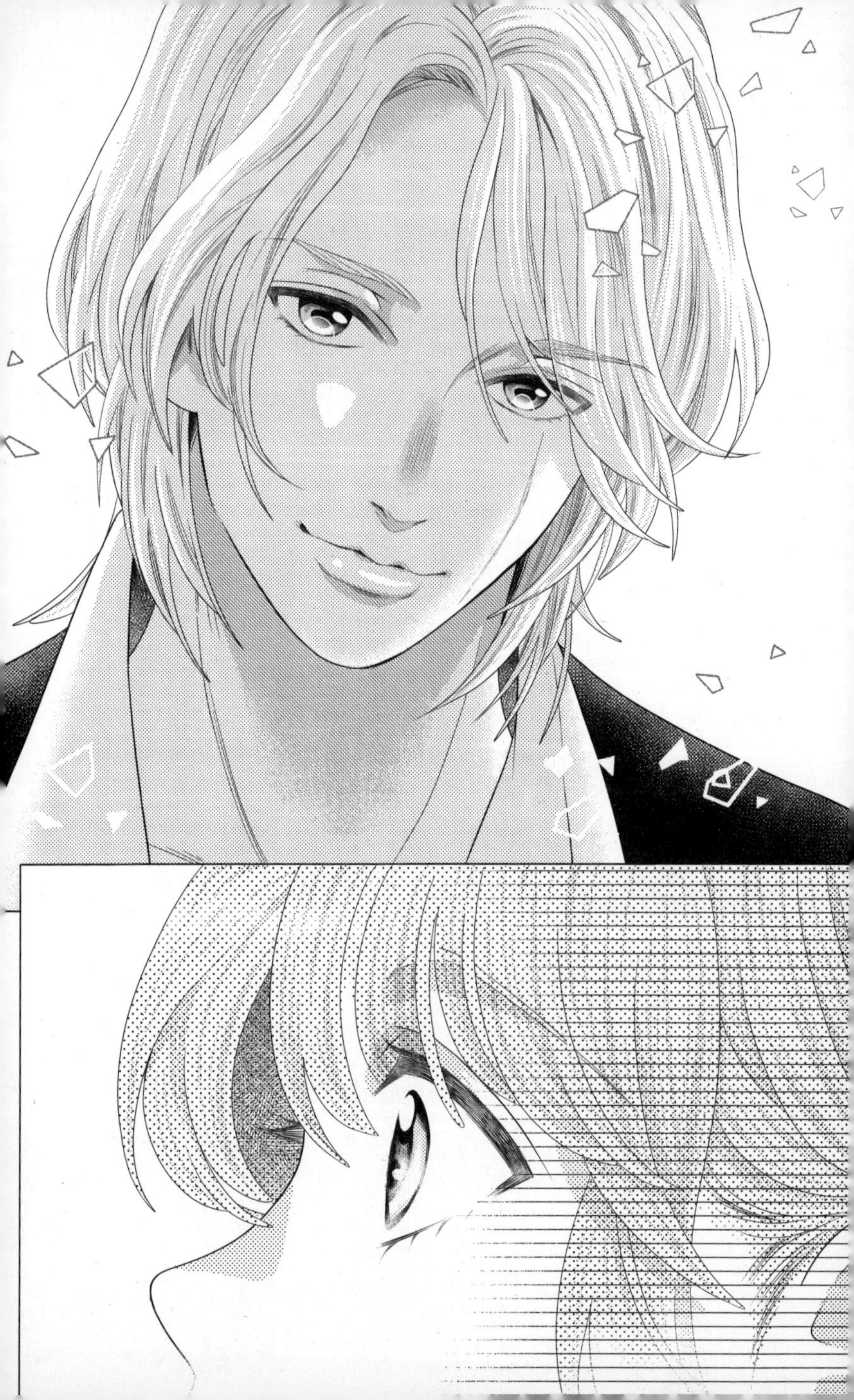

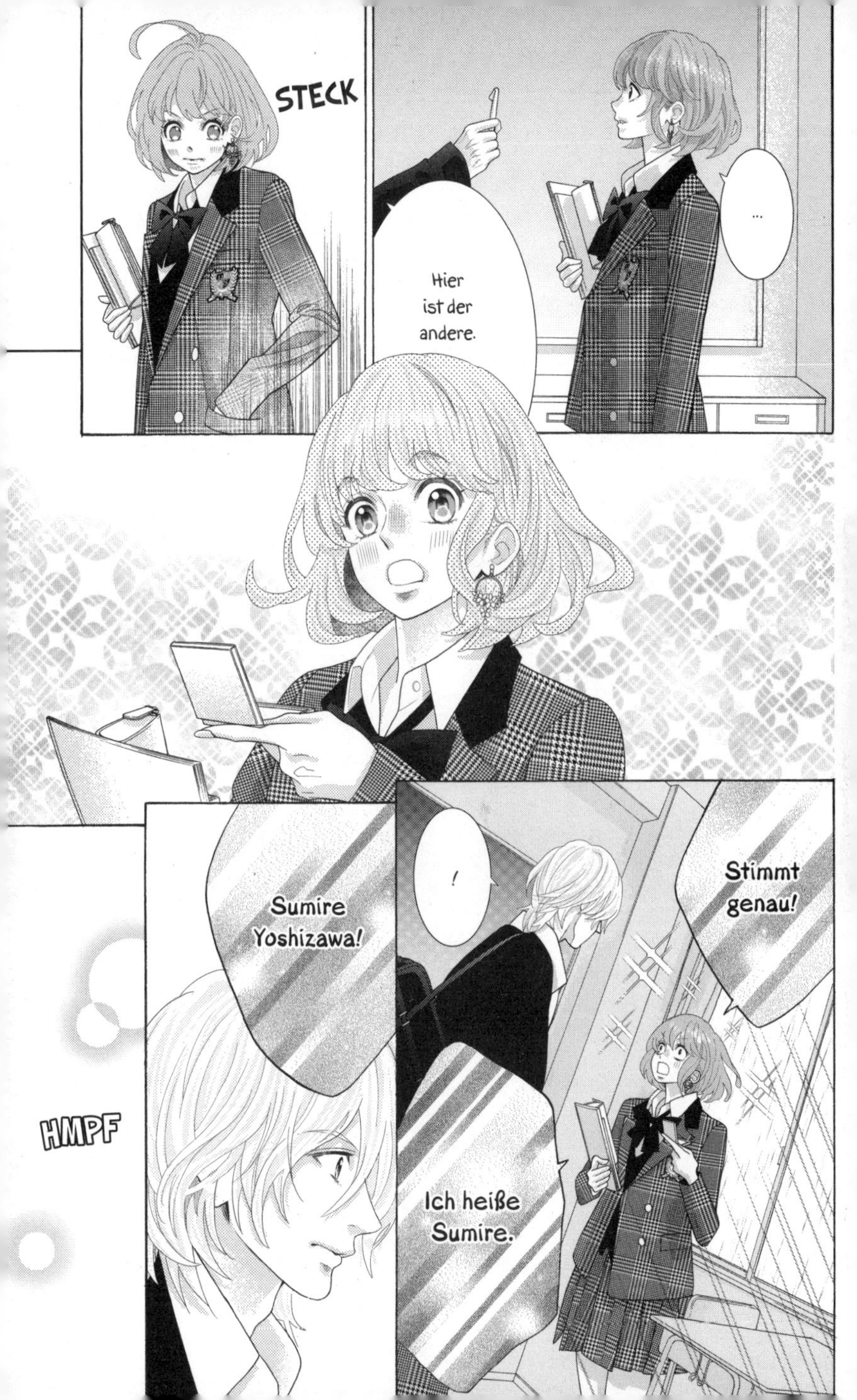
...
Hier ist der andere.
STECK
Stimmt genau!
!
Ich heiße Sumire.
Sumire Yoshizawa!
HMPF

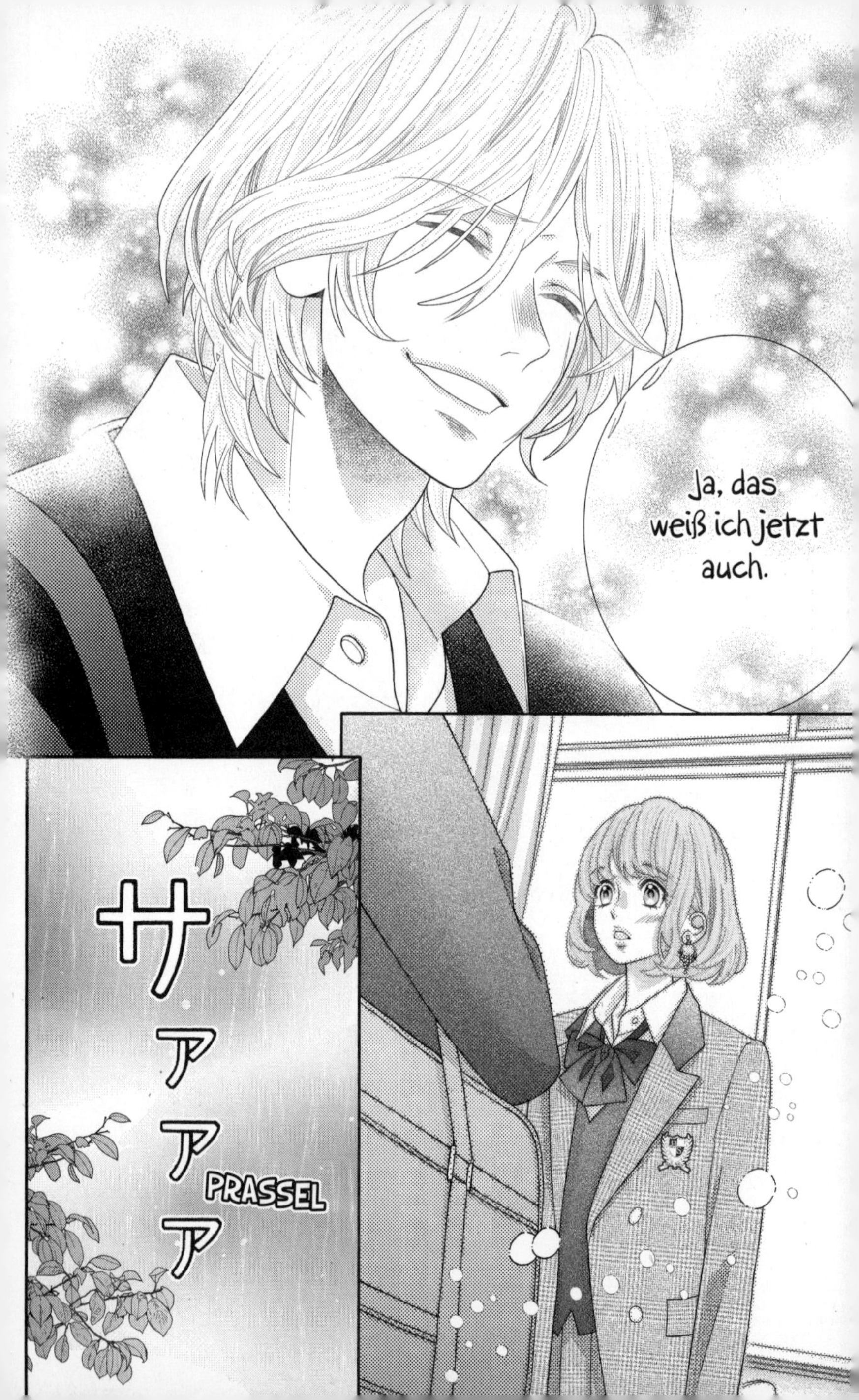
Ja, das
weiß ich jetzt
auch.
サァァァ
PRASSEL

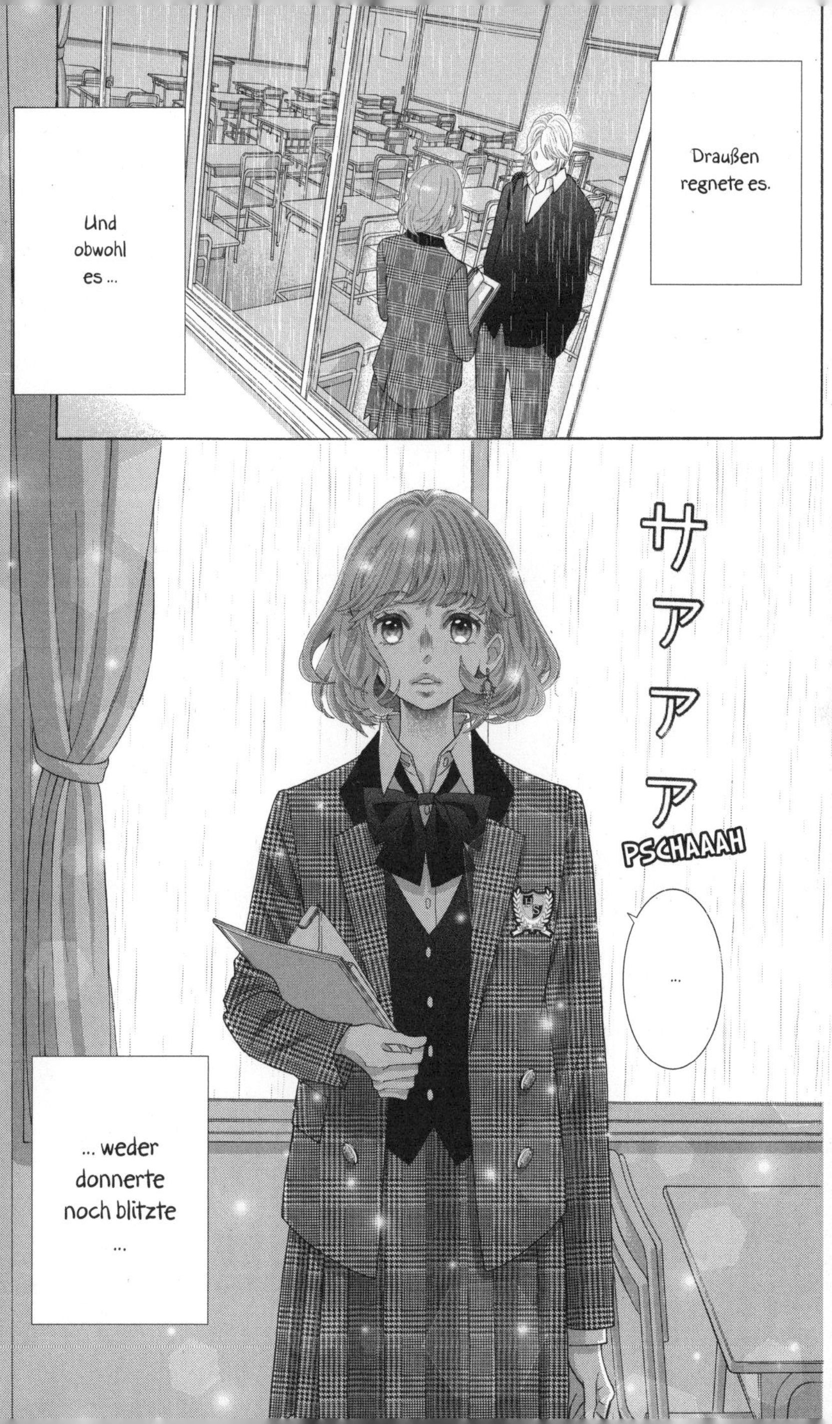
Draußen regnete es.
Und obwohl es ...
サァァァ
PSCHAAAH
...
... weder donnerte noch blitzte ...

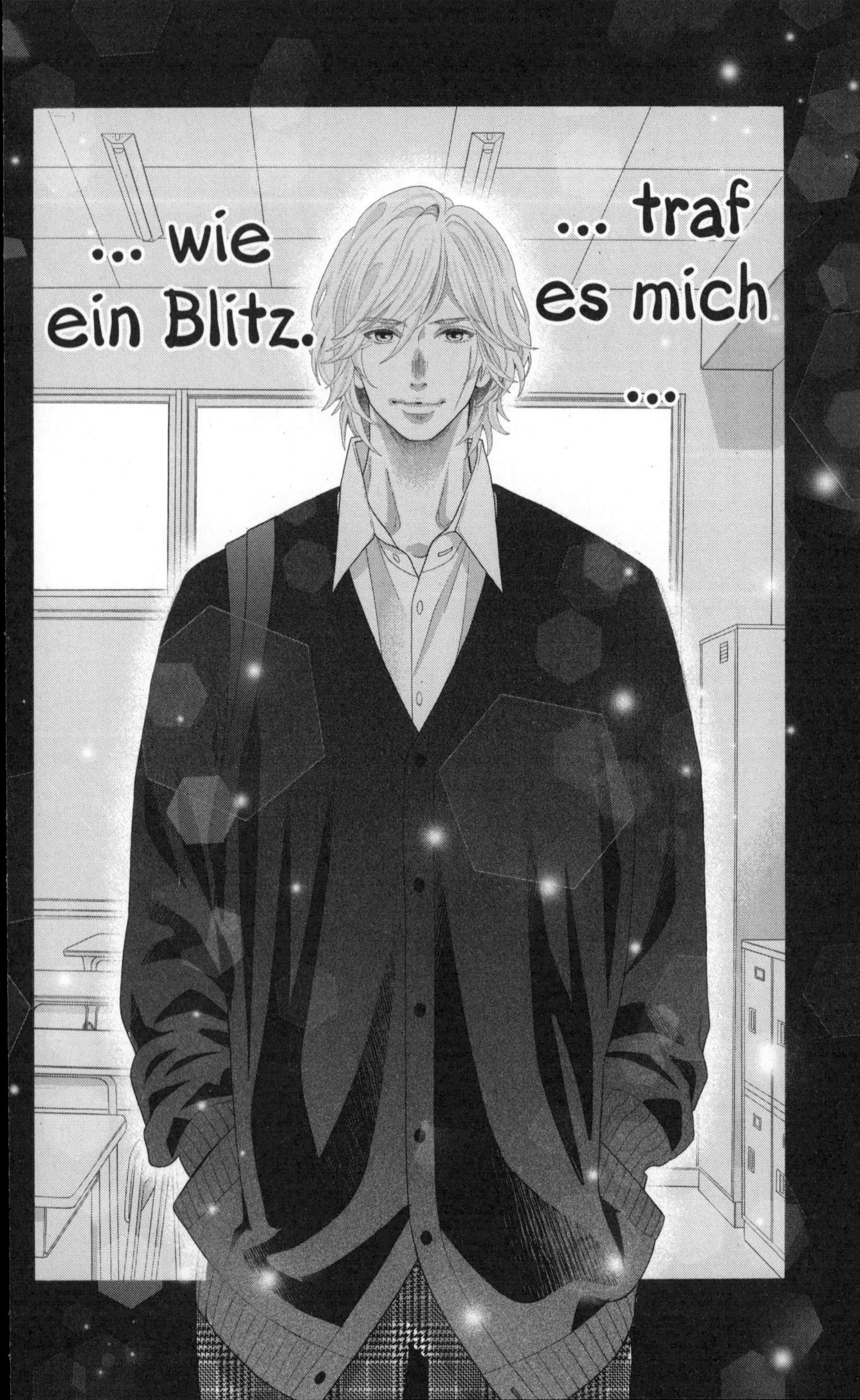
... traf es mich ...
... wie ein Blitz.

LIGHTNING
AND
ROMANCE

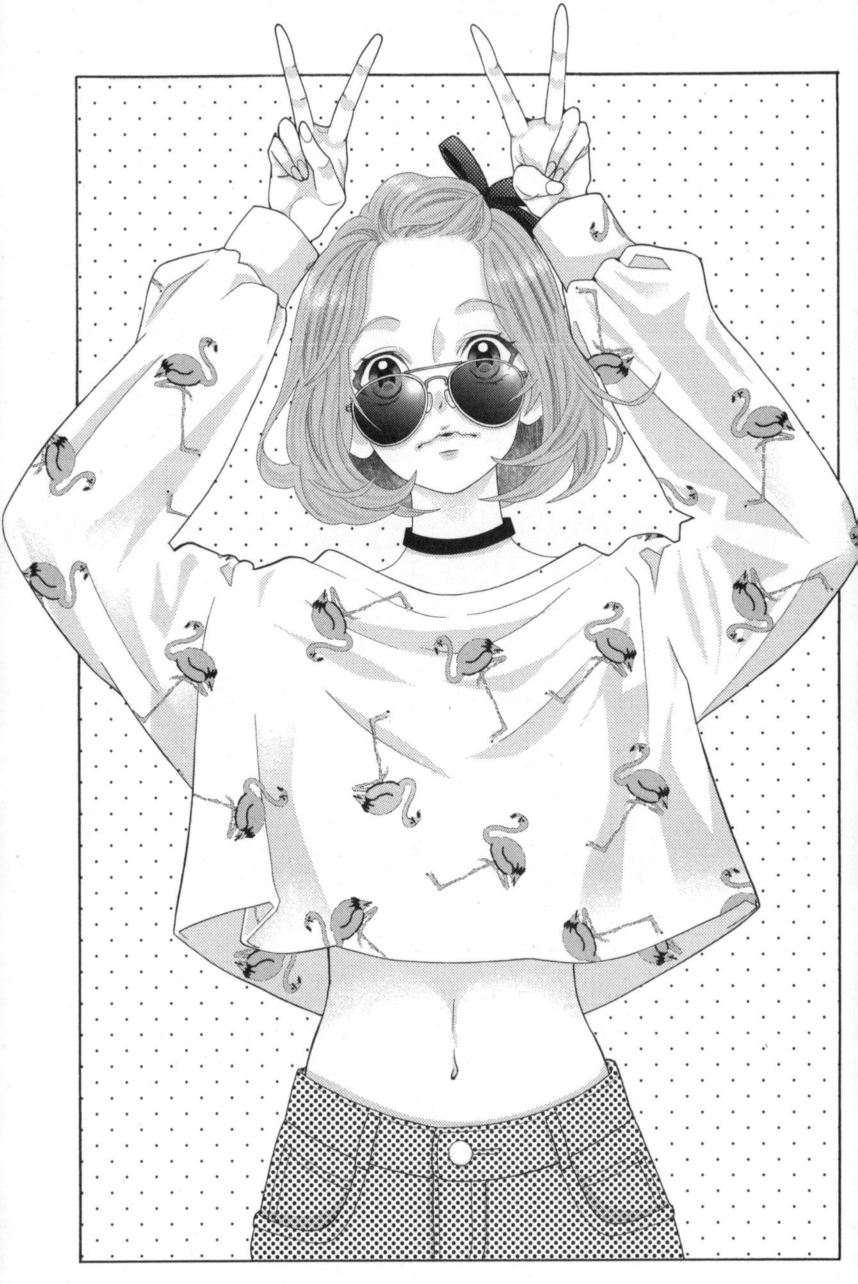

#2 Wappnest du dich für die Liebe?

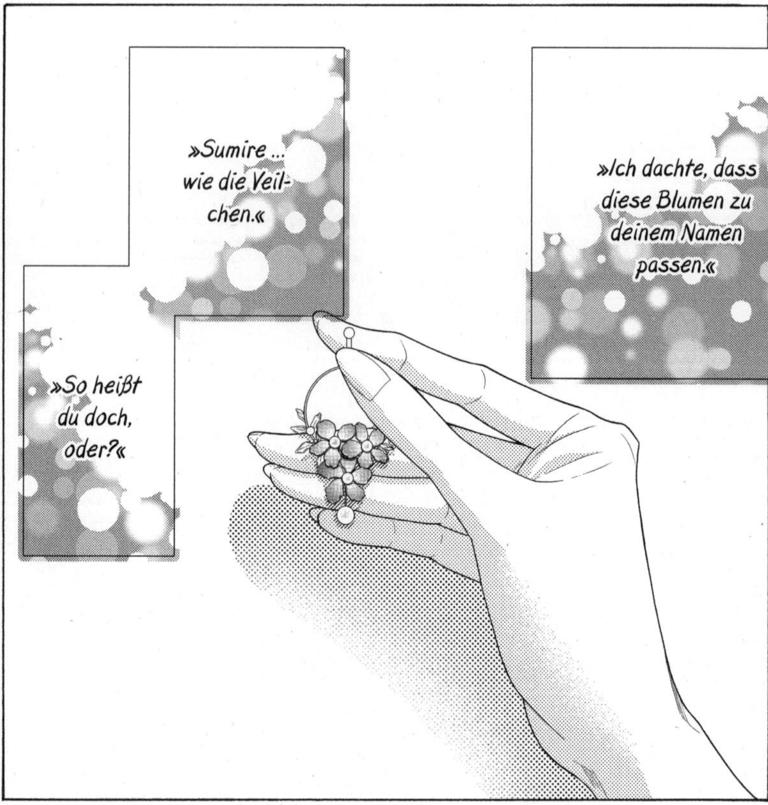
»Sumire ... wie die Veil-chen.«
»So heißt du doch, oder?«
»Ich dachte, dass diese Blumen zu deinem Namen passen.«

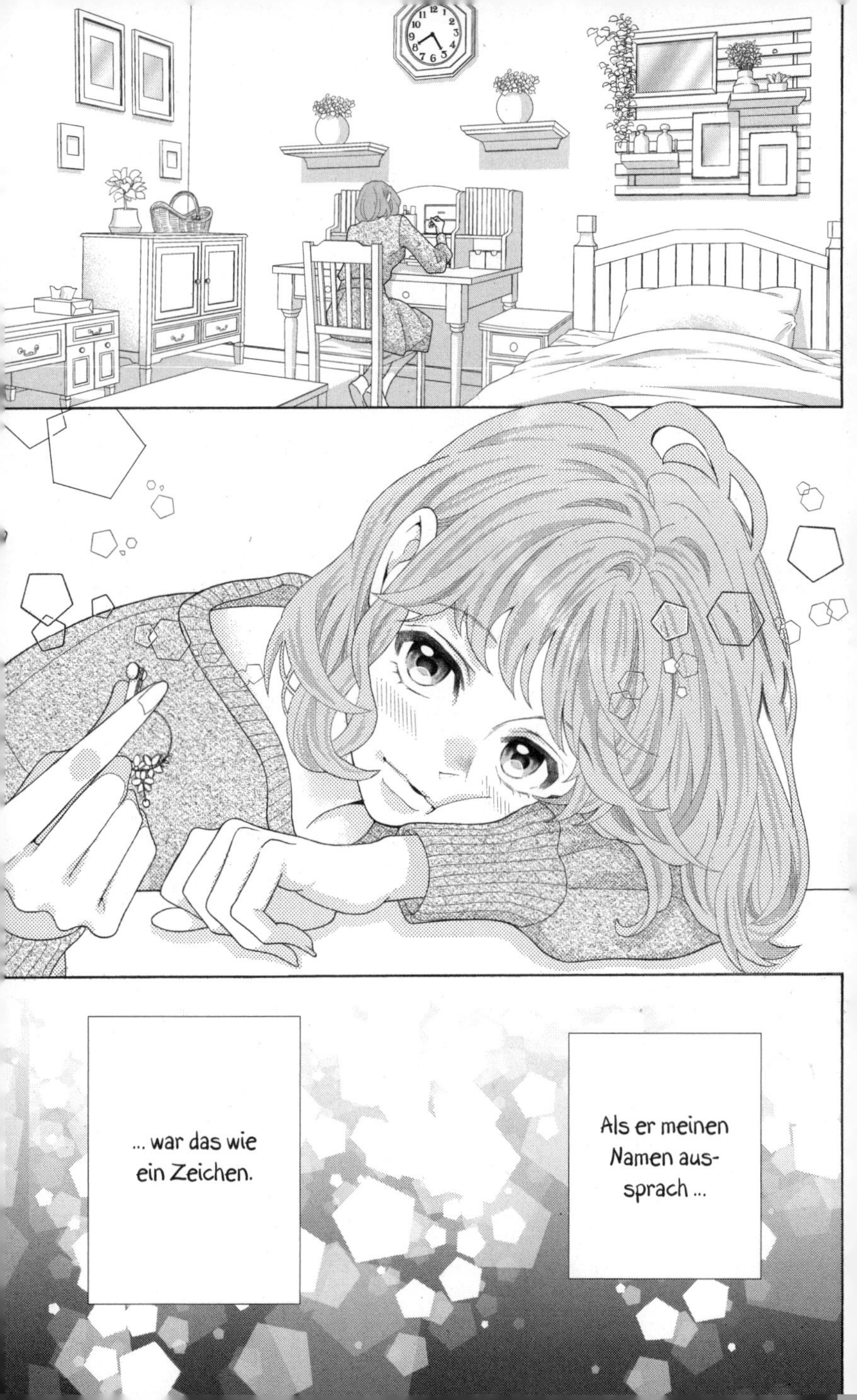
Als er meinen Namen aus-sprach ...
... war das wie ein Zeichen.

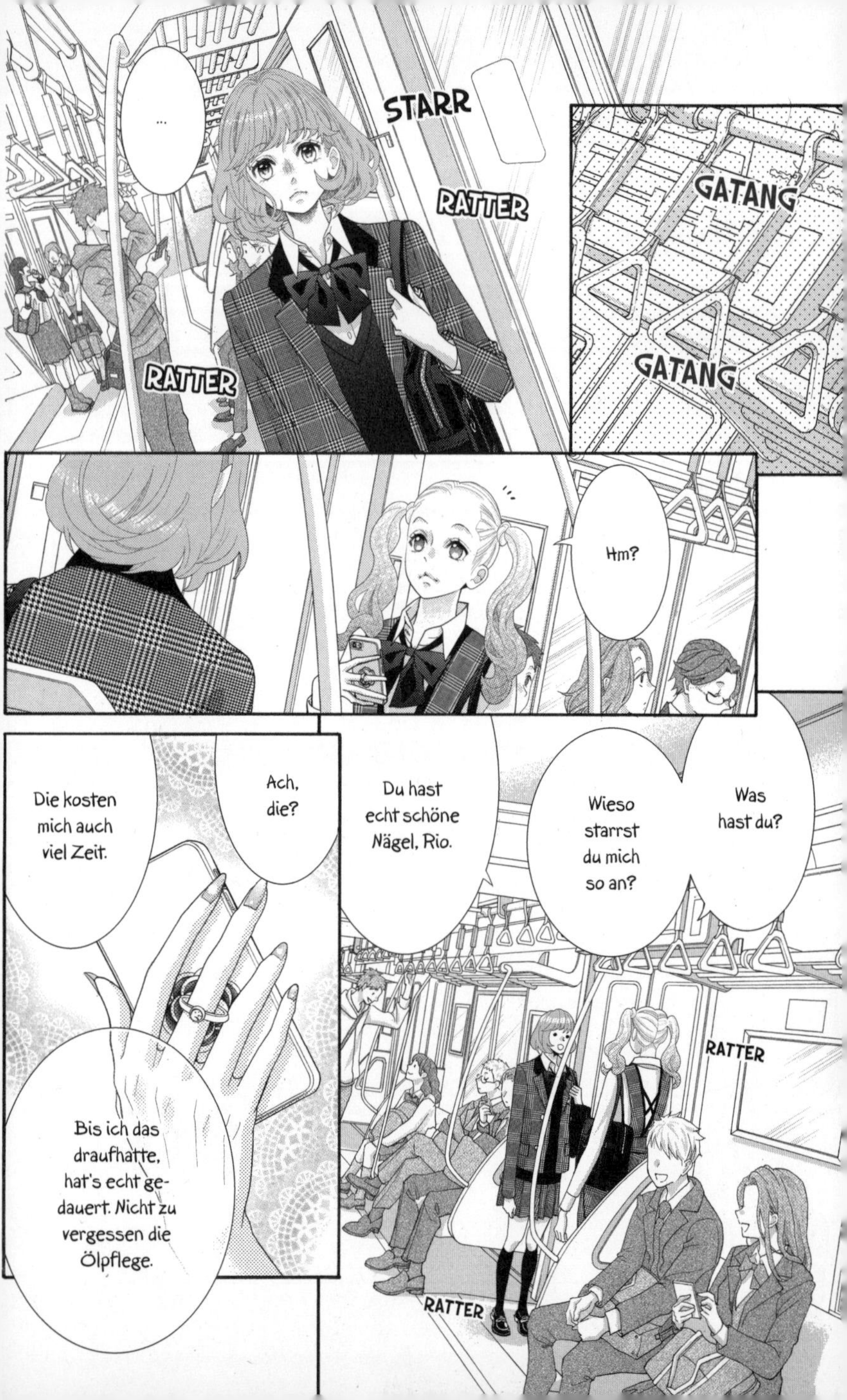
GATANG
GATANG
STARR
RATTER
RATTER
...
Hm?
Was hast du?
Wieso starrst du mich so an?
Du hast echt schöne Nägel, Rio.
Ach, die?
Die kosten mich auch viel Zeit.
Bis ich das draufhatte, hat's echt gedauert. Nicht zu vergessen die Ölpflege.
RATTER
RATTER

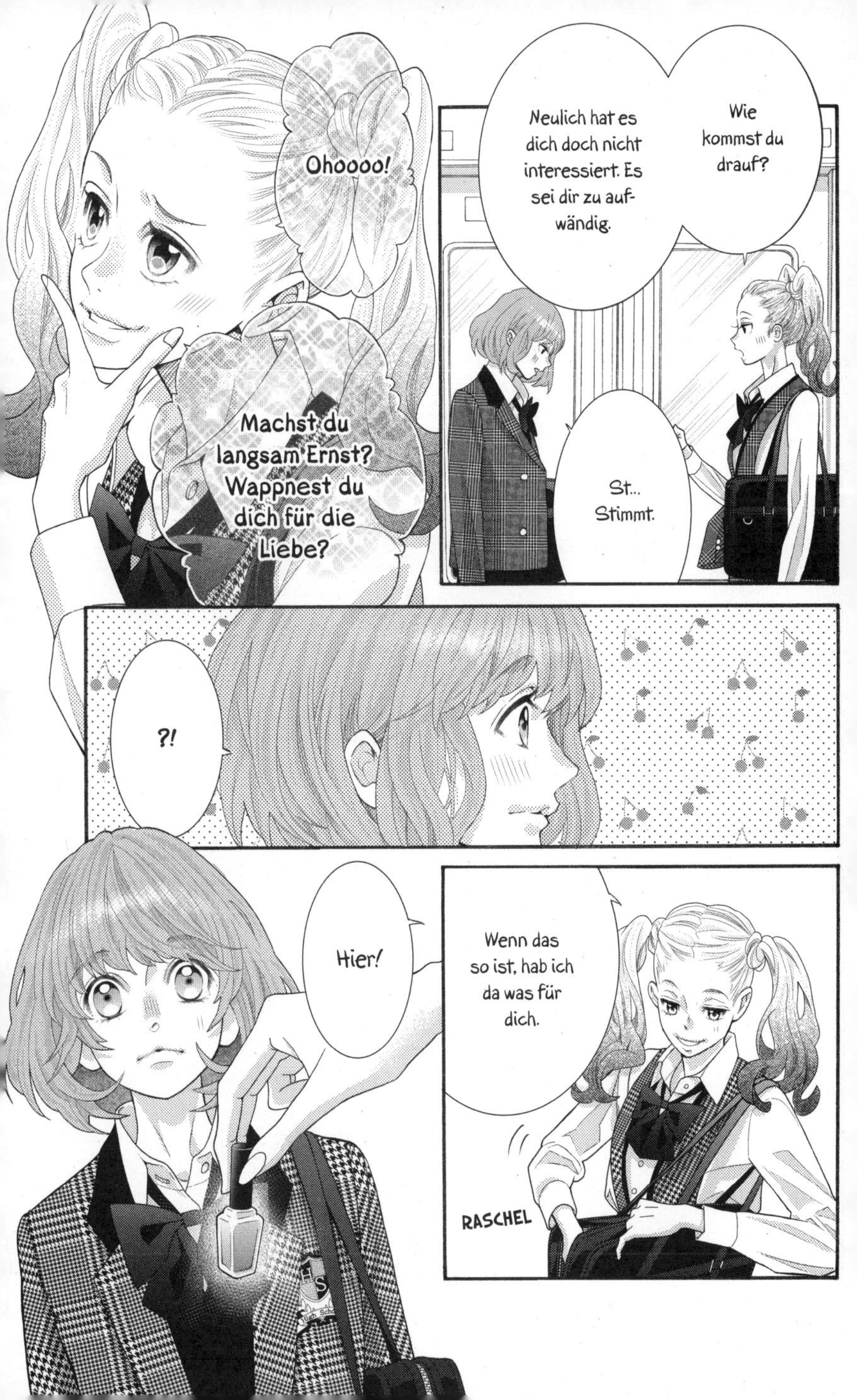

Wie kommst du drauf?
Neulich hat es dich doch nicht interessiert. Es sei dir zu aufwändig.
St... Stimmt.
Ohoooo!
Machst du langsam Ernst? Wappnest du dich für die Liebe?
?!
Wenn das so ist, hab ich da was für dich.
RASCHEL
Hier!

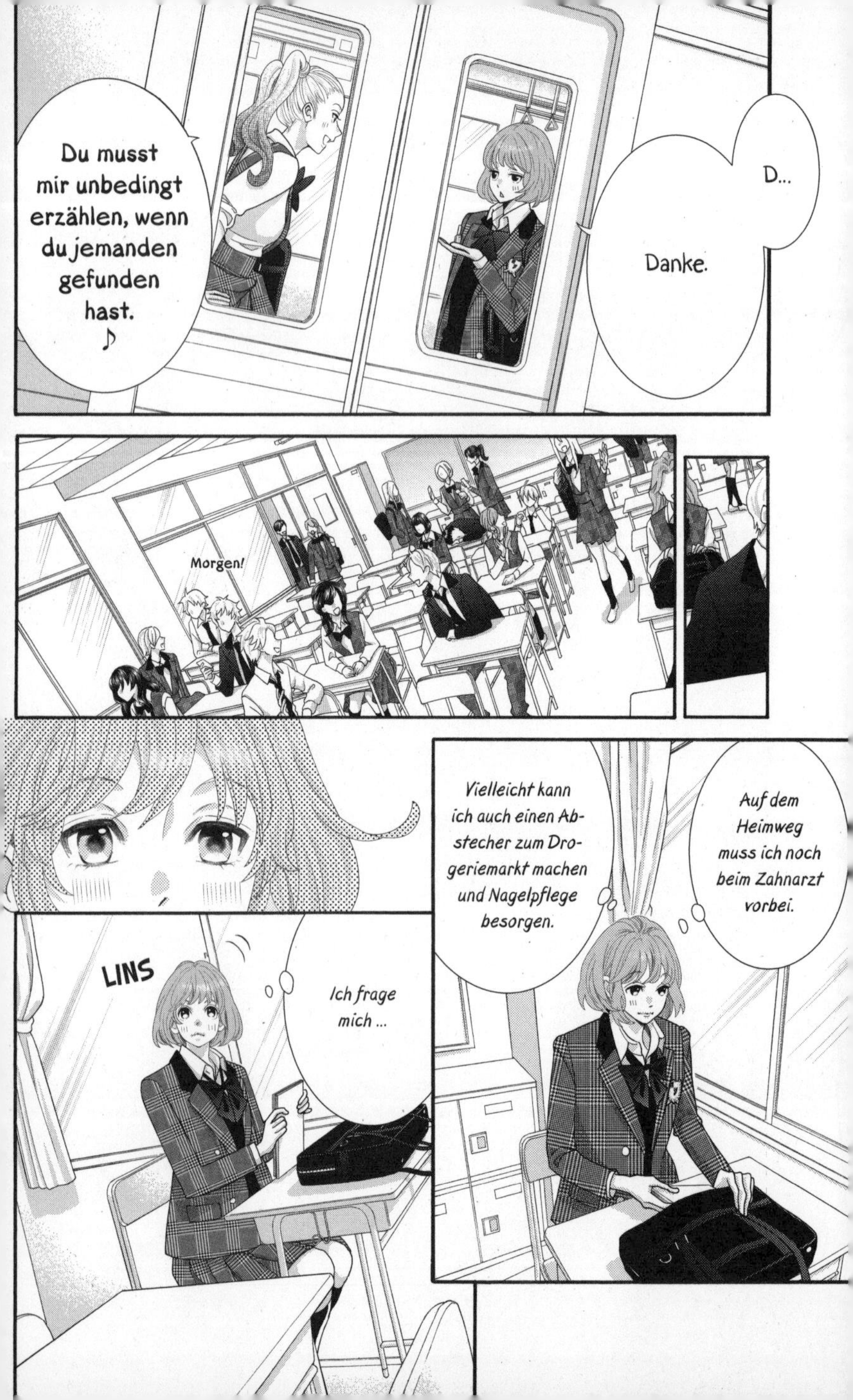
Du musst mir unbedingt erzählen, wenn du jemanden gefunden hast. ♪
D...
Danke.
Morgen!
Auf dem Heimweg muss ich noch beim Zahnarzt vorbei.
Vielleicht kann ich auch einen Abstecher zum Drogeriemarkt machen und Nagelpflege besorgen.
Ich frage mich ...
LINS

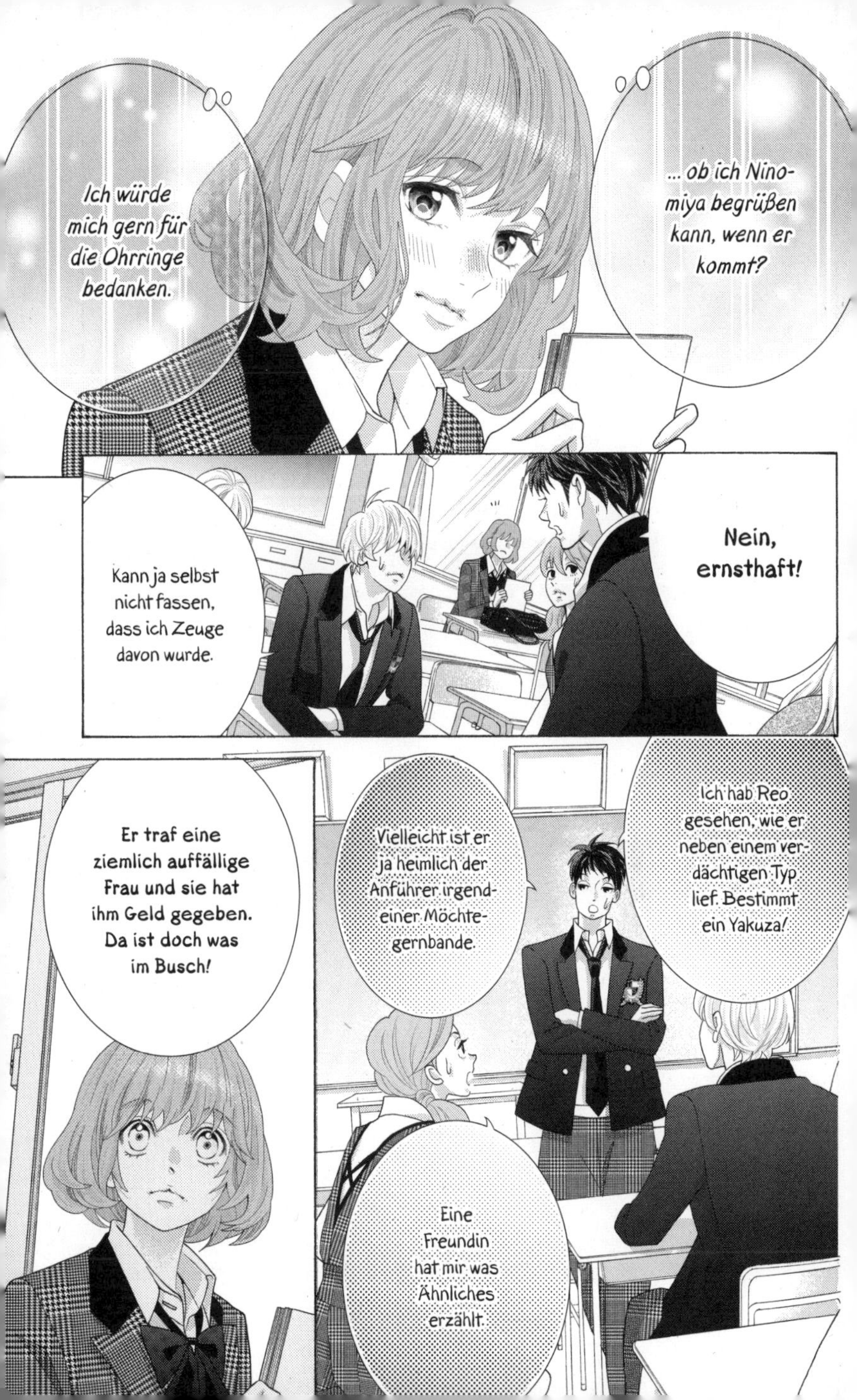
... ob ich Ninomiya begrüßen kann, wenn er kommt?
Ich würde mich gern für die Ohrringe bedanken.
Nein, ernsthaft!
Kann ja selbst nicht fassen, dass ich Zeuge davon wurde.
Ich hab Reo gesehen, wie er neben einem verdächtigen Typ lief. Bestimmt ein Yakuza!
Vielleicht ist er ja heimlich der Anführer irgendeiner Möchtegernbande.
Er traf eine ziemlich auffällige Frau und sie hat ihm Geld gegeben. Da ist doch was im Busch!
Eine Freundin hat mir was Ähnliches erzählt.

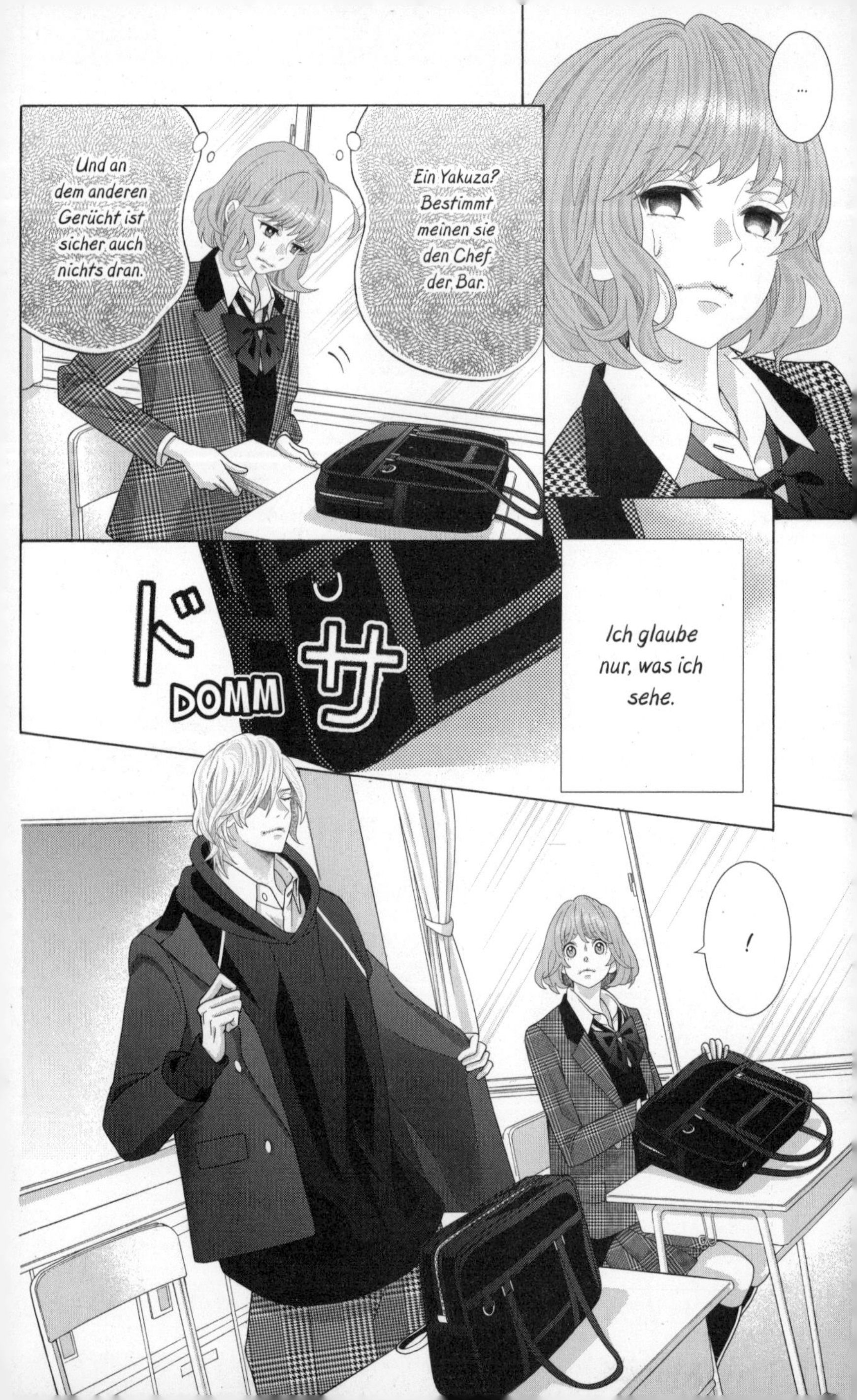
...
Ein Yakuza? Bestimmt meinen sie den Chef der Bar.
Und an dem anderen Gerücht ist sicher auch nichts dran.
Ich glaube nur, was ich sehe.
ドサ
DOMM
!

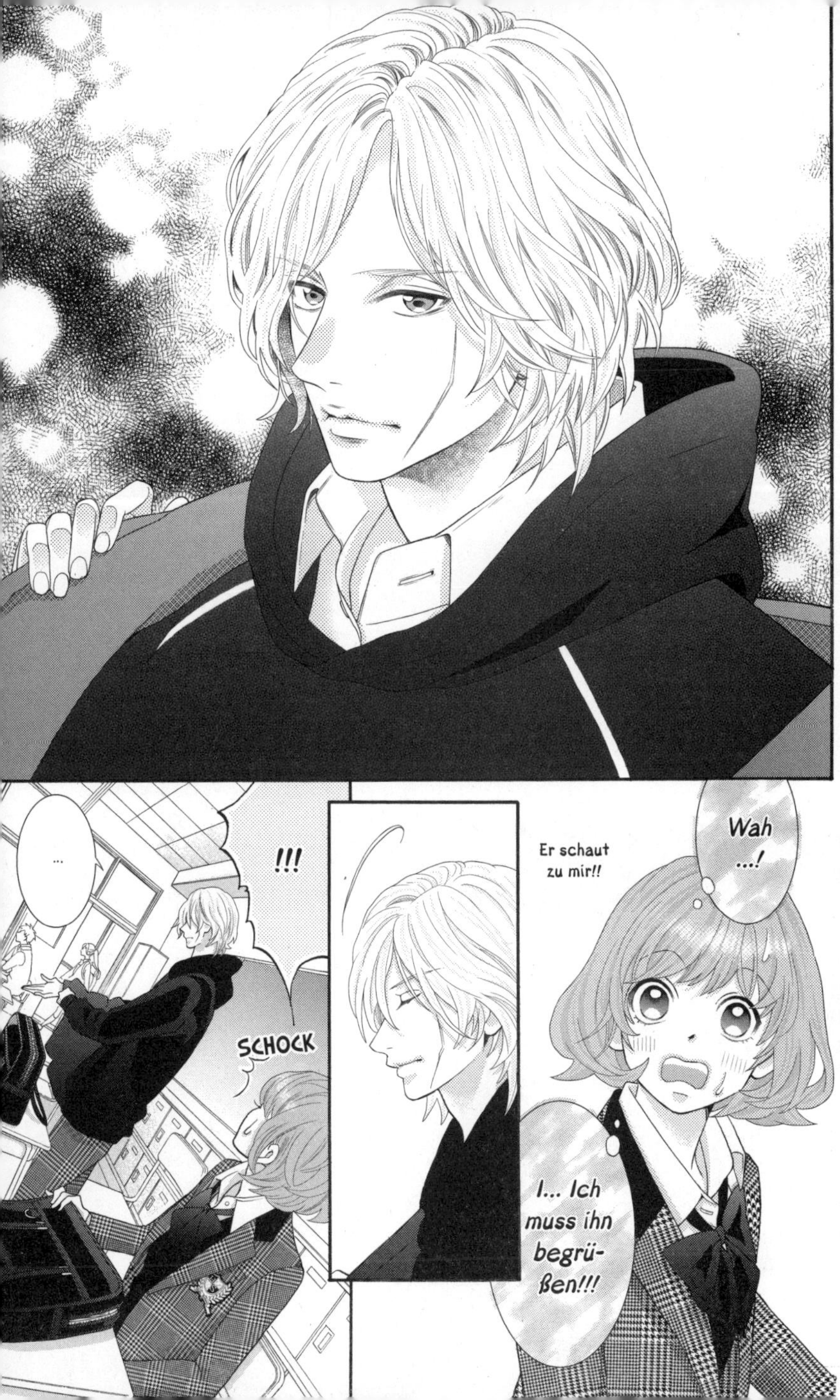
Wah ...!
Er schaut zu mir!!
I... Ich muss ihn begrü-ßen!!!
!!!
SCHOCK
...

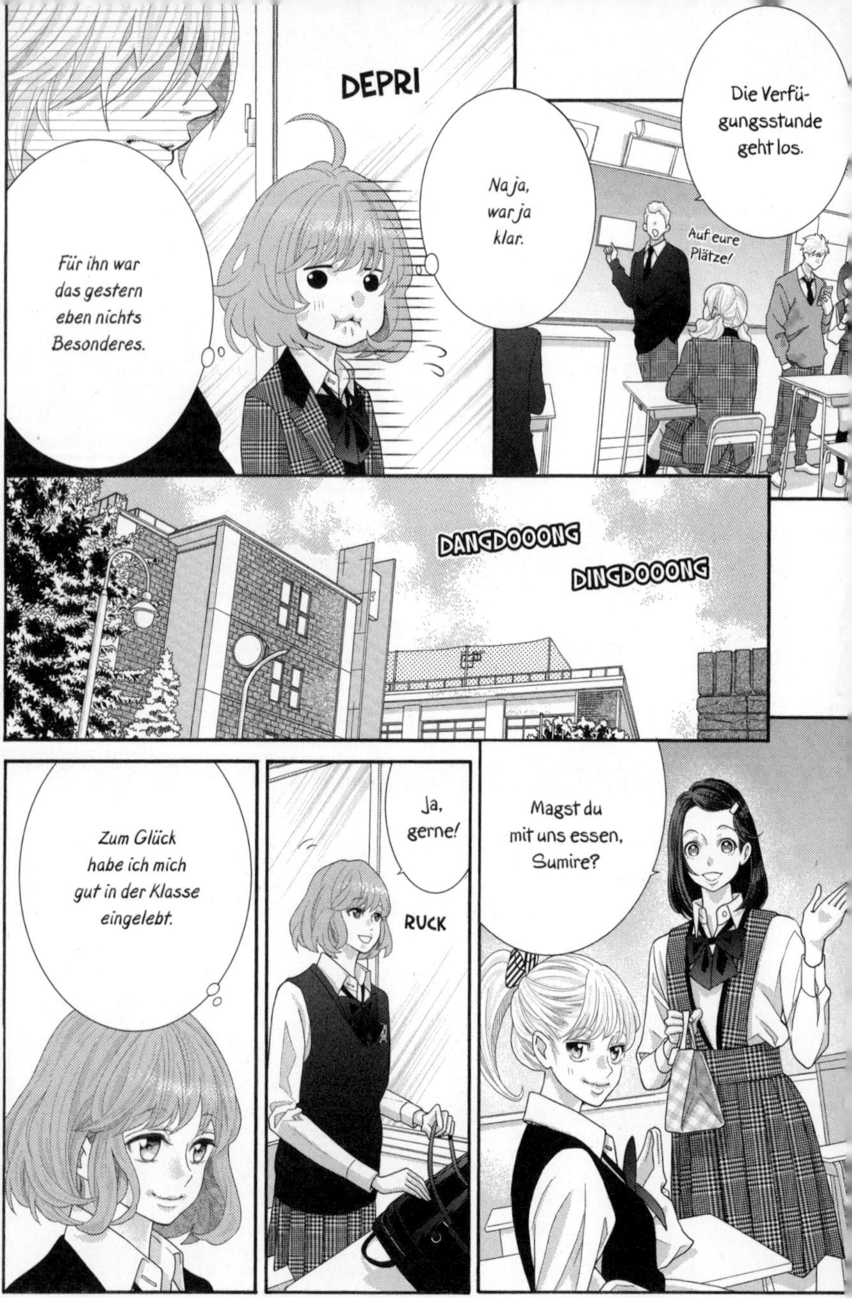
Die Verfügungsstunde geht los.
Auf eure Plätze!
Na ja, war ja klar.
DEPRI
Für ihn war das gestern eben nichts Besonderes.
DANGDOOONG
DINGDOOONG
Magst du mit uns essen, Sumire?
Ja, gerne!
RUCK
Zum Glück habe ich mich gut in der Klasse eingelebt.

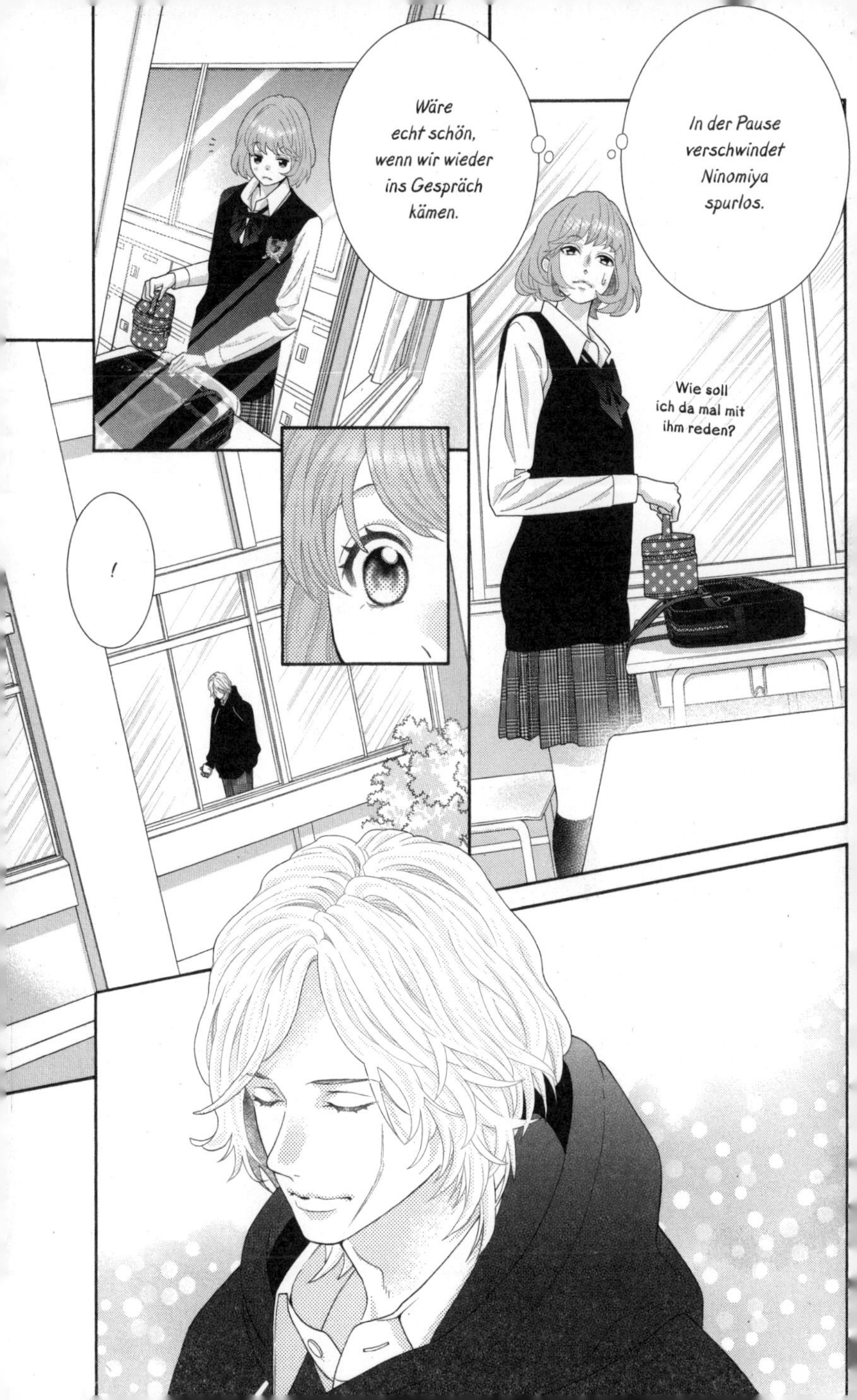
In der Pause verschwindet Ninomiya spurlos.
Wäre echt schön, wenn wir wieder ins Gespräch kämen.
Wie soll ich da mal mit ihm reden?
!

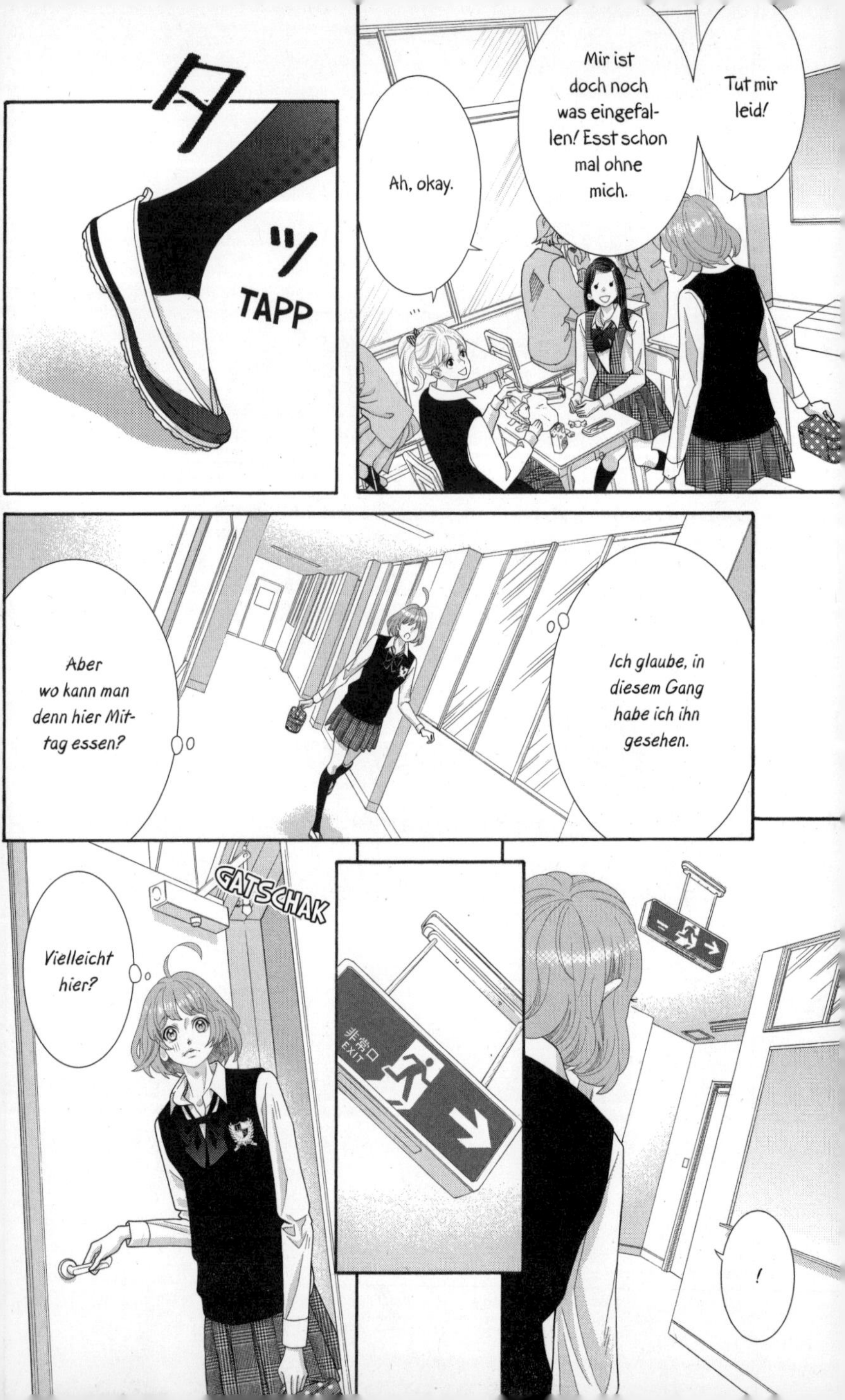
Tut mir leid!
Mir ist doch noch was eingefallen! Esst schon mal ohne mich.
Ah, okay.
タ
ッ
TAPP
Ich glaube, in diesem Gang habe ich ihn gesehen.
Aber wo kann man denn hier Mittag essen?
!
非常口 EXIT
GATSCHAK
Vielleicht hier?

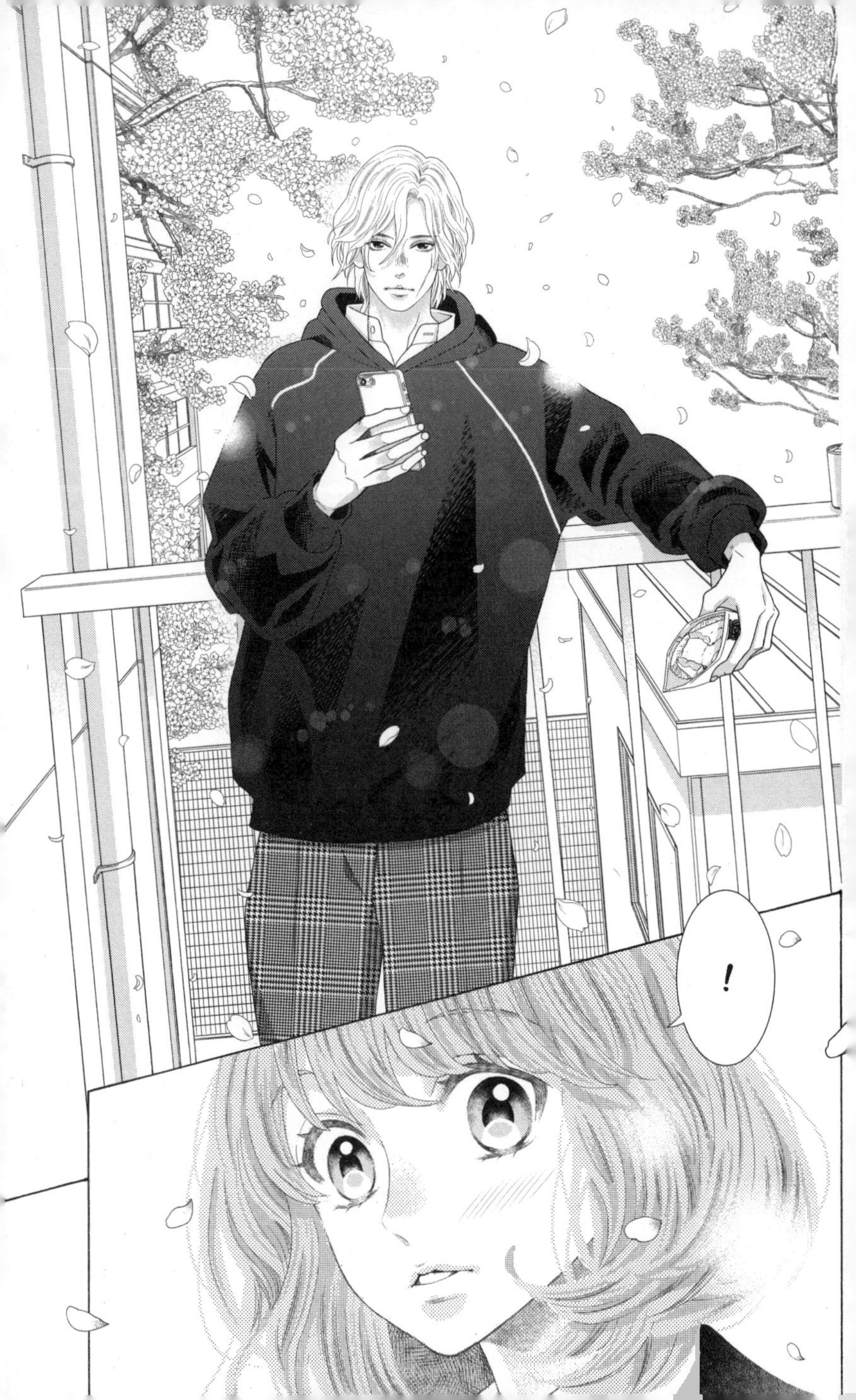

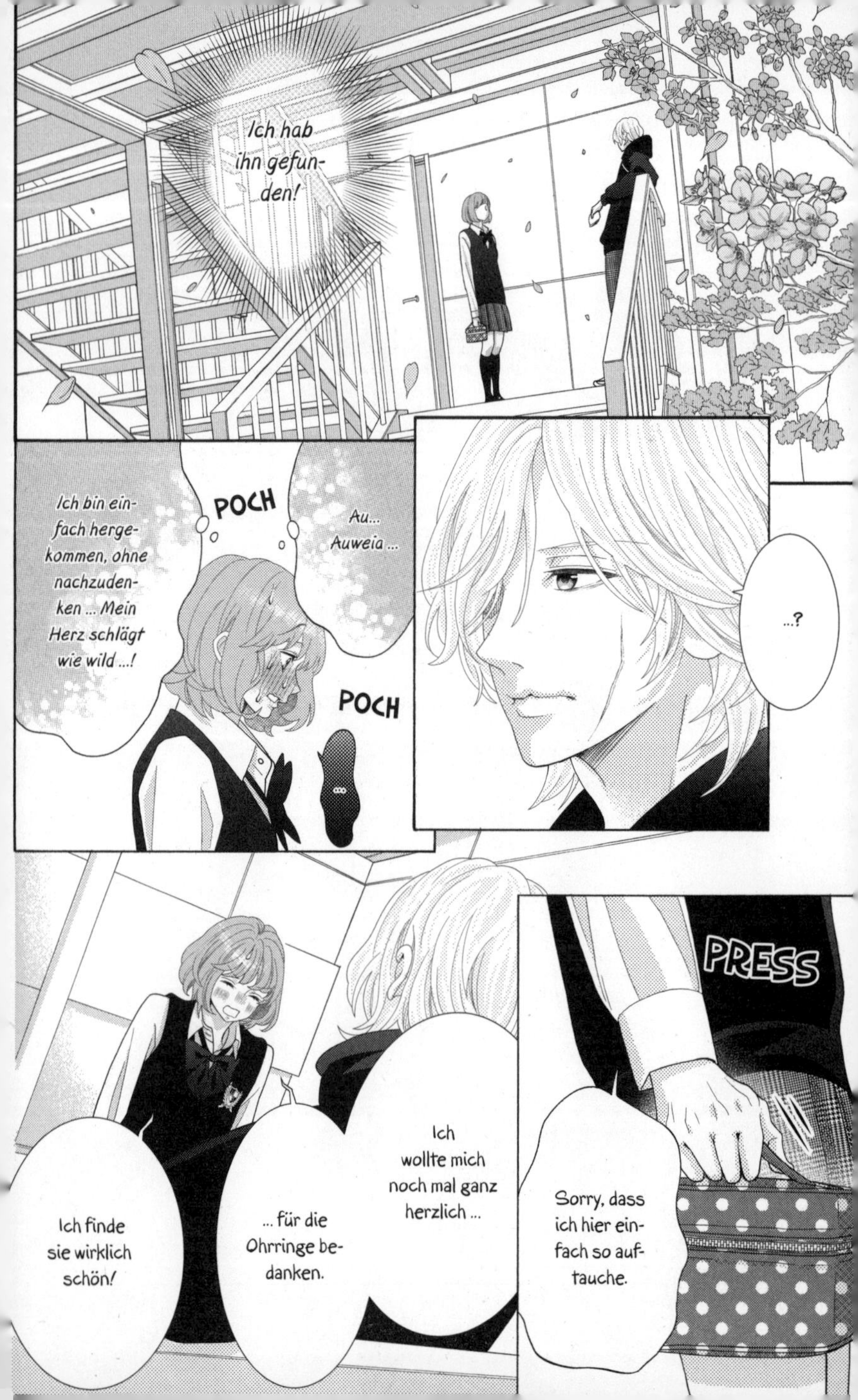
Ich hab ihn gefunden!
POCH
Au... Auweia ...
Ich bin einfach hergekommen, ohne nachzudenken ... Mein Herz schlägt wie wild ...!
POCH
...?
PRESS
Sorry, dass ich hier einfach so auftauche.
Ich wollte mich noch mal ganz herzlich ...
... für die Ohrringe bedanken.
Ich finde sie wirklich schön!

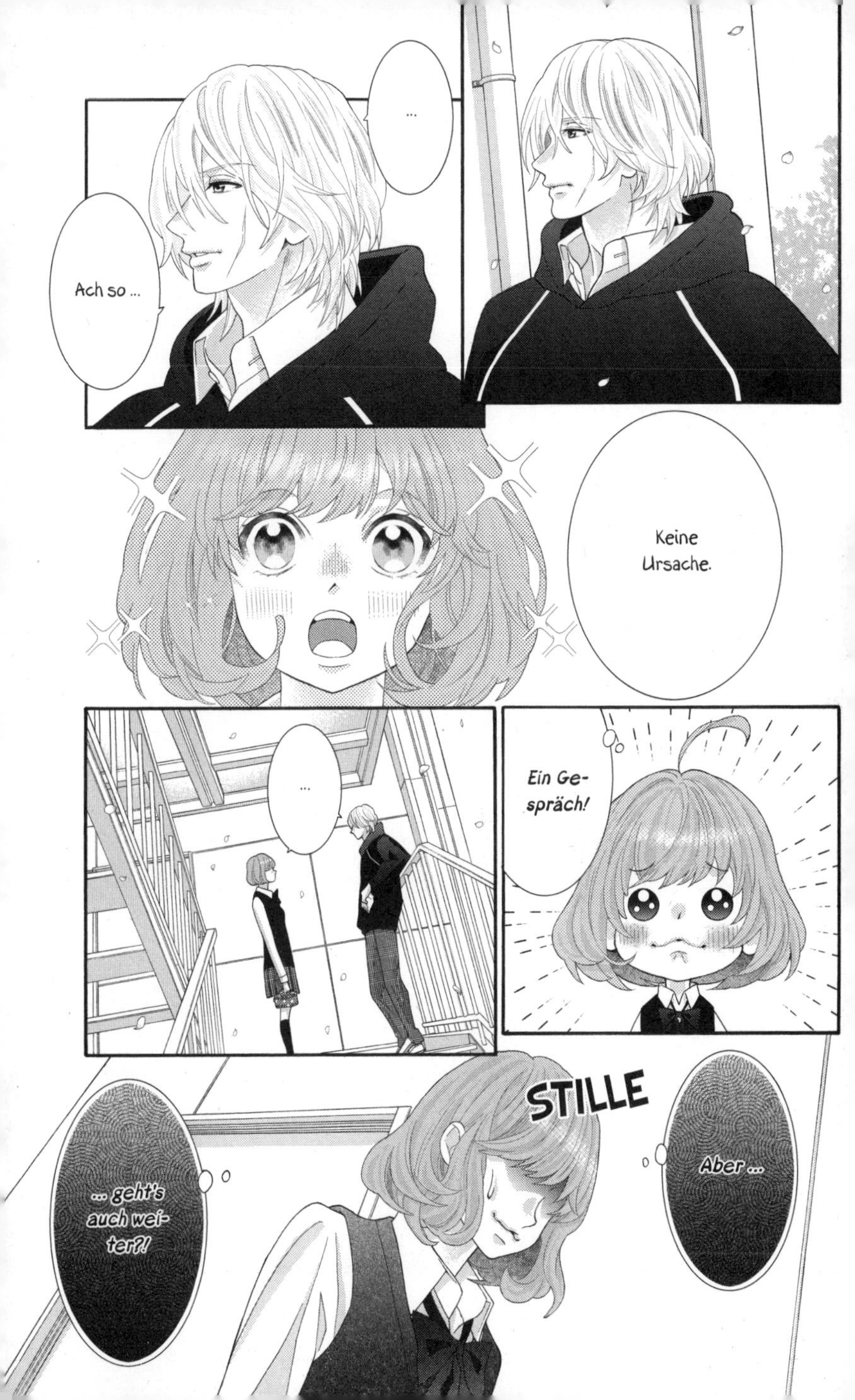
...
Ach so ...
Keine Ursache.
Ein Gespräch!
...
STILLE
Aber ...
... geht's auch weiter?!

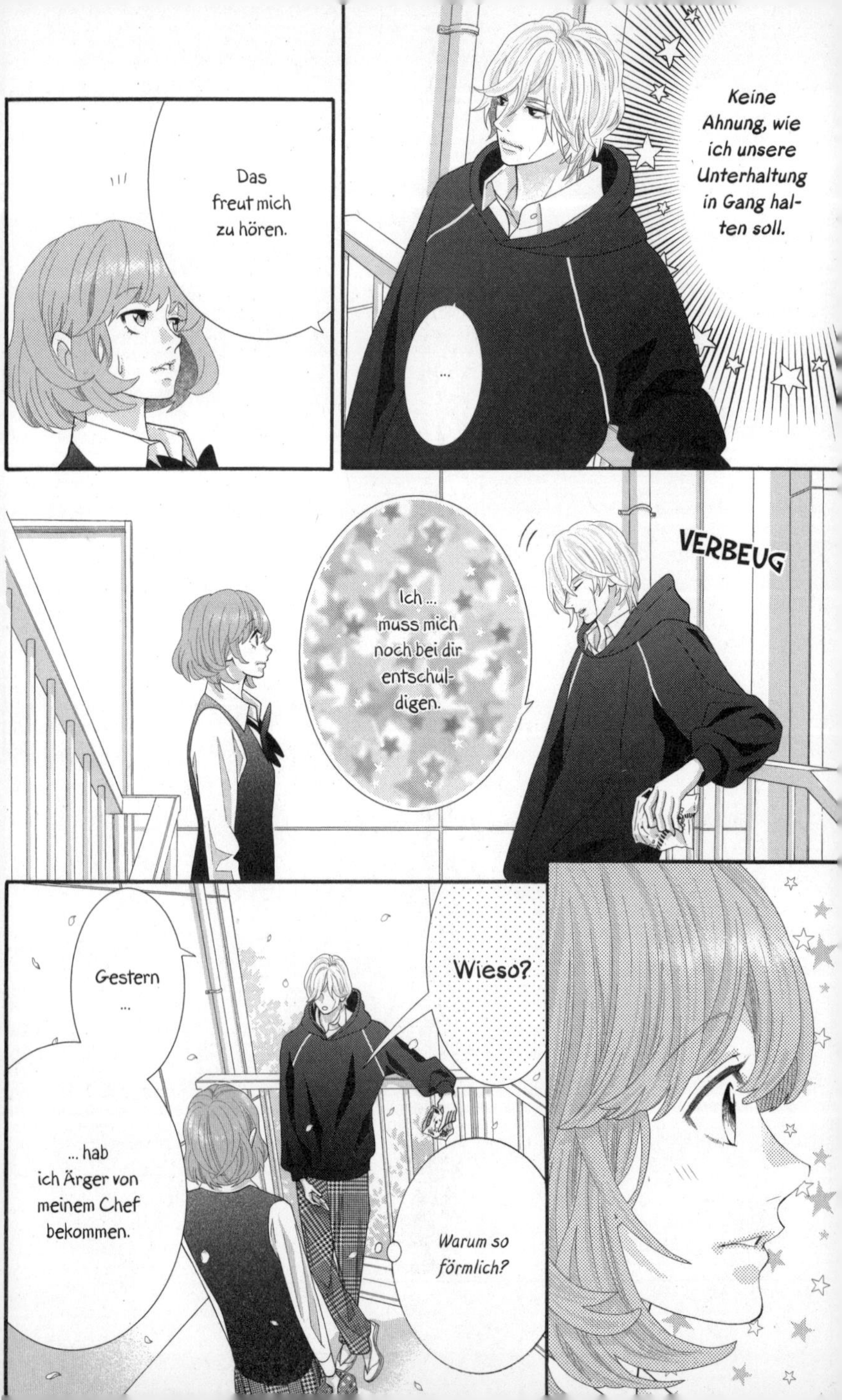
Keine Ahnung, wie ich unsere Unterhaltung in Gang hal-ten soll.
...
Das freut mich zu hören.
VERBEUG
Ich ... muss mich noch bei dir entschul-digen.
Wieso?
Warum so förmlich?
Gestern ...
... hab ich Ärger von meinem Chef bekommen.

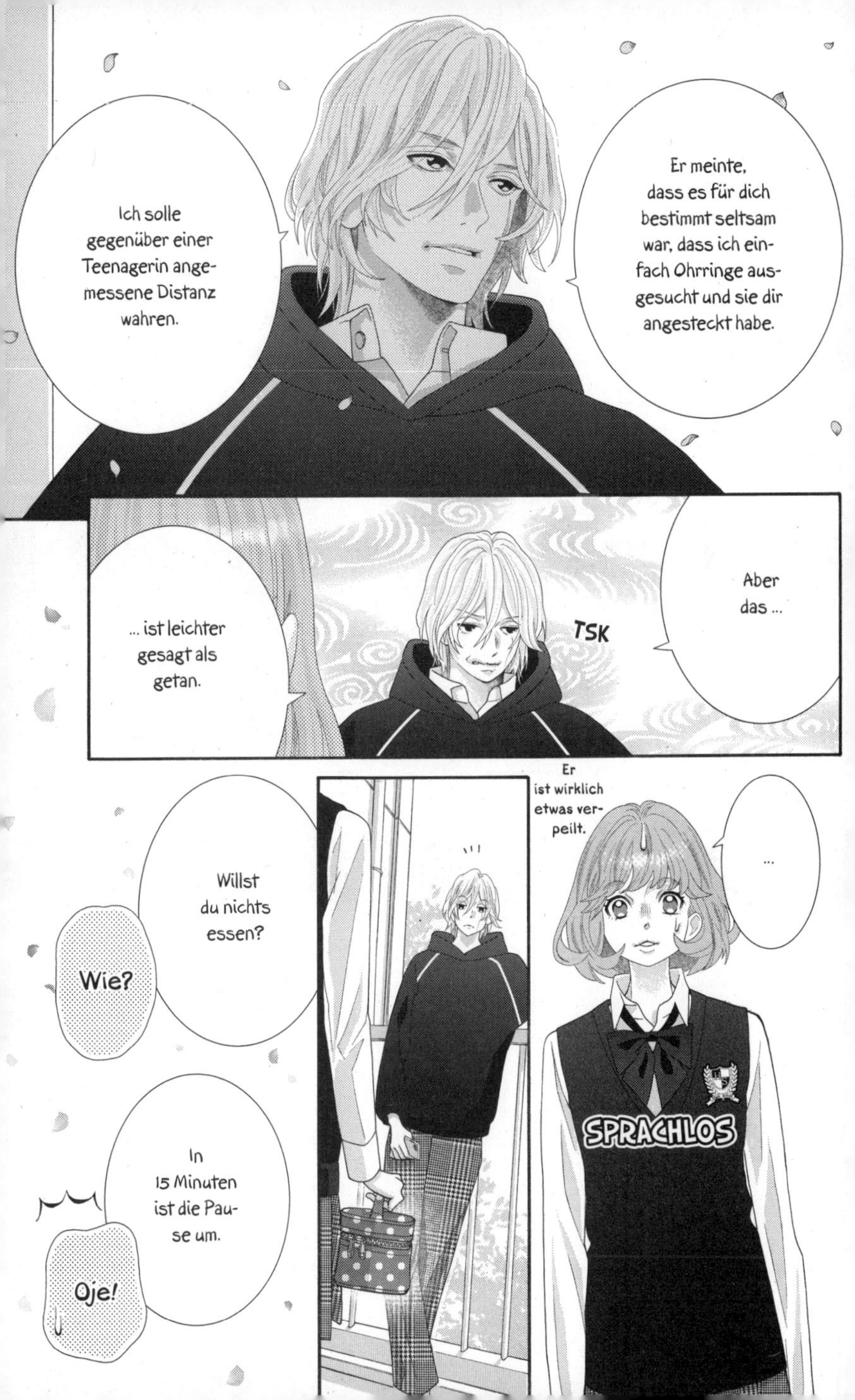
Er meinte, dass es für dich bestimmt seltsam war, dass ich einfach Ohrringe ausgesucht und sie dir angesteckt habe.
Ich solle gegenüber einer Teenagerin angemessene Distanz wahren.
Aber das ...
TSK
... ist leichter gesagt als getan.
...
Er ist wirklich etwas verpeilt.
SPRACHLOS
Willst du nichts essen?
Wie?
In 15 Minuten ist die Pause um.
Oje!

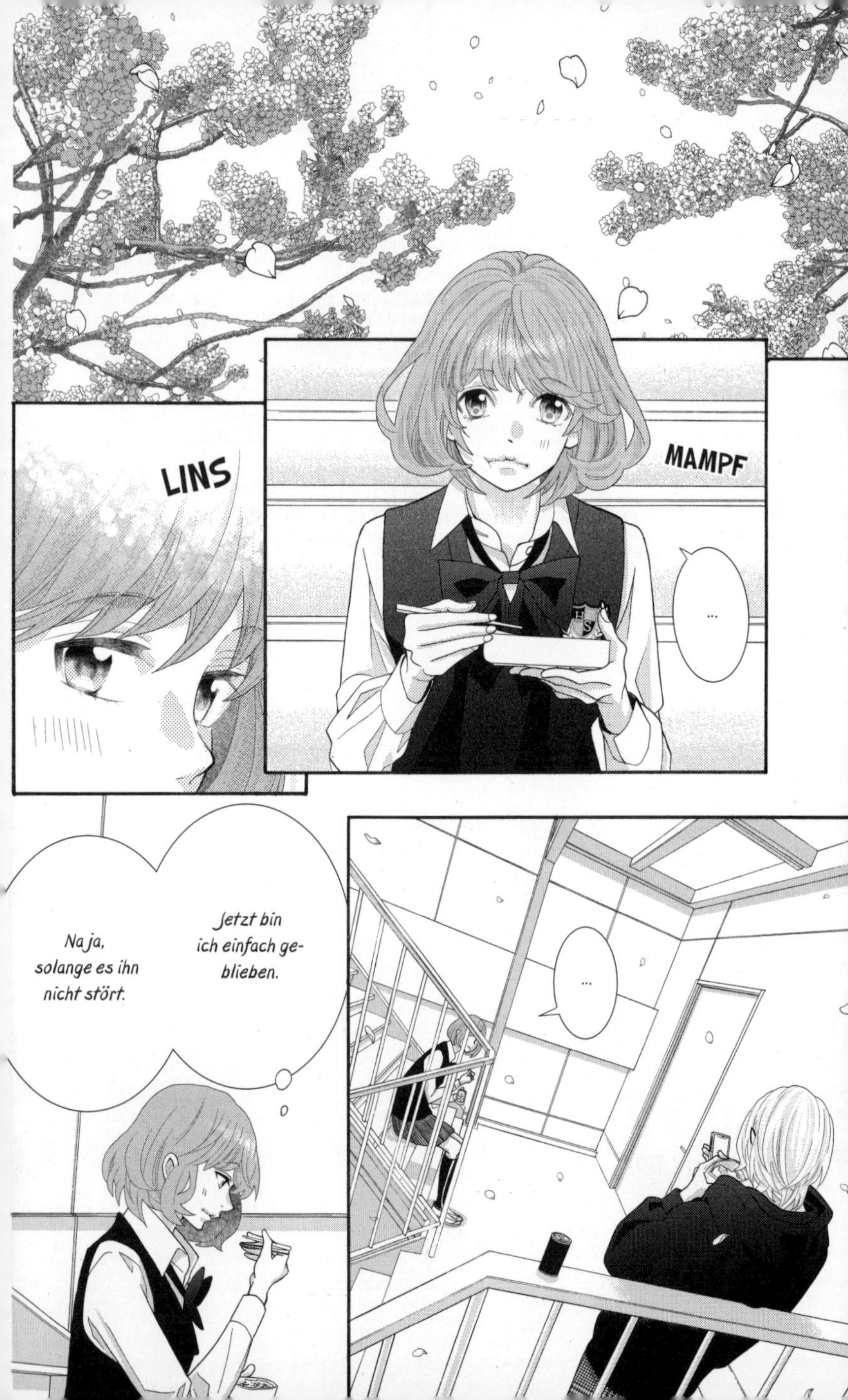
MAMPF
...
LINS
Jetzt bin ich einfach geblieben.
Na ja, solange es ihn nicht stört.
...

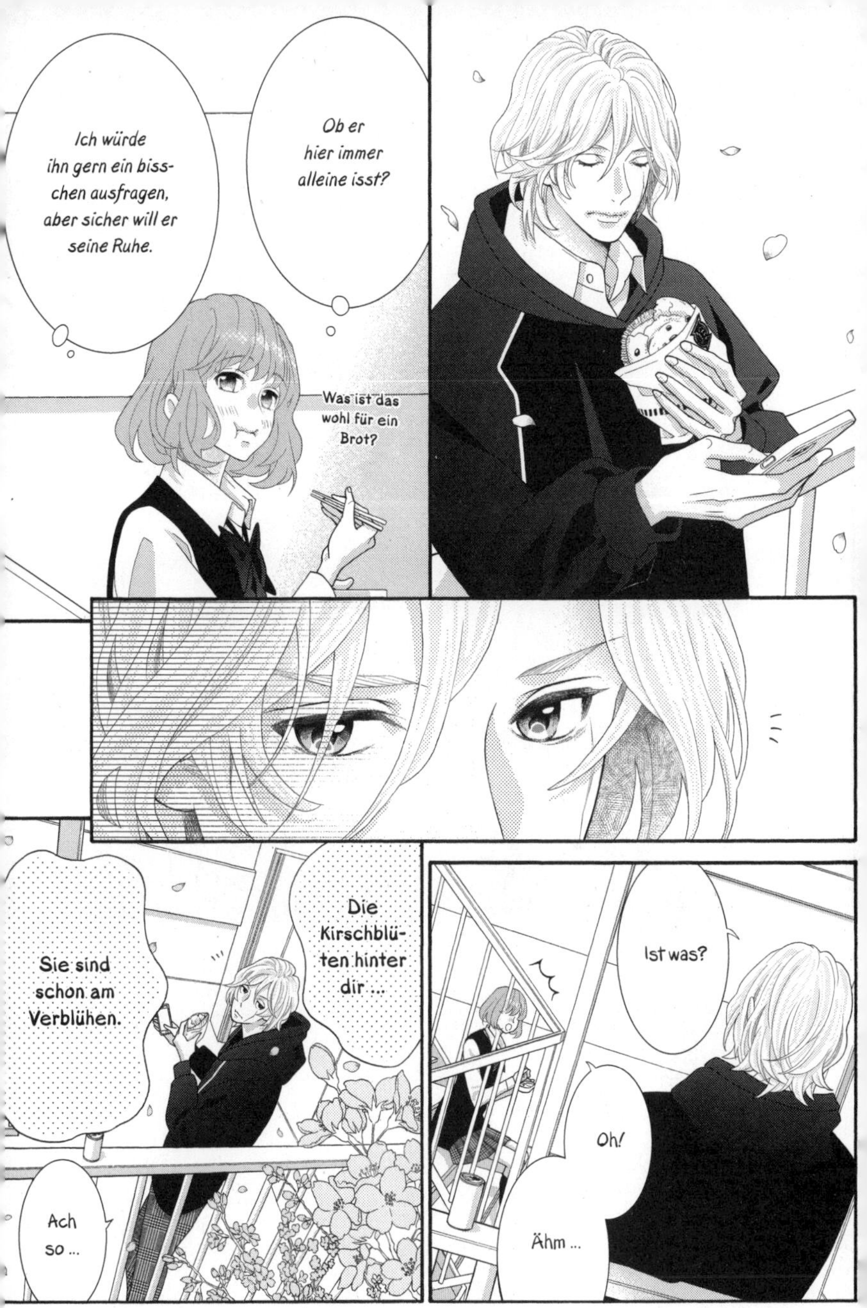
Ob er hier immer alleine isst?
Ich würde ihn gern ein bisschen ausfragen, aber sicher will er seine Ruhe.
Was ist das wohl für ein Brot?
Ist was?
Oh!
Ähm ...
Die Kirschblüten hinter dir ...
Sie sind schon am Verblühen.
Ach so ...

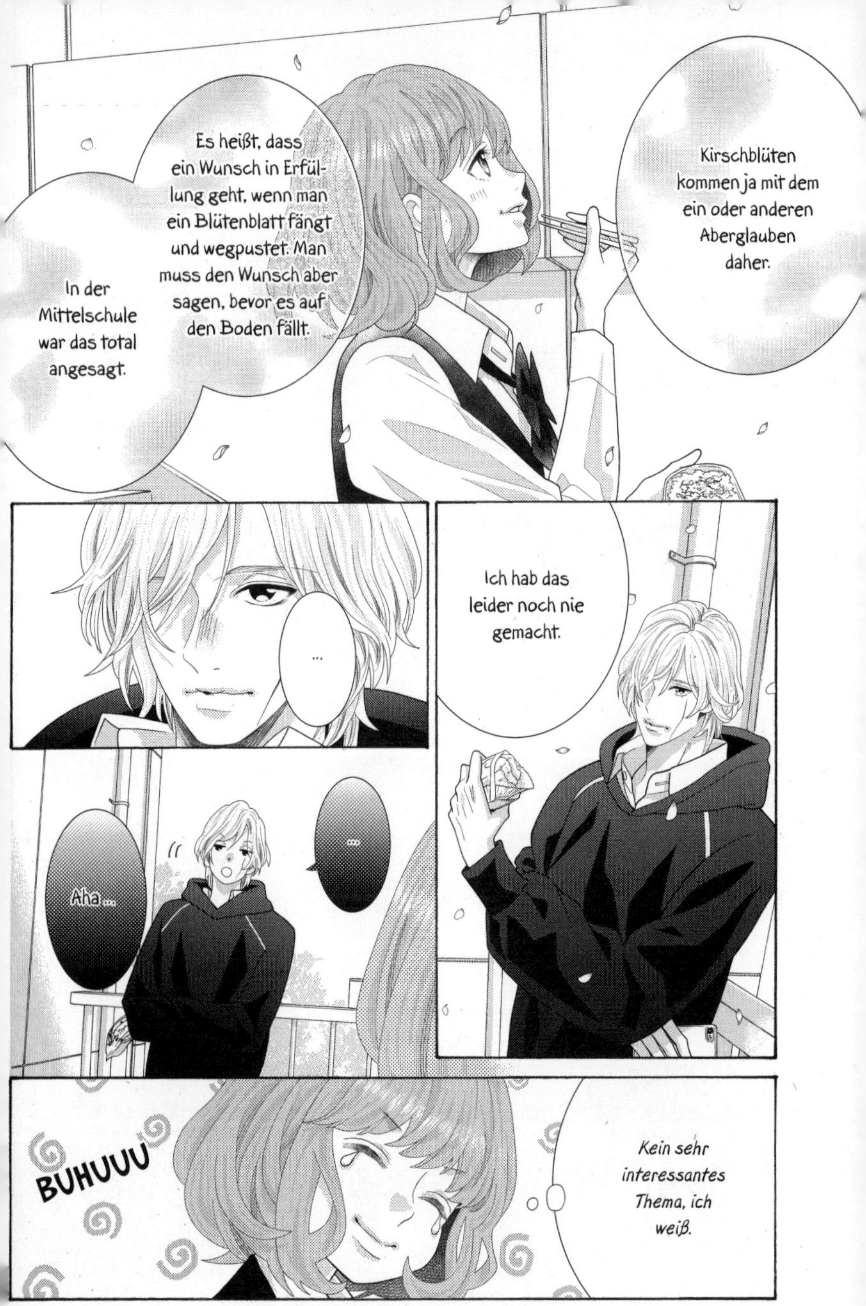
Kirschblüten kommen ja mit dem ein oder anderen Aberglauben daher.
Es heißt, dass ein Wunsch in Erfüllung geht, wenn man ein Blütenblatt fängt und wegpustet. Man muss den Wunsch aber sagen, bevor es auf den Boden fällt.
In der Mittelschule war das total angesagt.
Ich hab das leider noch nie gemacht.
...
...
Aha ...
Kein sehr interessantes Thema, ich weiß.
BUHUUU

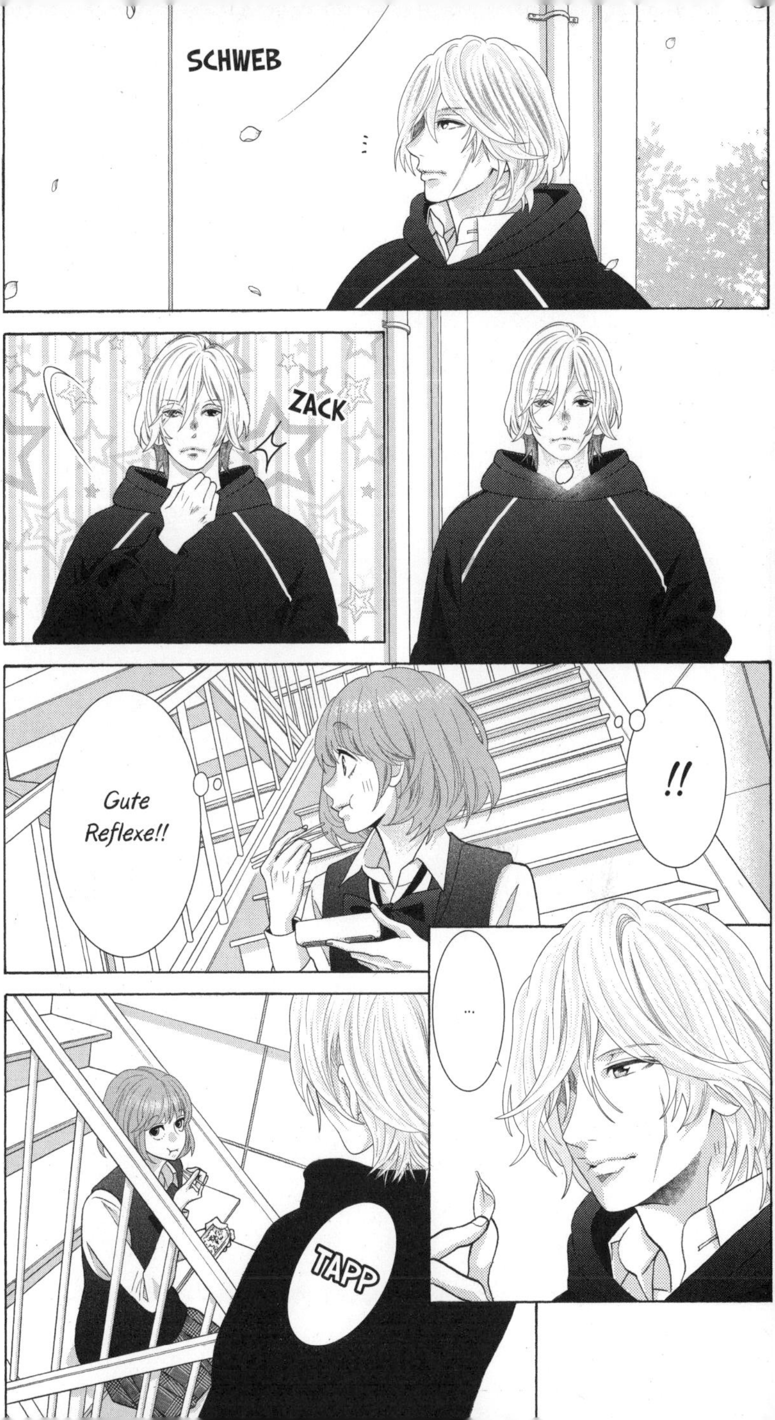
SCHWEB
ZACK
!!
Gute Reflexe!!
...
TAPP

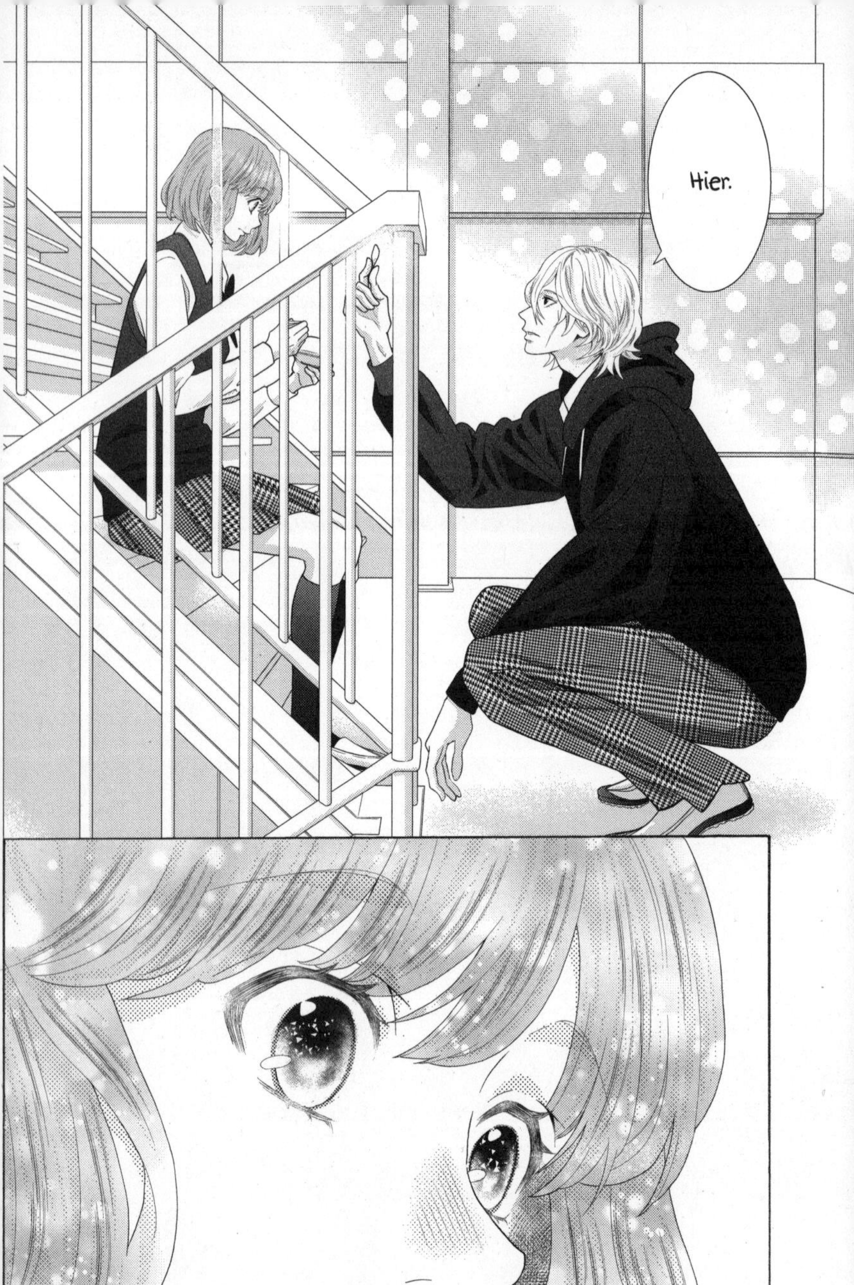
Hier.

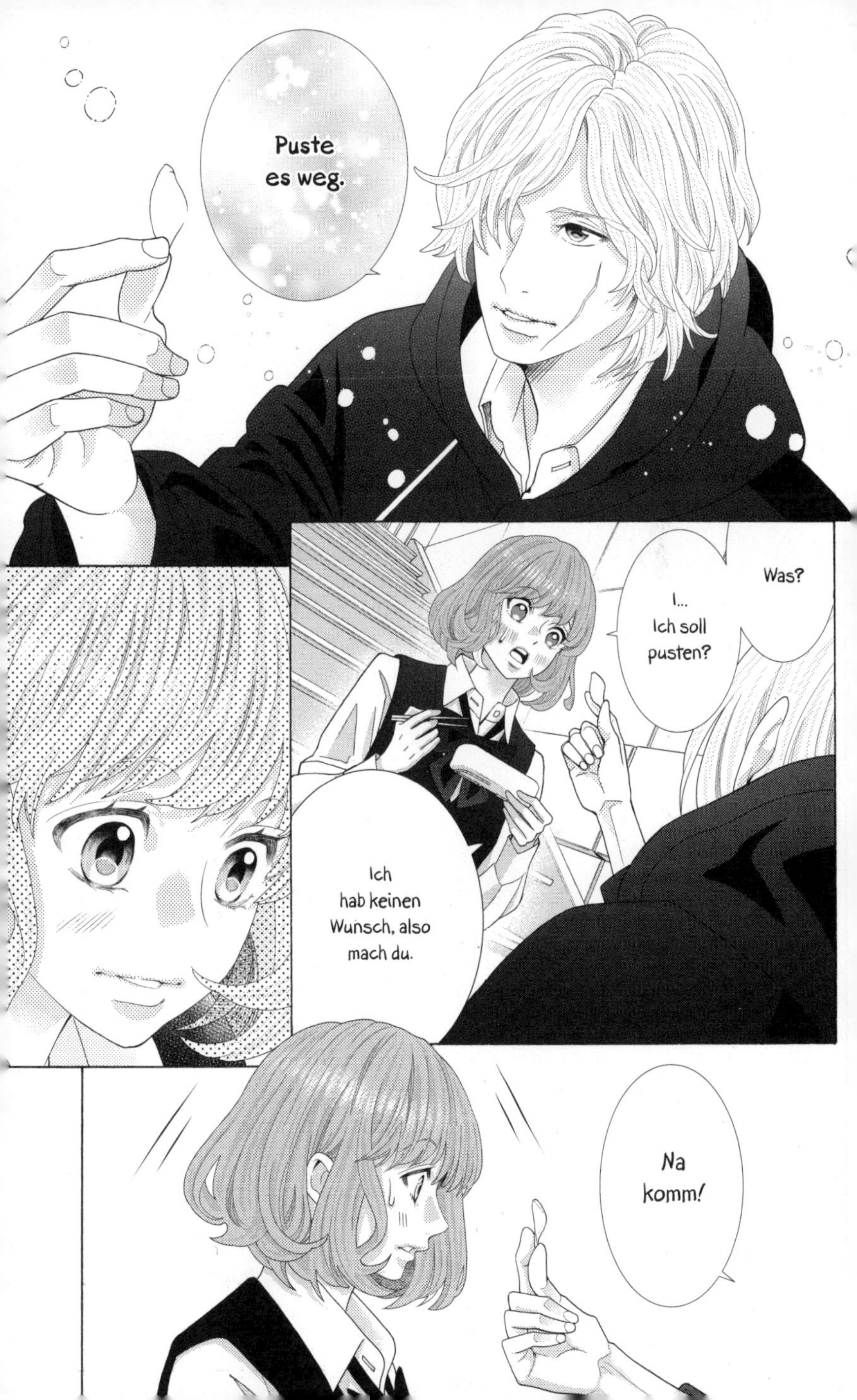
Puste es weg.
Was?
I... Ich soll pusten?
Ich hab keinen Wunsch, also mach du.
Na komm!

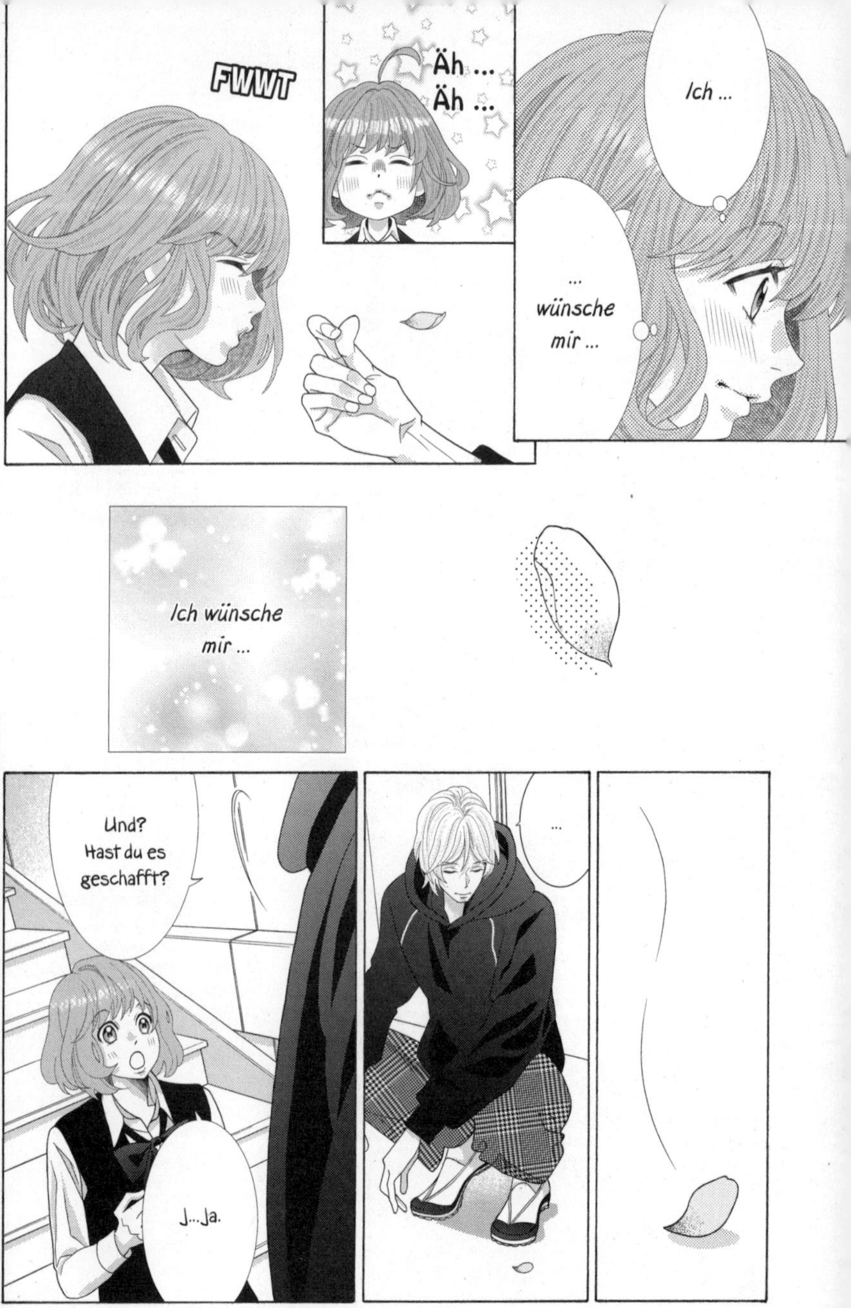
Ich ...
... wünsche mir ...
Äh ... Äh ...
FWWT
Ich wünsche mir ...
...
Und? Hast du es geschafft?
J...Ja.

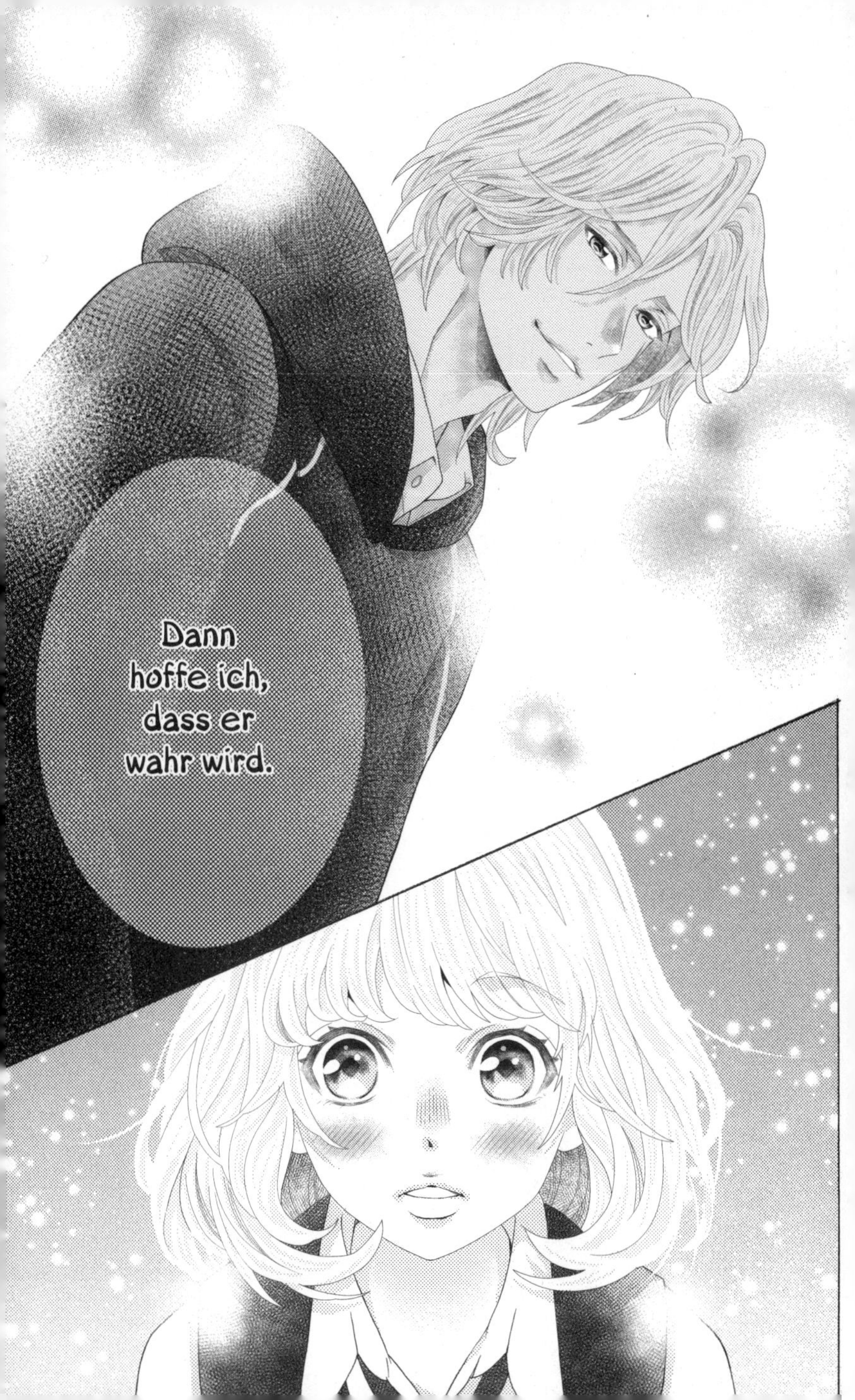
Dann hoffe ich, dass er wahr wird.

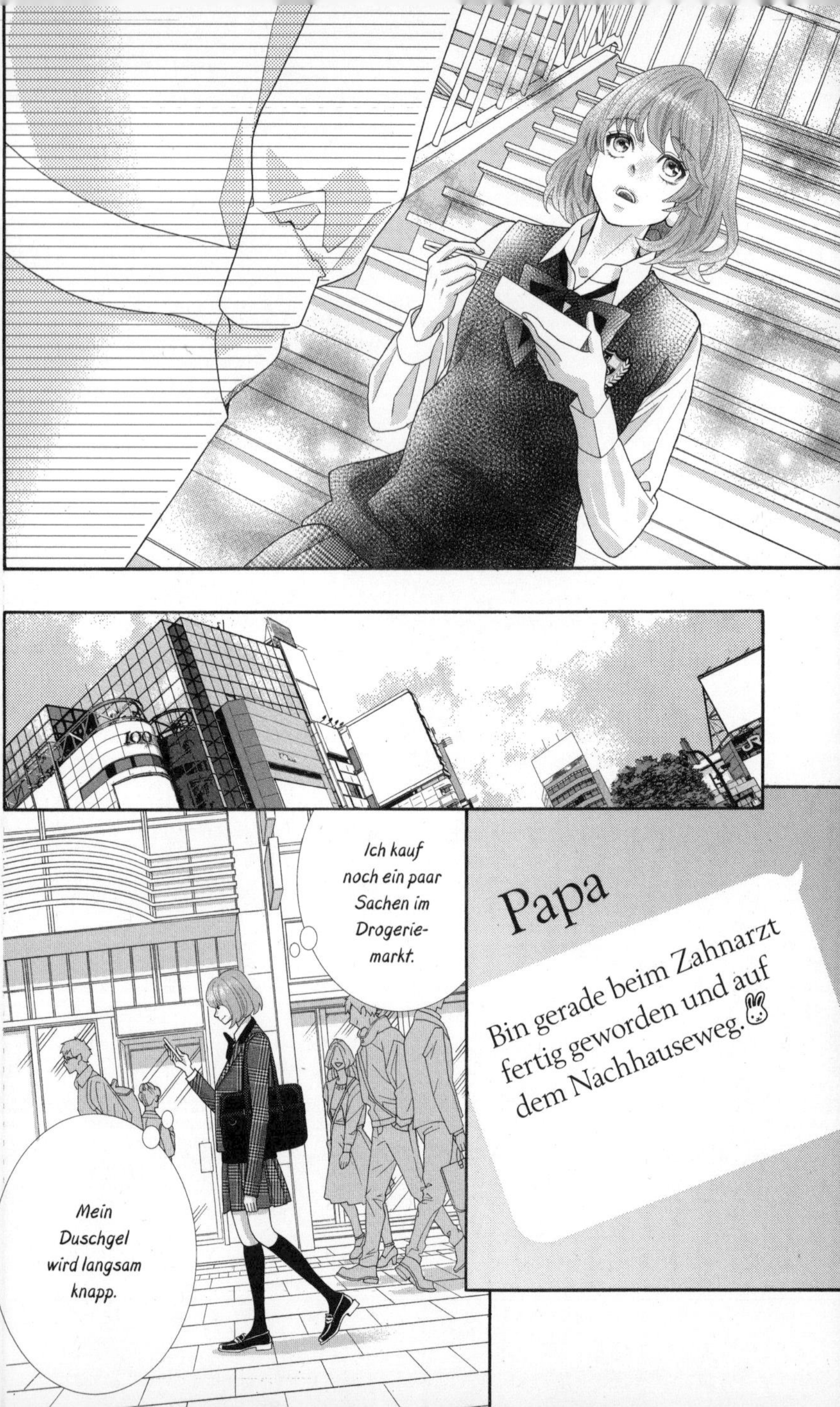
Papa
Bin gerade beim Zahnarzt fertig geworden und auf dem Nachhauseweg.
Ich kauf noch ein paar Sachen im Drogerie-markt.
Mein Duschgel wird langsam knapp.

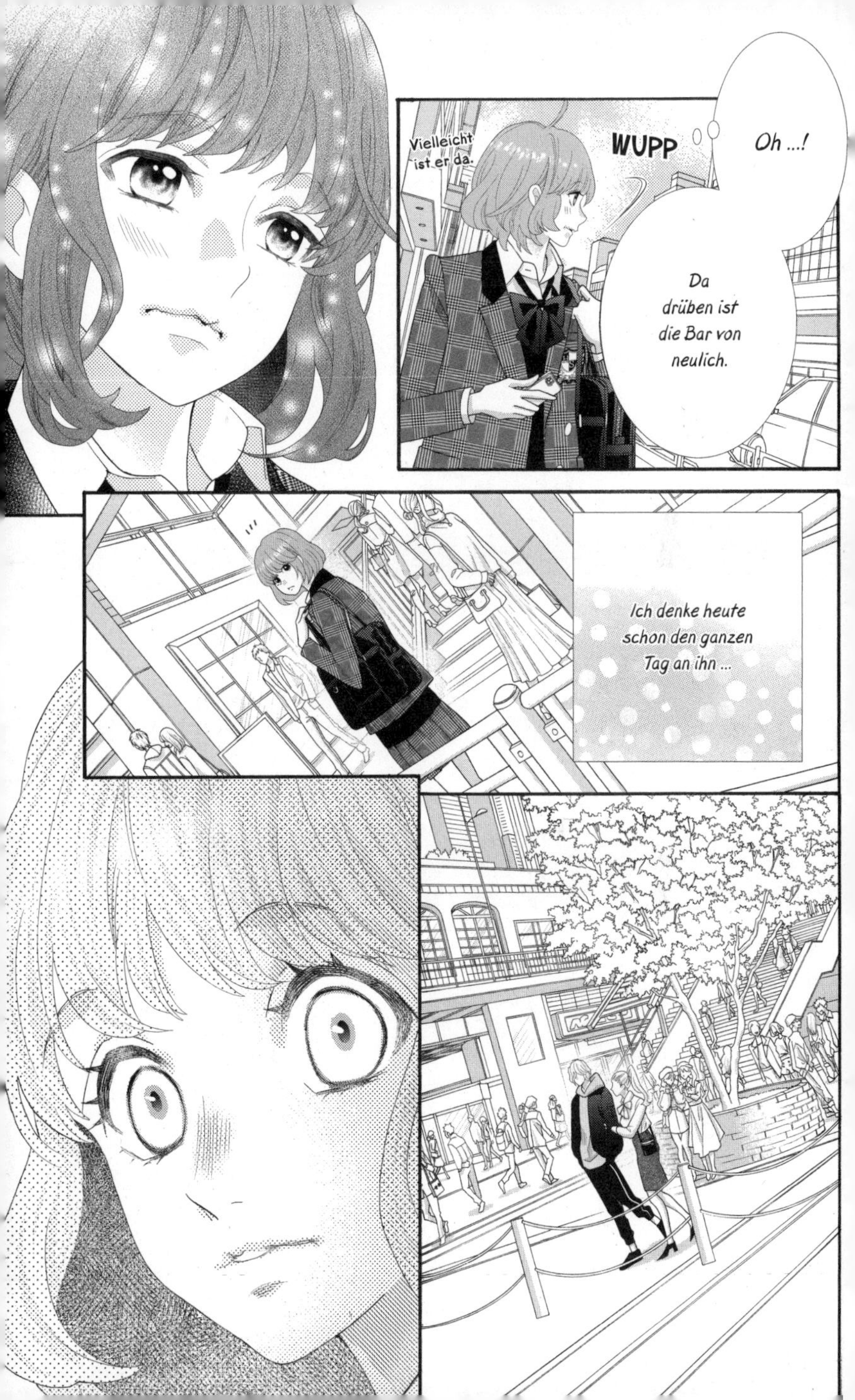
Oh ...!
WUPP
Vielleicht ist er da.
Da drüben ist die Bar von neulich.
Ich denke heute schon den ganzen Tag an ihn ...

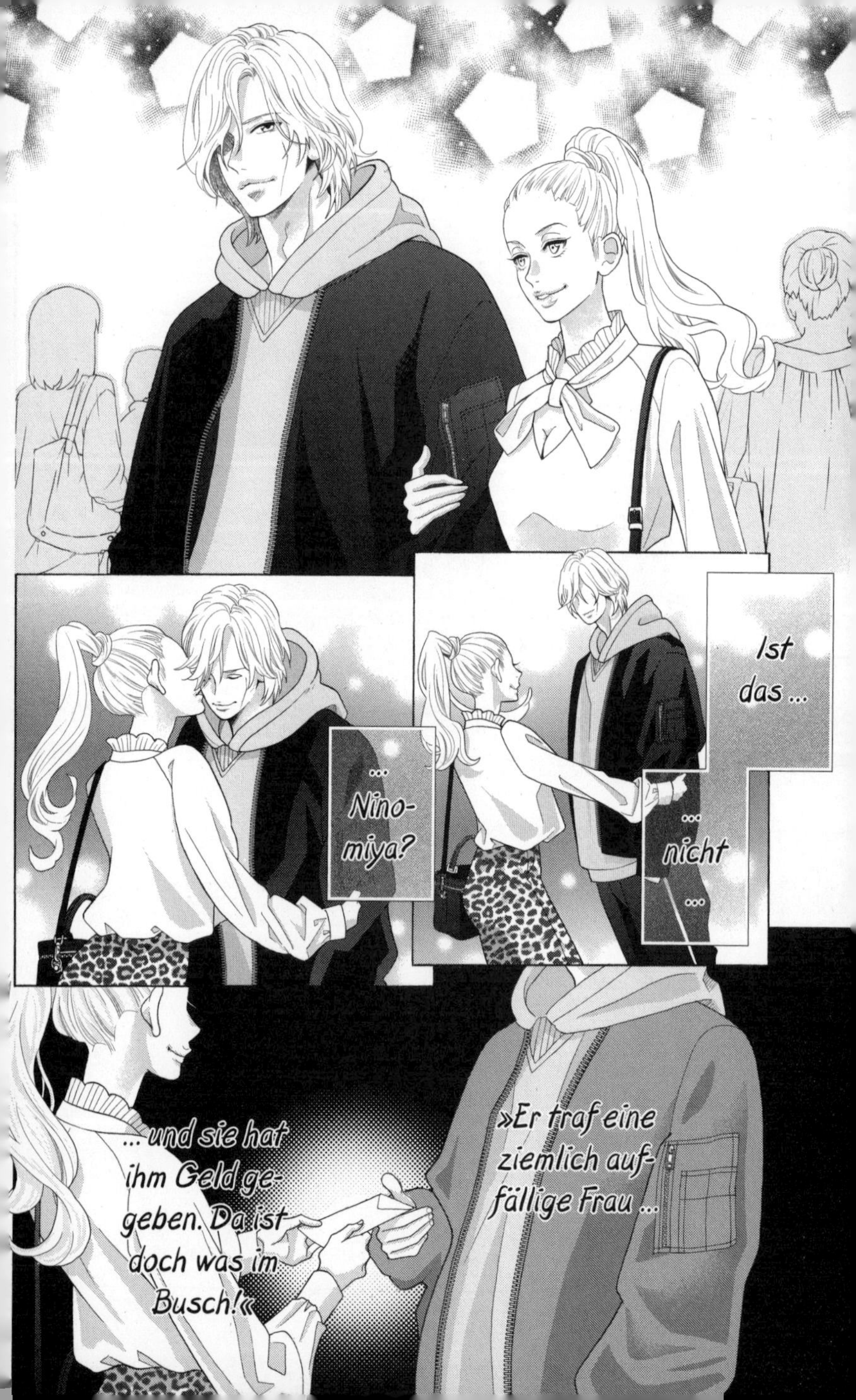

Ist das ...
... Ninomiya?
... nicht ...
»Er traf eine ziemlich auffällige Frau ...
... und sie hat ihm Geld gegeben. Da ist doch was im Busch!«

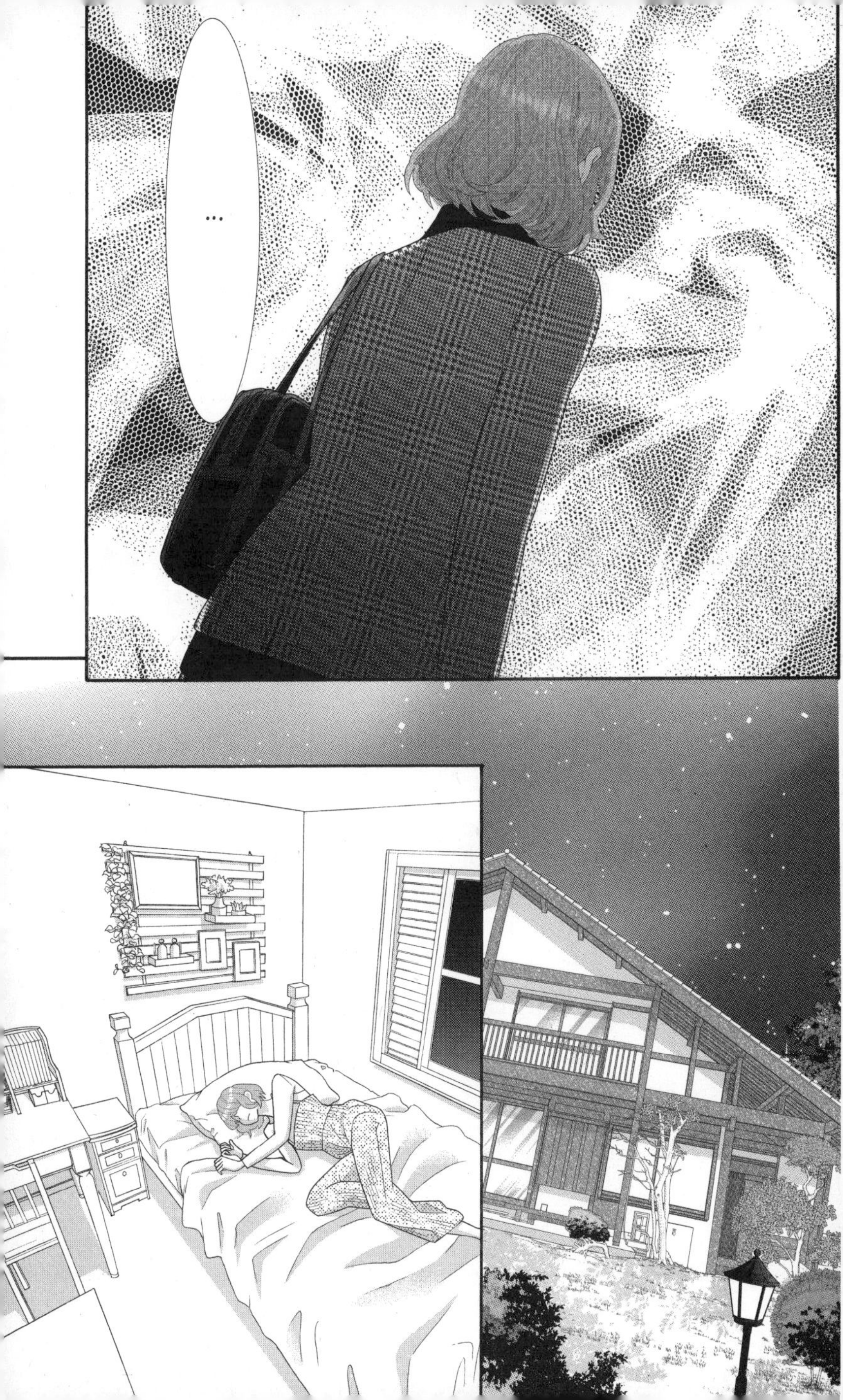

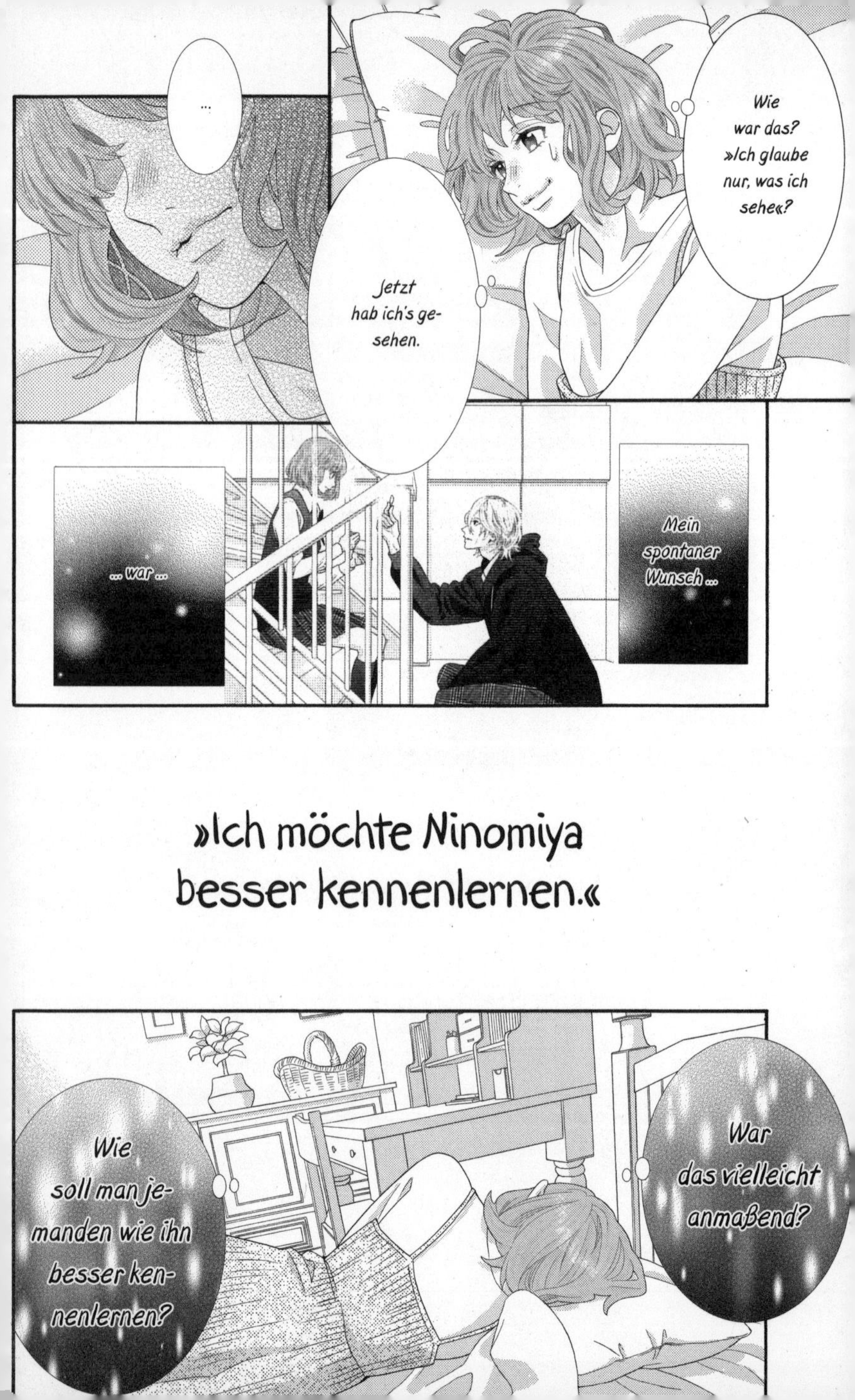
Wie war das? »Ich glaube nur, was ich sehe«?
...
Jetzt hab ich's gesehen.
Mein spontaner Wunsch ...
... war ...
»Ich möchte Ninomiya besser kennenlernen.«
War das vielleicht anmaßend?
Wie soll man jemanden wie ihn besser kennenlernen?

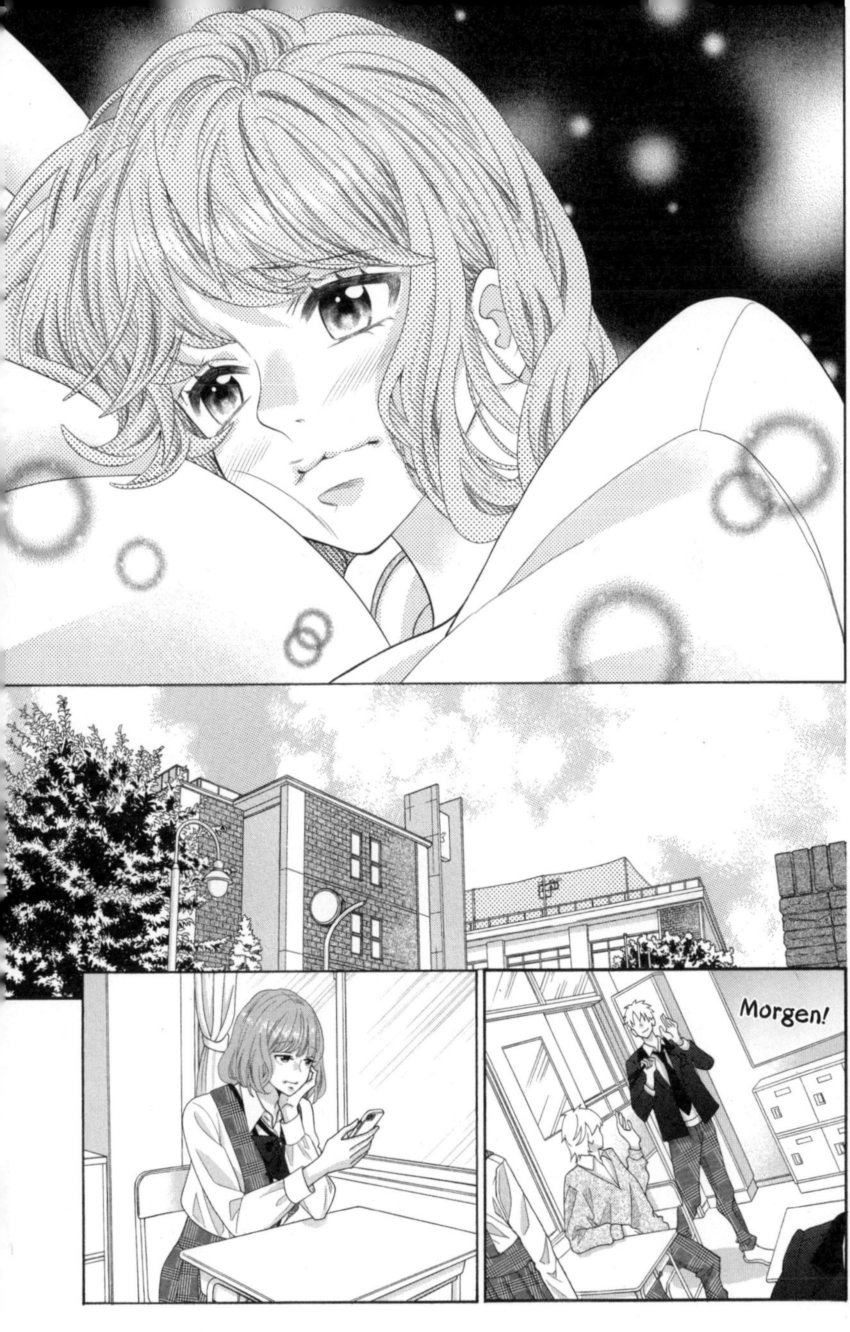
Morgen!

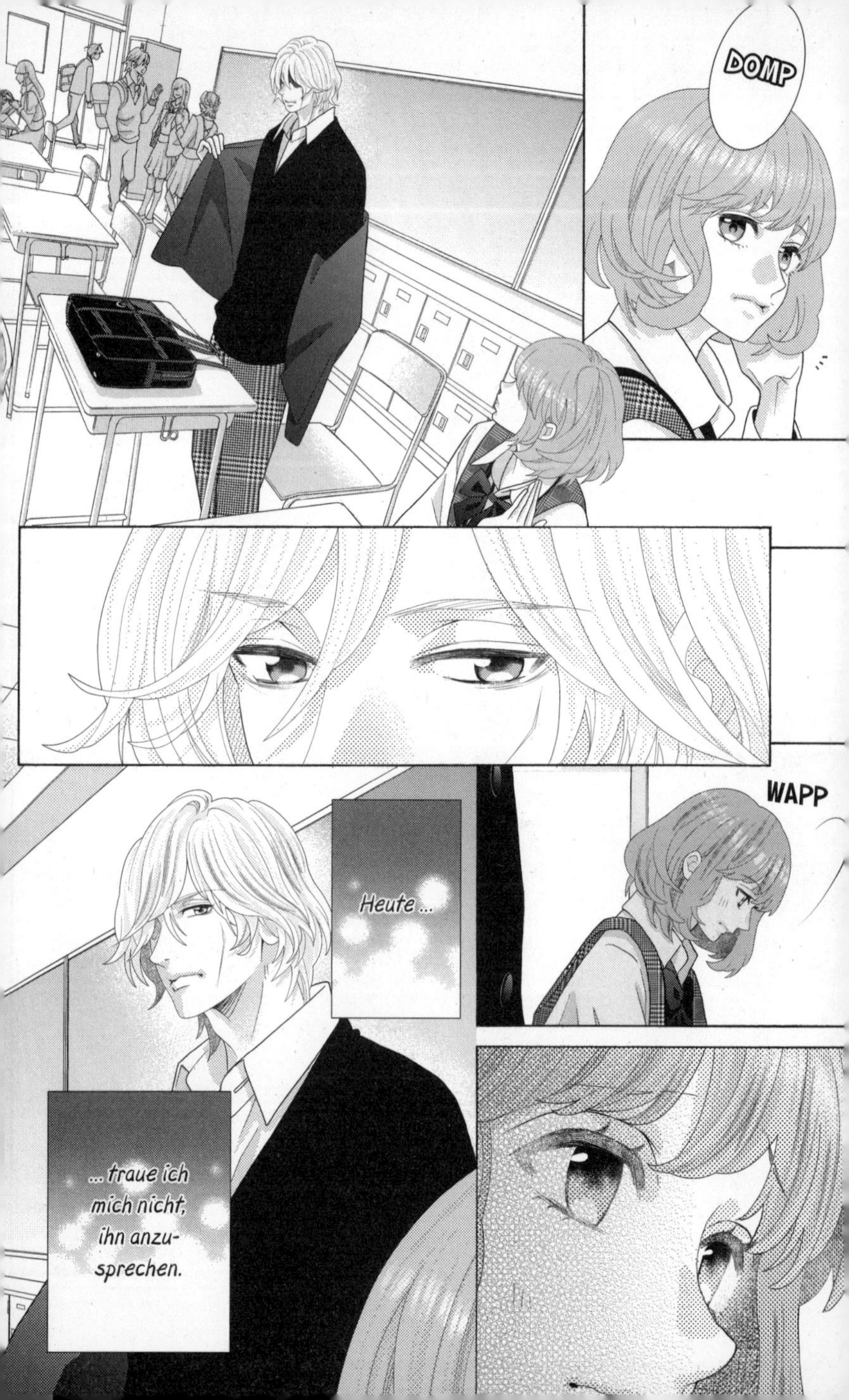
DOMP
WAPP
Heute ...
... traue ich mich nicht, ihn anzusprechen.

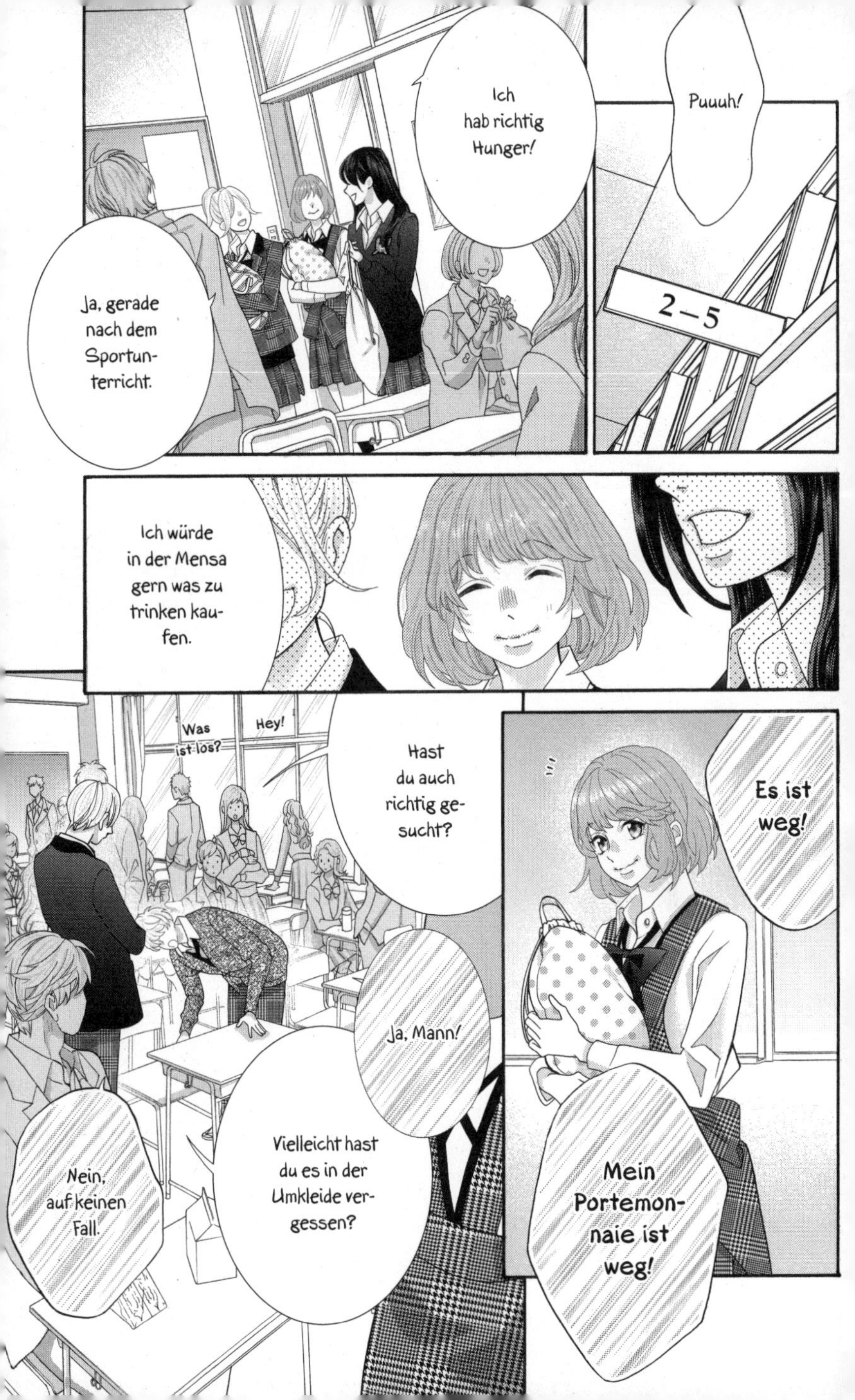
Puuuh!
2–5
Ich hab richtig Hunger!
Ja, gerade nach dem Sportunterricht.
Ich würde in der Mensa gern was zu trinken kaufen.
Es ist weg!
Mein Portemonnaie ist weg!
Hey!
Was ist los?
Hast du auch richtig gesucht?
Ja, Mann!
Vielleicht hast du es in der Umkleide vergessen?
Nein, auf keinen Fall.

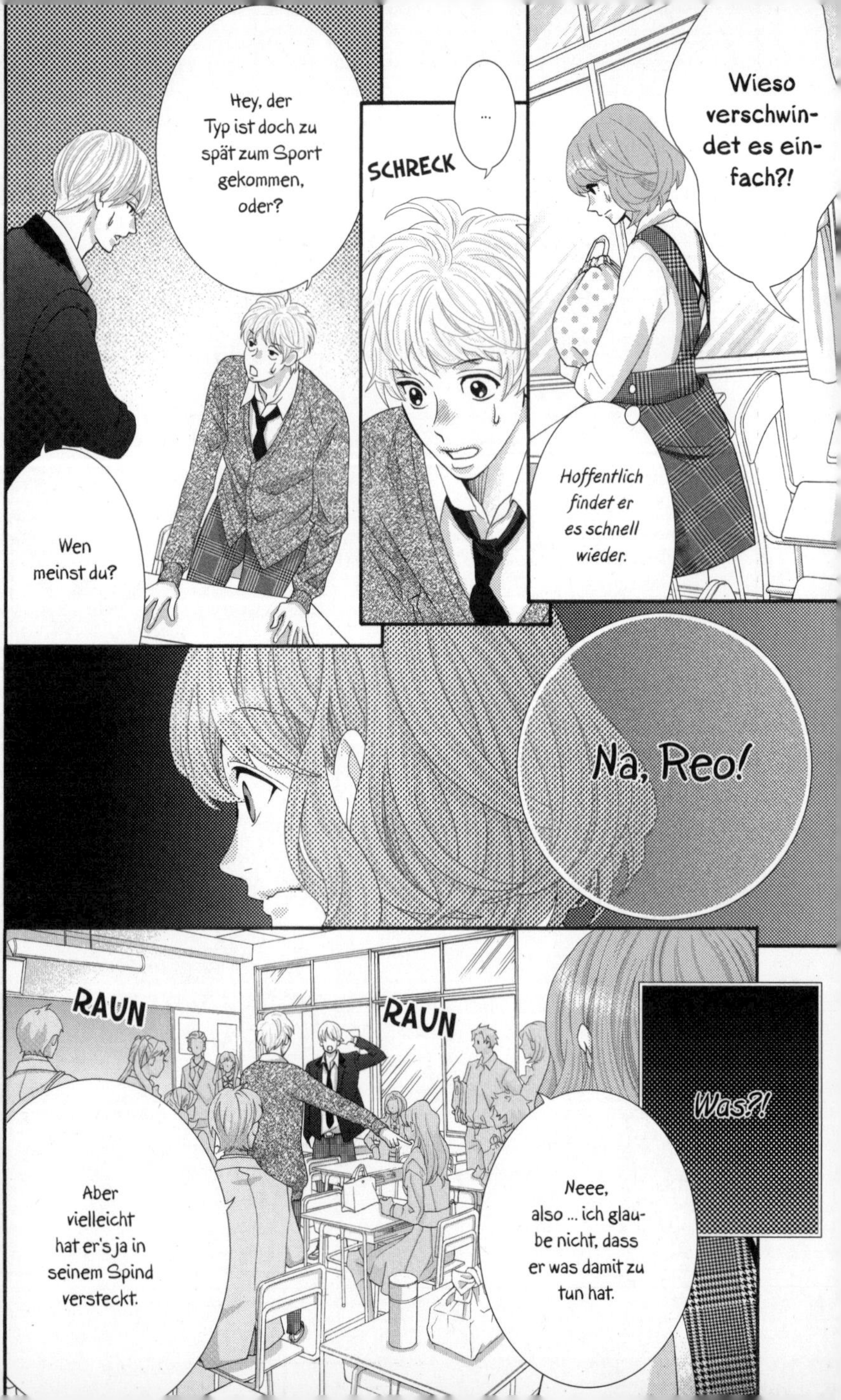
Wieso verschwin-det es ein-fach?!
Hoffentlich findet er es schnell wieder.
...
SCHRECK
Hey, der Typ ist doch zu spät zum Sport gekommen, oder?
Wen meinst du?
Na, Reo!
Was?!
Neee, also ... ich glau-be nicht, dass er was damit zu tun hat.
RAUN
RAUN
Aber vielleicht hat er's ja in seinem Spind versteckt.

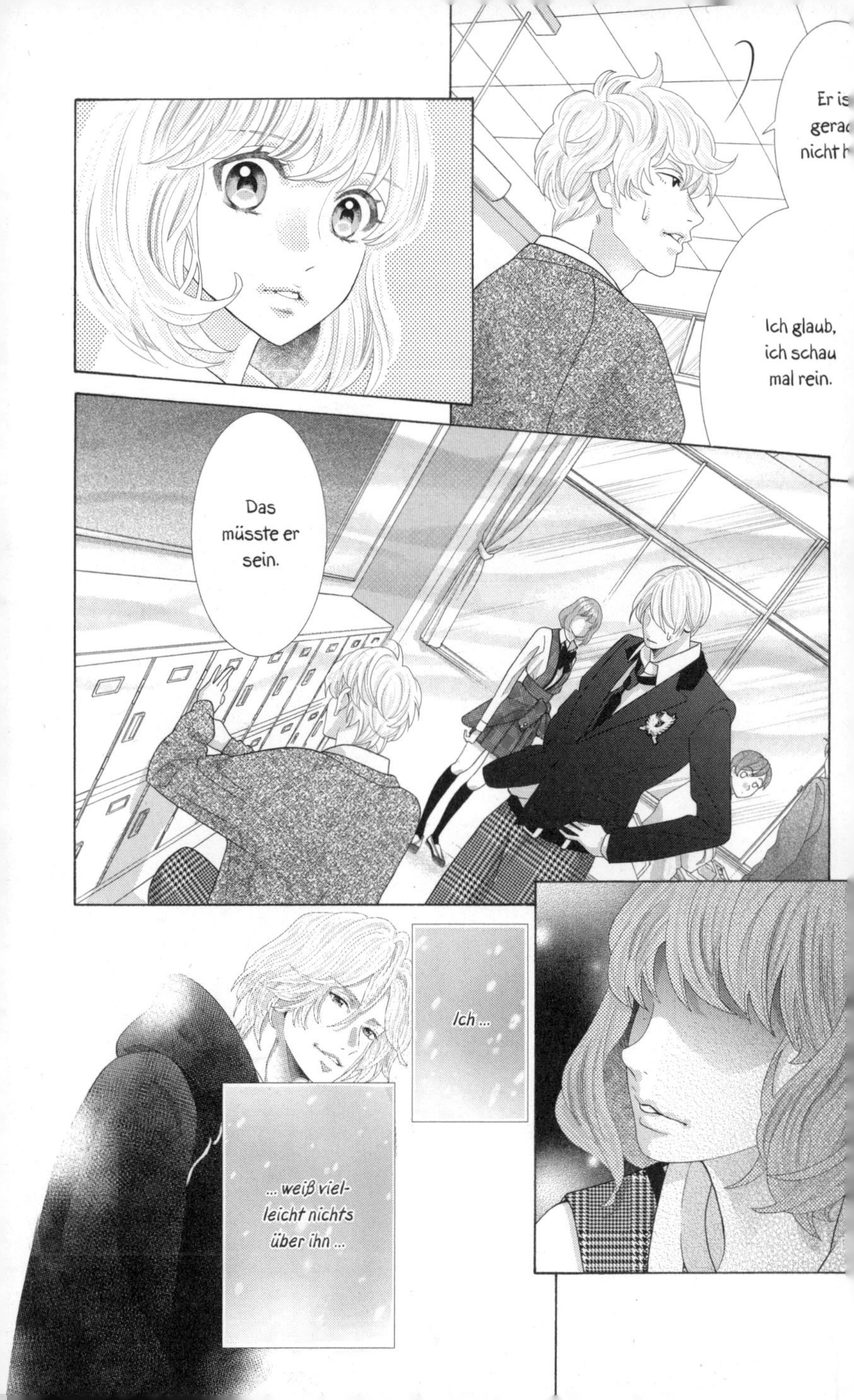
Ich glaub, ich schau mal rein.
Das müsste er sein.
Ich ...
... weiß viel-leicht nichts über ihn ...

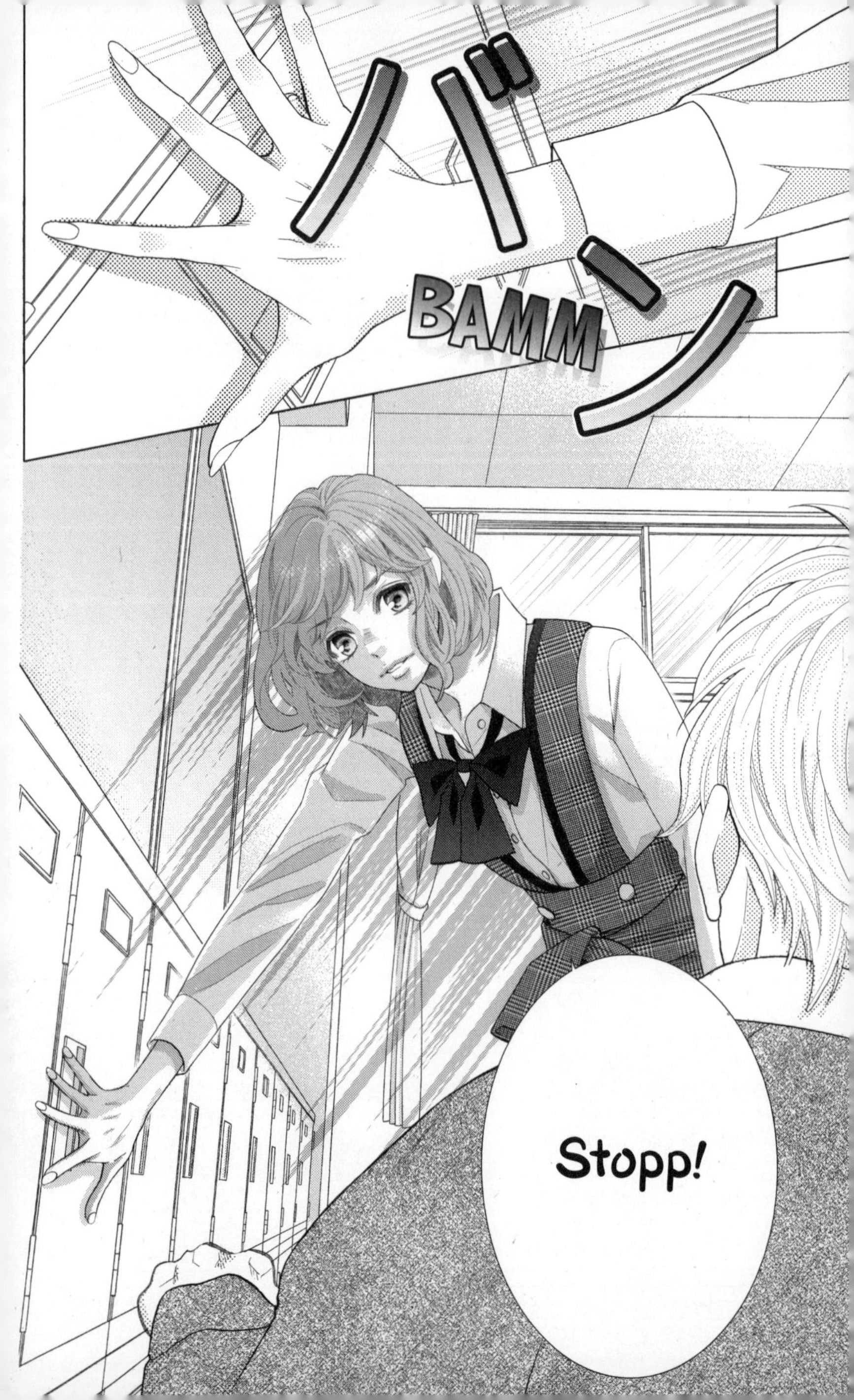
バーン
BAMM
Stopp!

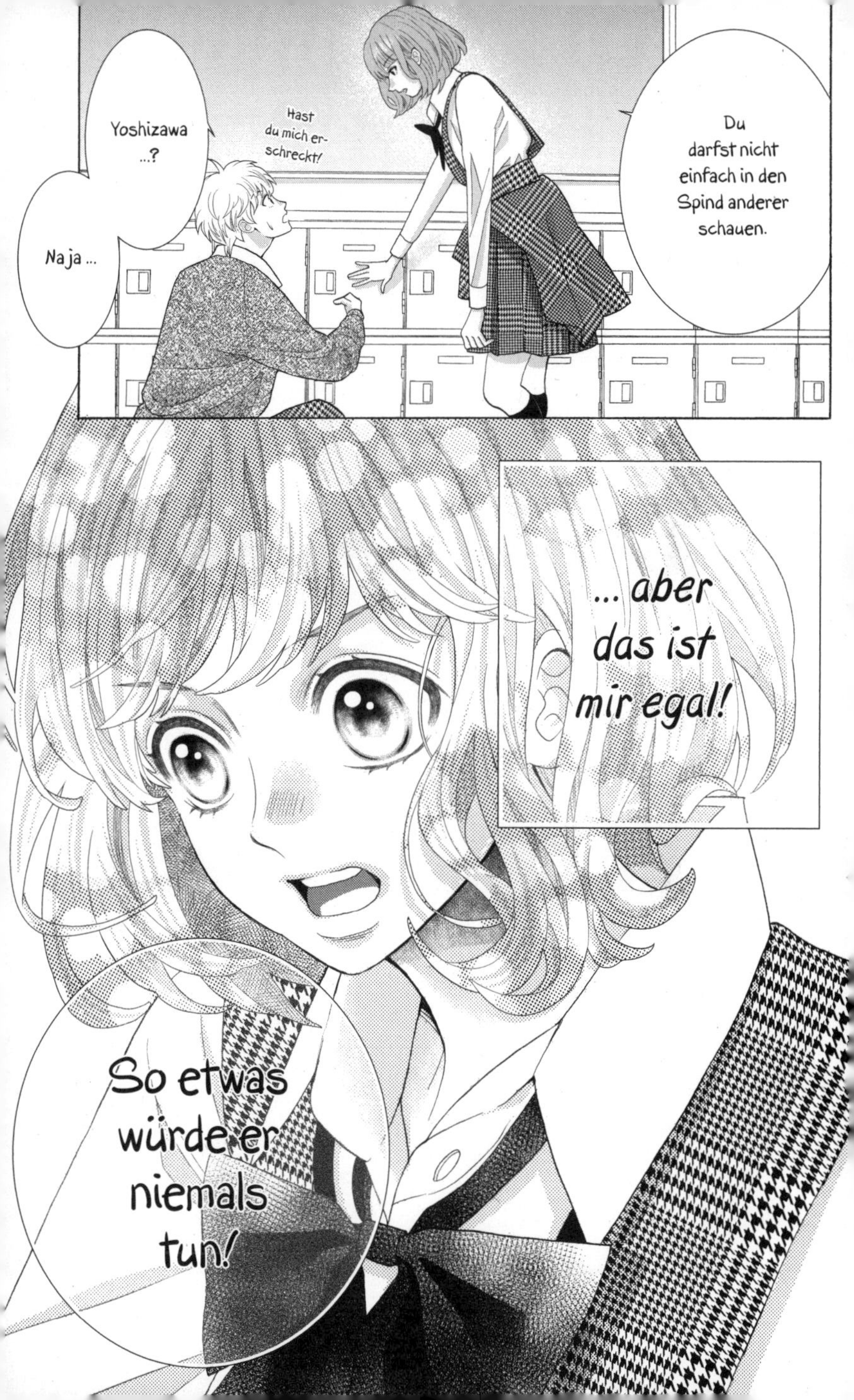
Du darfst nicht einfach in den Spind anderer schauen.
Hast du mich er-schreckt!
Yoshizawa ...?
Na ja ...
... aber das ist mir egal!
So etwas würde er niemals tun!

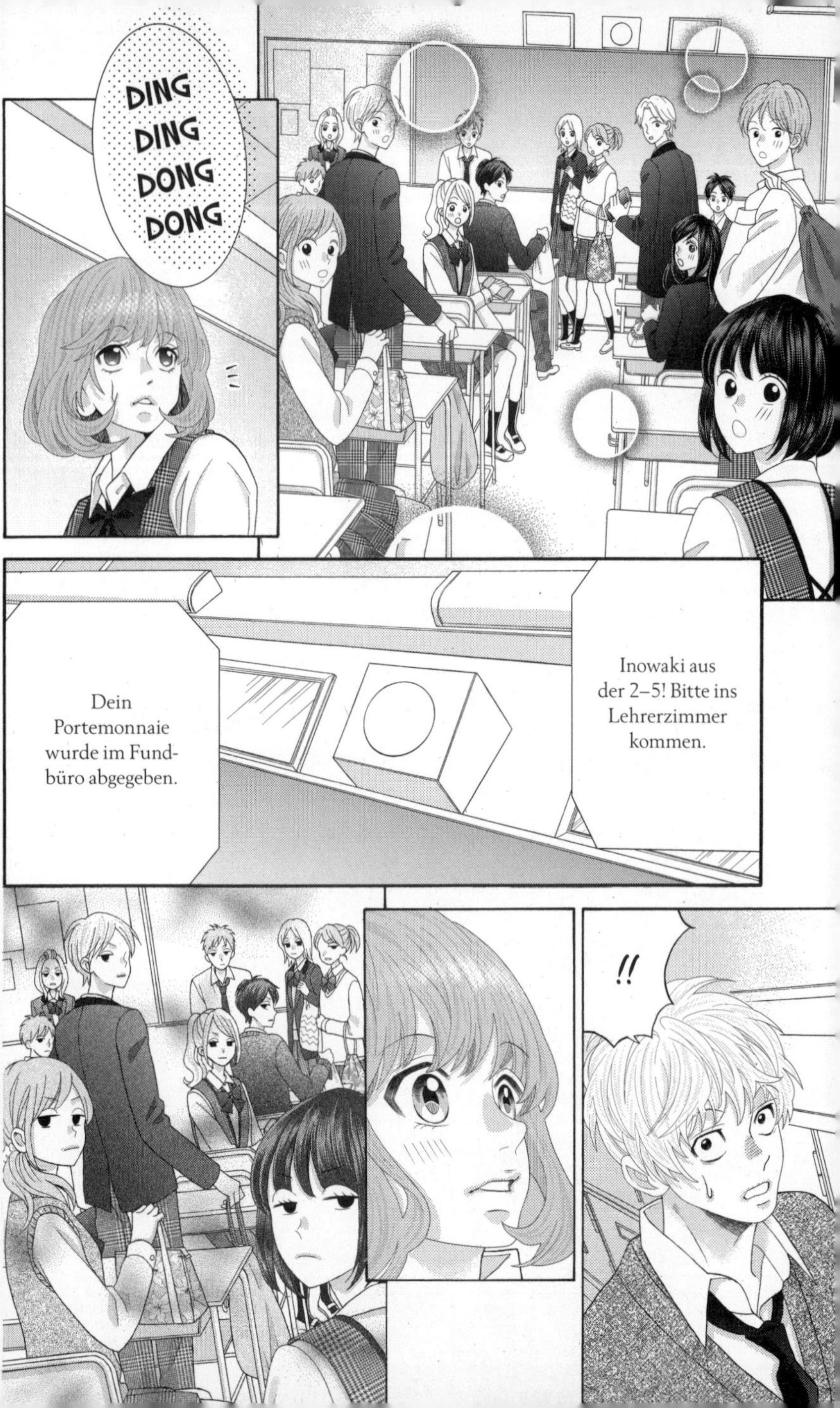
DING DING DONG DONG
Inowaki aus der 2–5! Bitte ins Lehrerzimmer kommen.
Dein Portemonnaie wurde im Fundbüro abgegeben.
!!

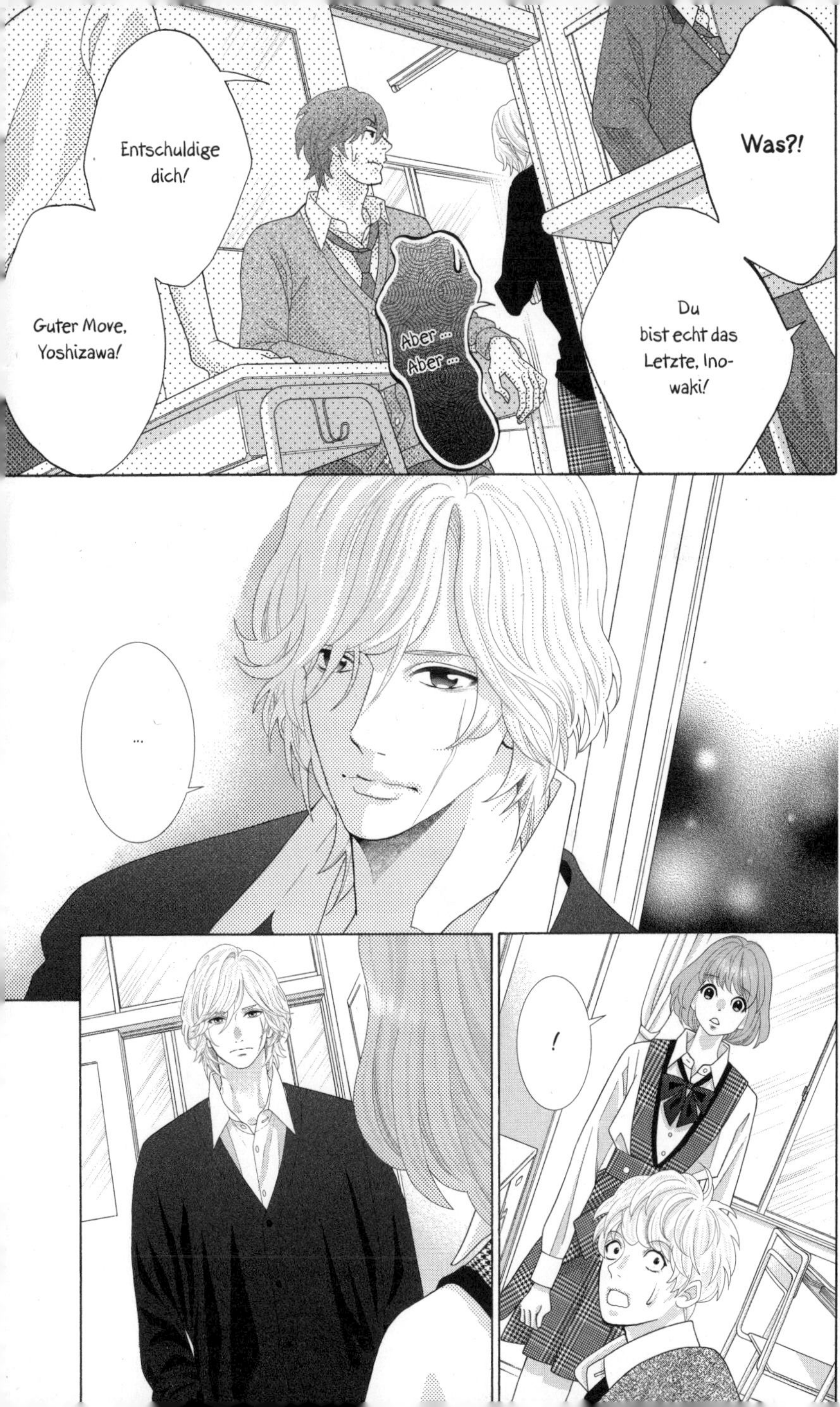
Was?!
Du bist echt das Letzte, Inowaki!
Aber ... Aber ...
Entschuldige dich!
Guter Move, Yoshizawa!
...
!

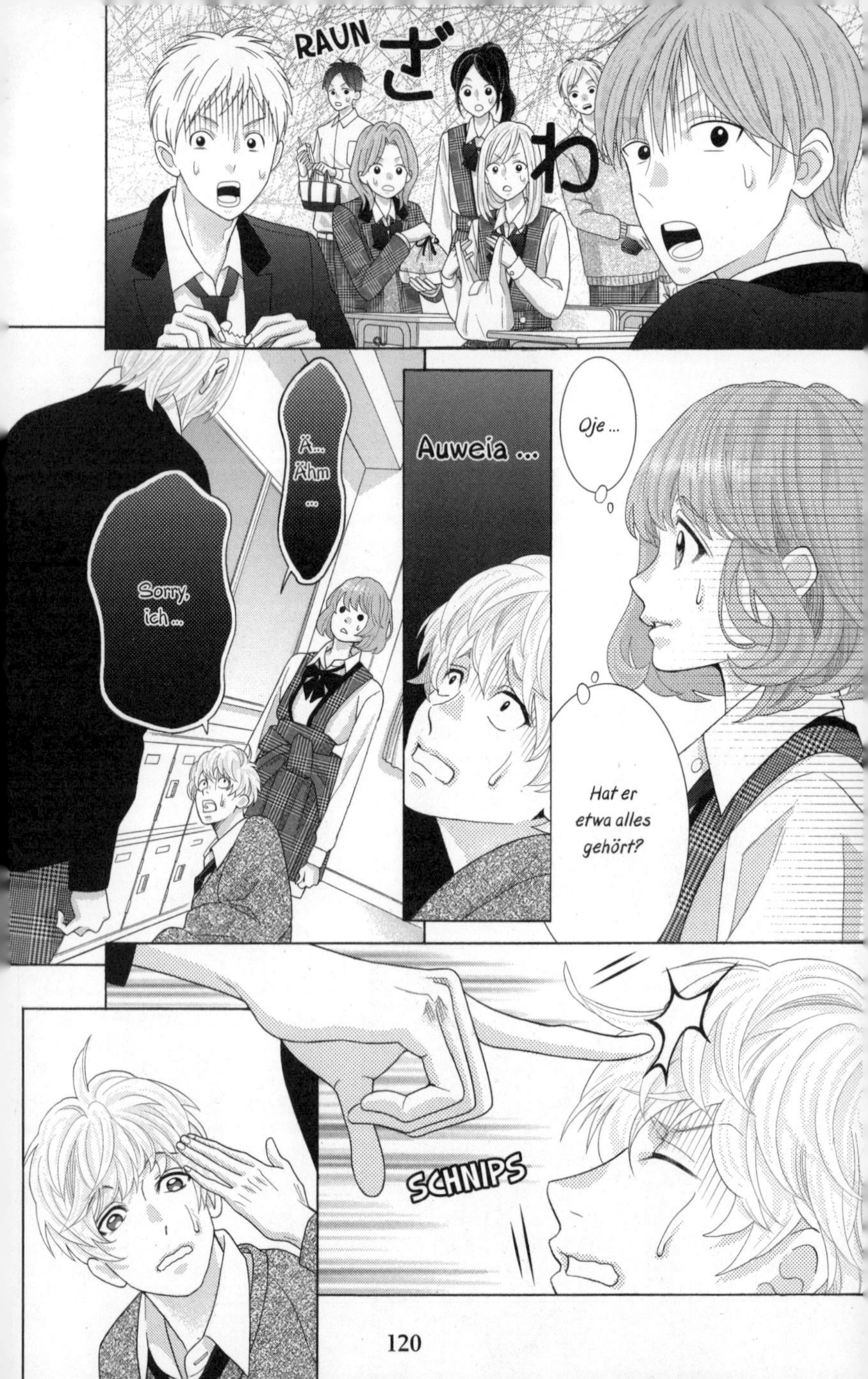
RAUN
ざわ
Auweia ...
Oje ...
Hat er etwa alles gehört?
Ä... Ähm ...
Sorry, ich ...
SCHNIPS

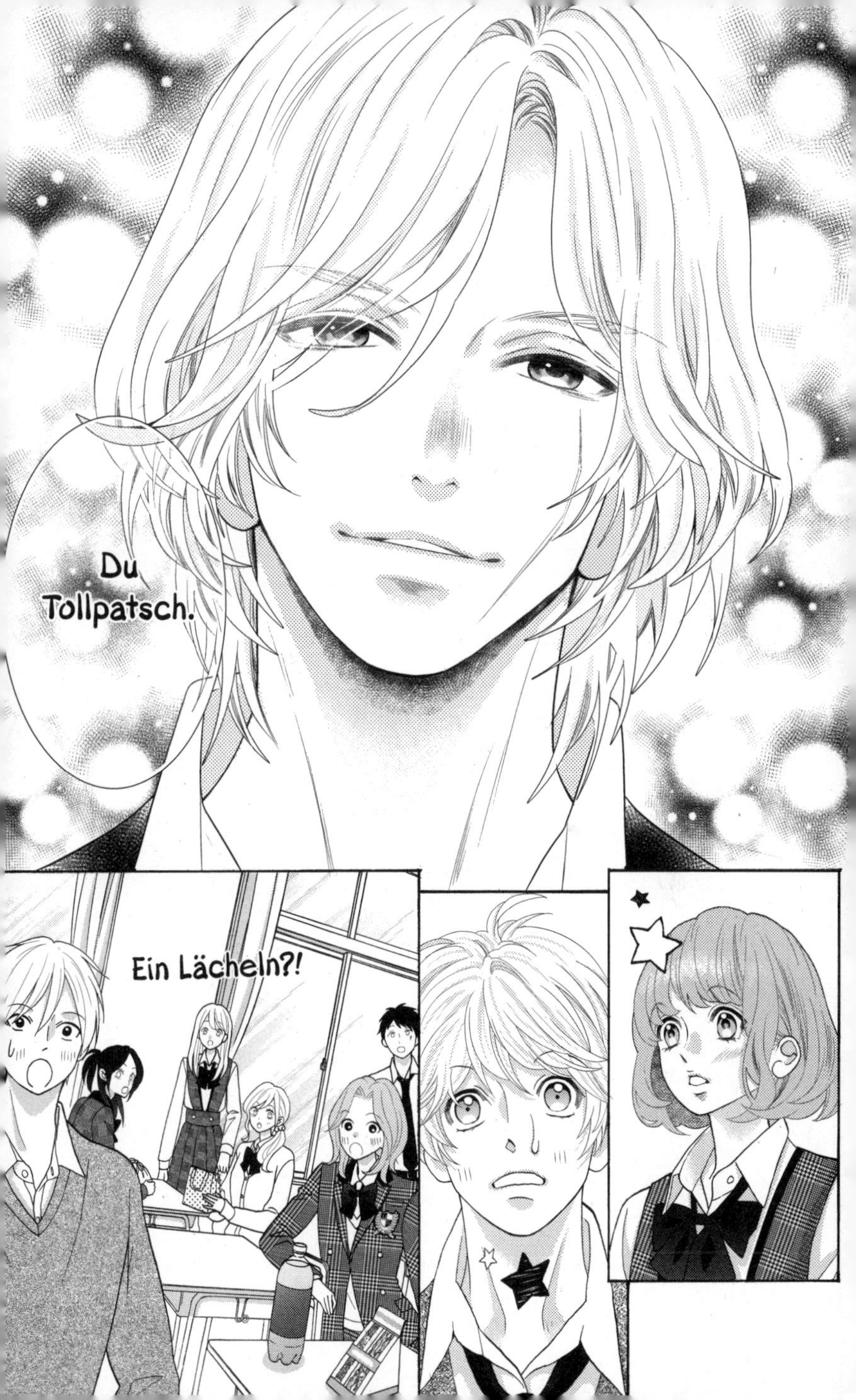
Du Tollpatsch.
Ein Lächeln?!

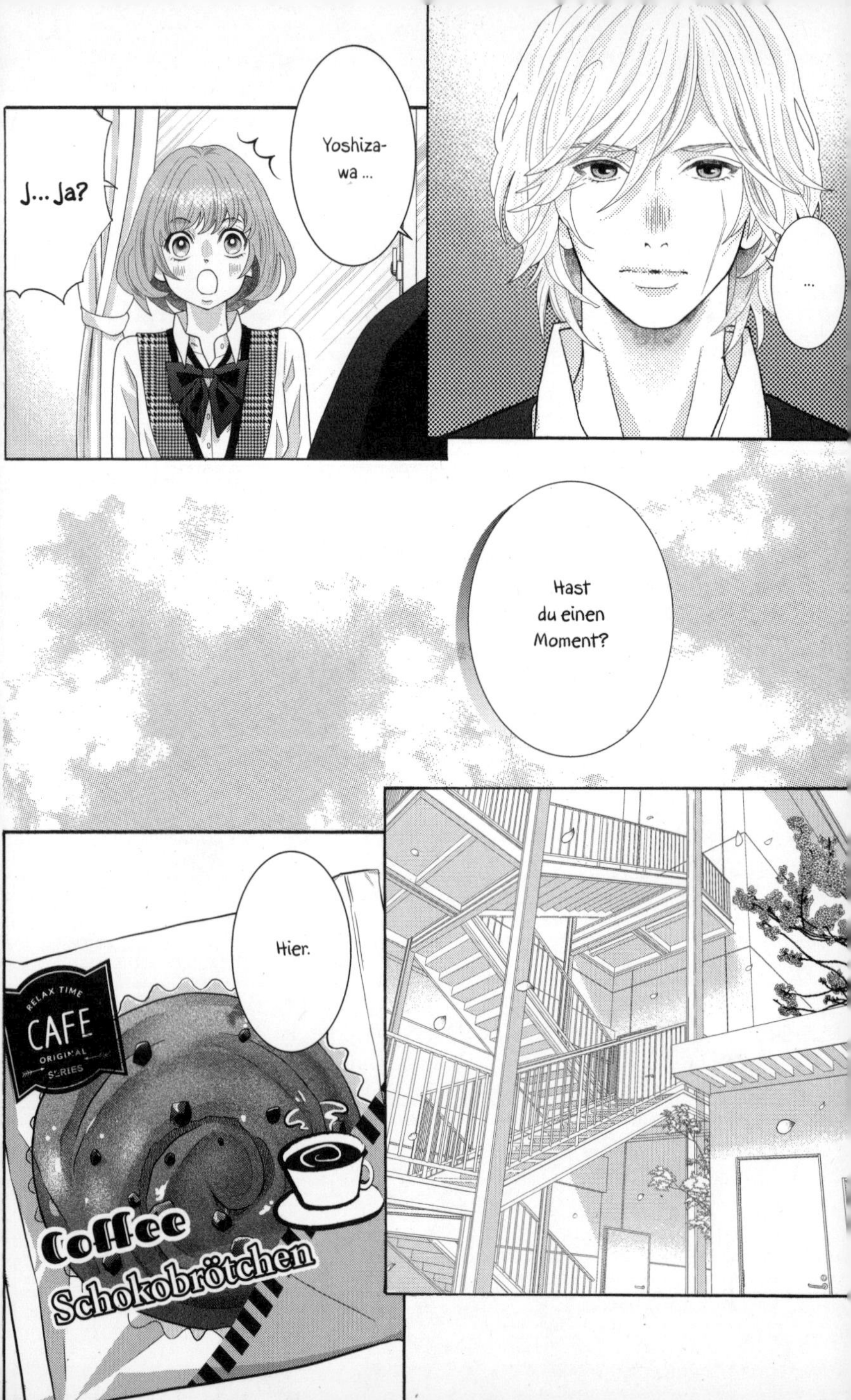
…
Yoshiza-wa …
J… Ja?
Hast du einen Moment?
Hier.
RELAX TIME
CAFE
ORIGINAL
SERIES
Coffee
Schokobrötchen

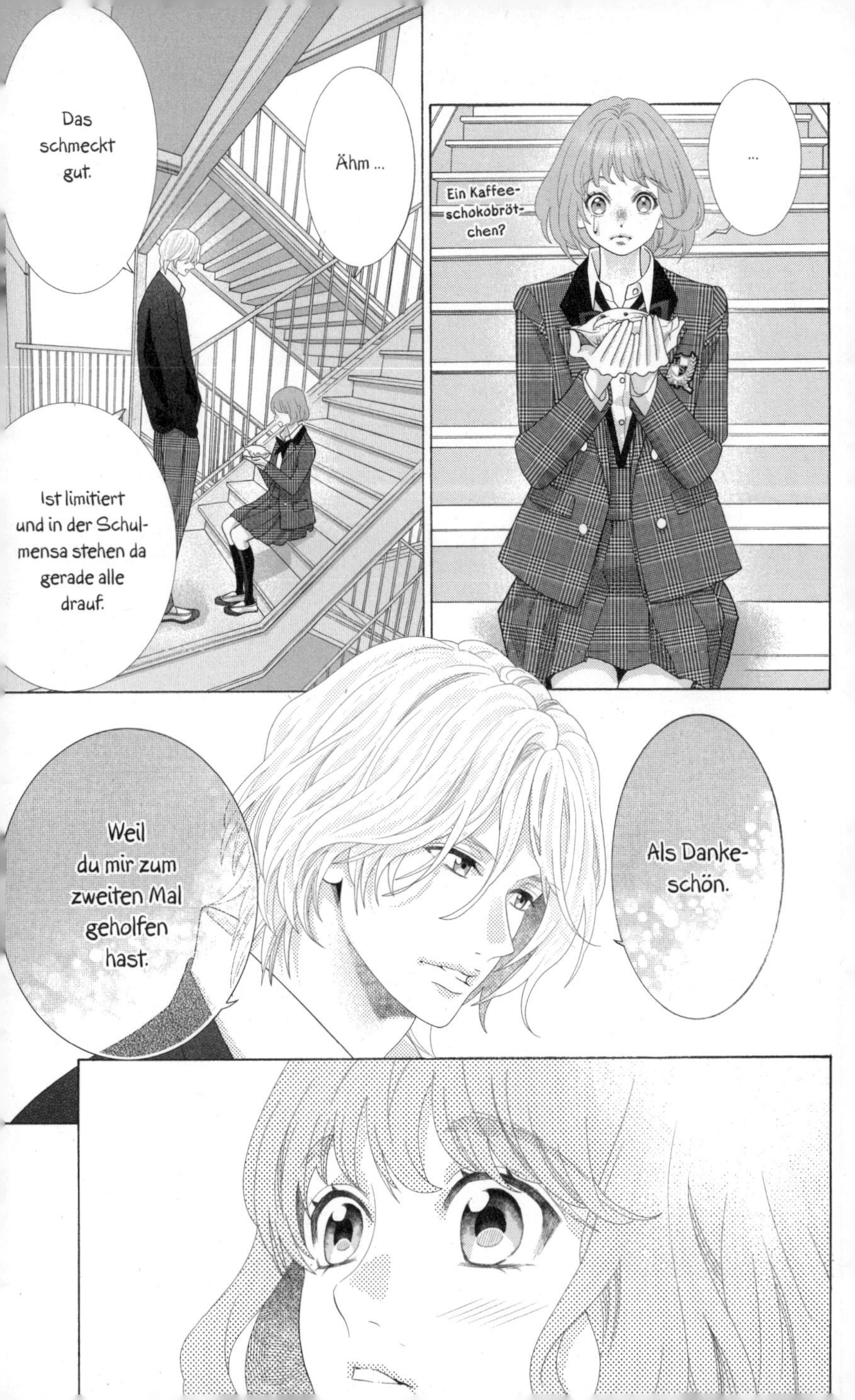
...
Ein Kaffee-schokobrötchen?
Ähm ...
Das schmeckt gut.
Ist limitiert und in der Schulmensa stehen da gerade alle drauf.
Als Dankeschön.
Weil du mir zum zweiten Mal geholfen hast.

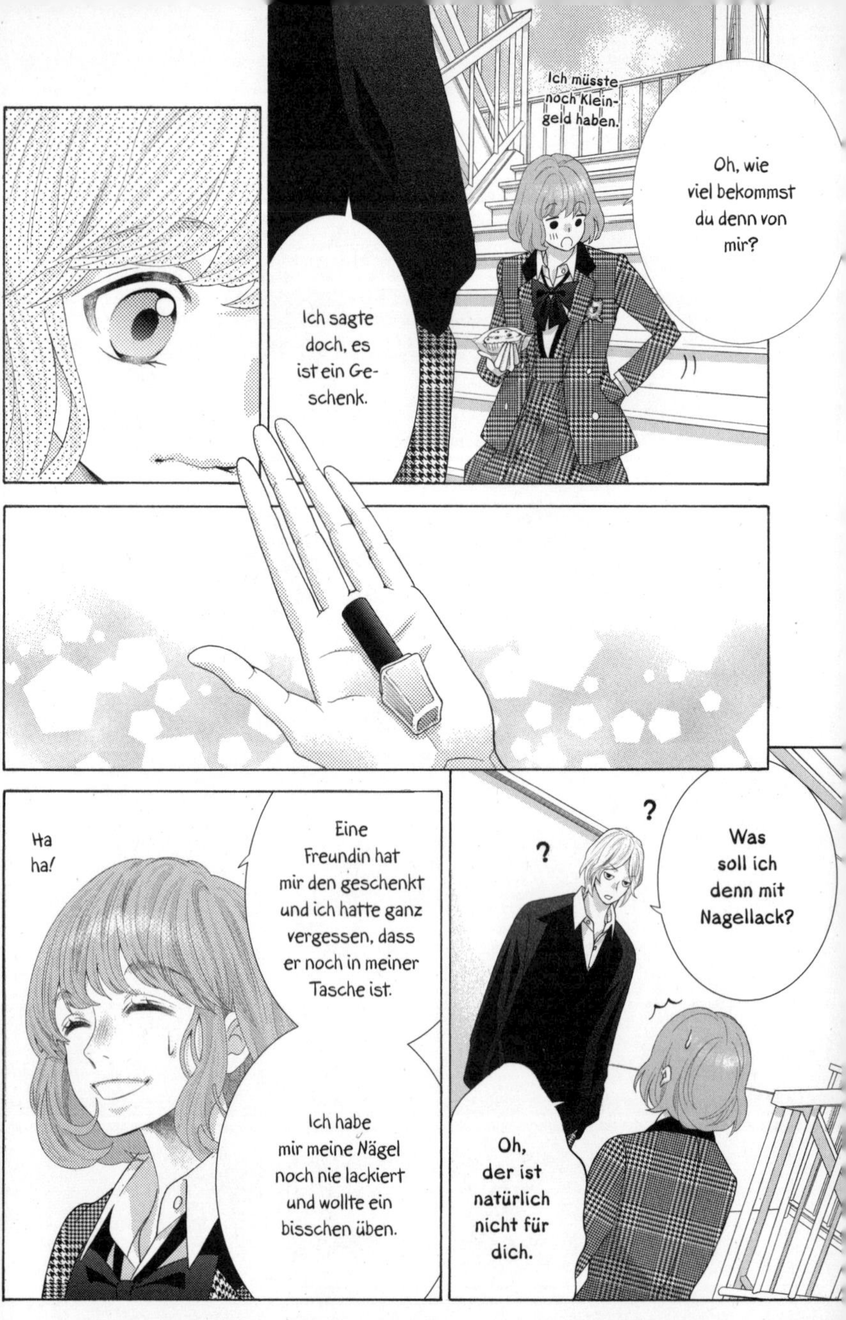
Ich müsste noch Kleingeld haben.
Oh, wie viel bekommst du denn von mir?
Ich sagte doch, es ist ein Geschenk.
Was soll ich denn mit Nagellack?
Oh, der ist natürlich nicht für dich.
Eine Freundin hat mir den geschenkt und ich hatte ganz vergessen, dass er noch in meiner Tasche ist.
Ich habe mir meine Nägel noch nie lackiert und wollte ein bisschen üben.
Ha ha!

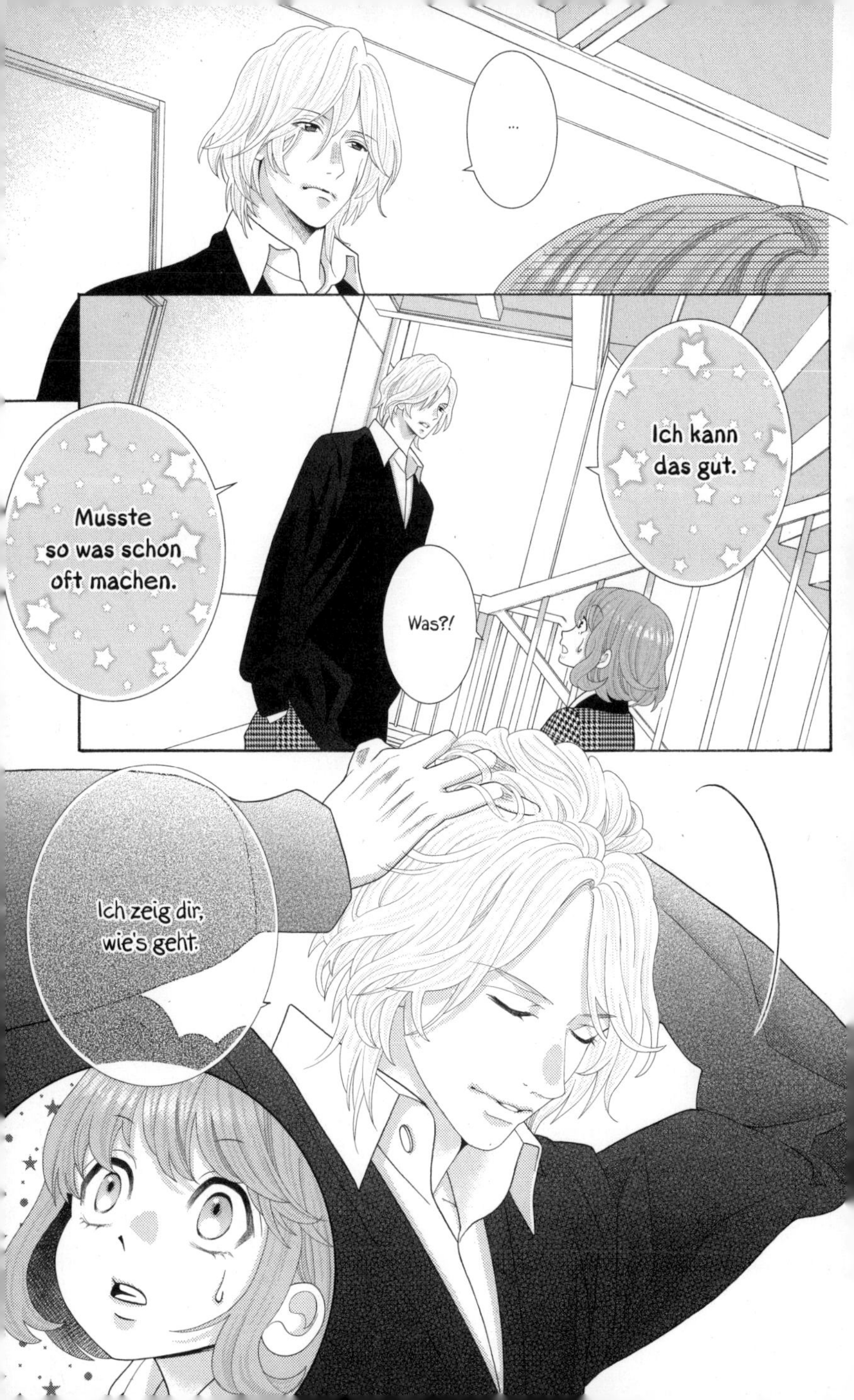
...
Ich kann das gut.
Was?!
Musste so was schon oft machen.
Ich zeig dir, wie's geht.

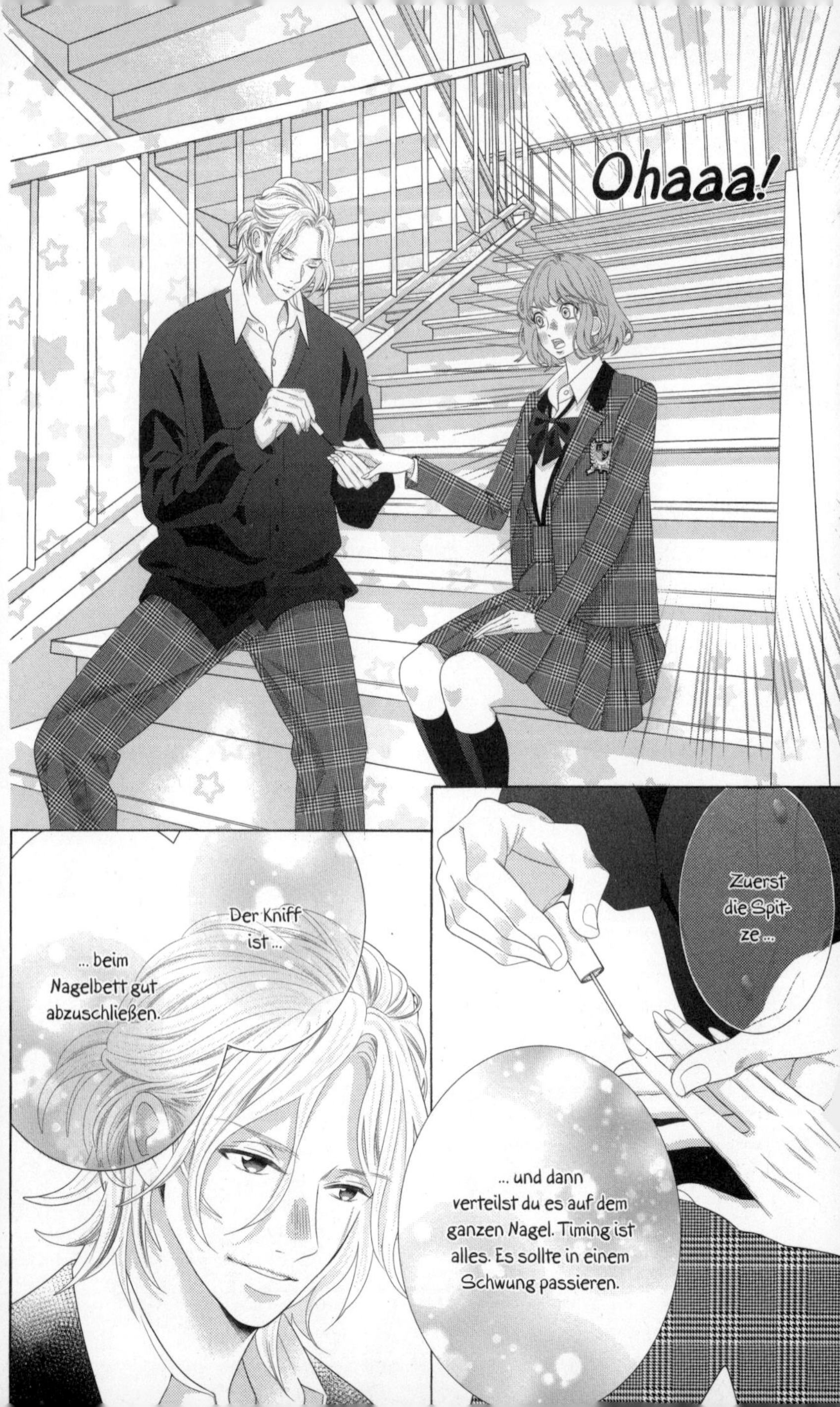
Ohaaa!
Zuerst die Spit- ze ...
... und dann verteilst du es auf dem ganzen Nagel. Timing ist alles. Es sollte in einem Schwung passieren.
Der Kniff ist ...
... beim Nagelbett gut abzuschließen.

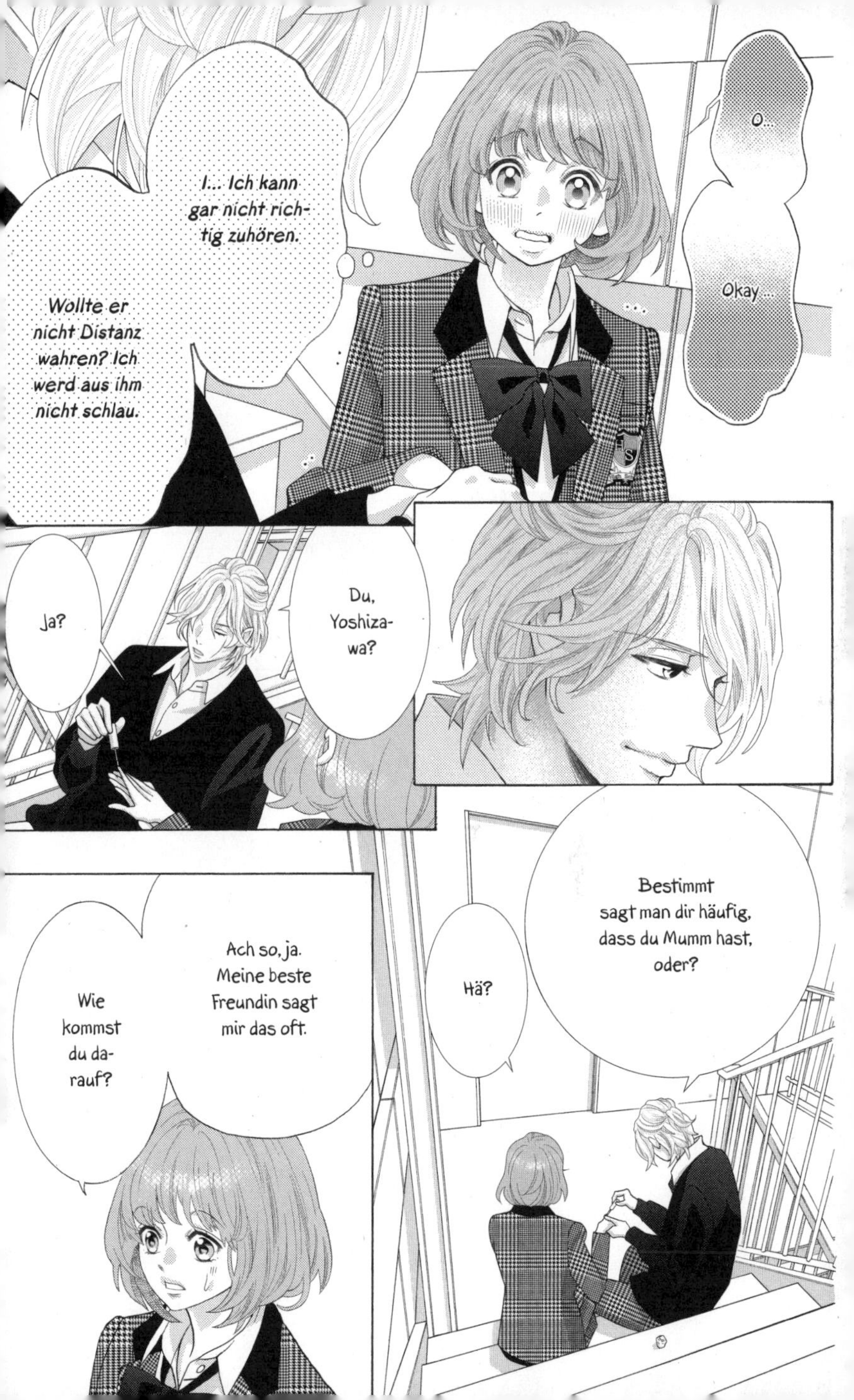
O...
Okay...
I... Ich kann gar nicht richtig zuhören.
Wollte er nicht Distanz wahren? Ich werd aus ihm nicht schlau.
Du, Yoshizawa?
Ja?
Bestimmt sagt man dir häufig, dass du Mumm hast, oder?
Hä?
Ach so, ja. Meine beste Freundin sagt mir das oft.
Wie kommst du darauf?

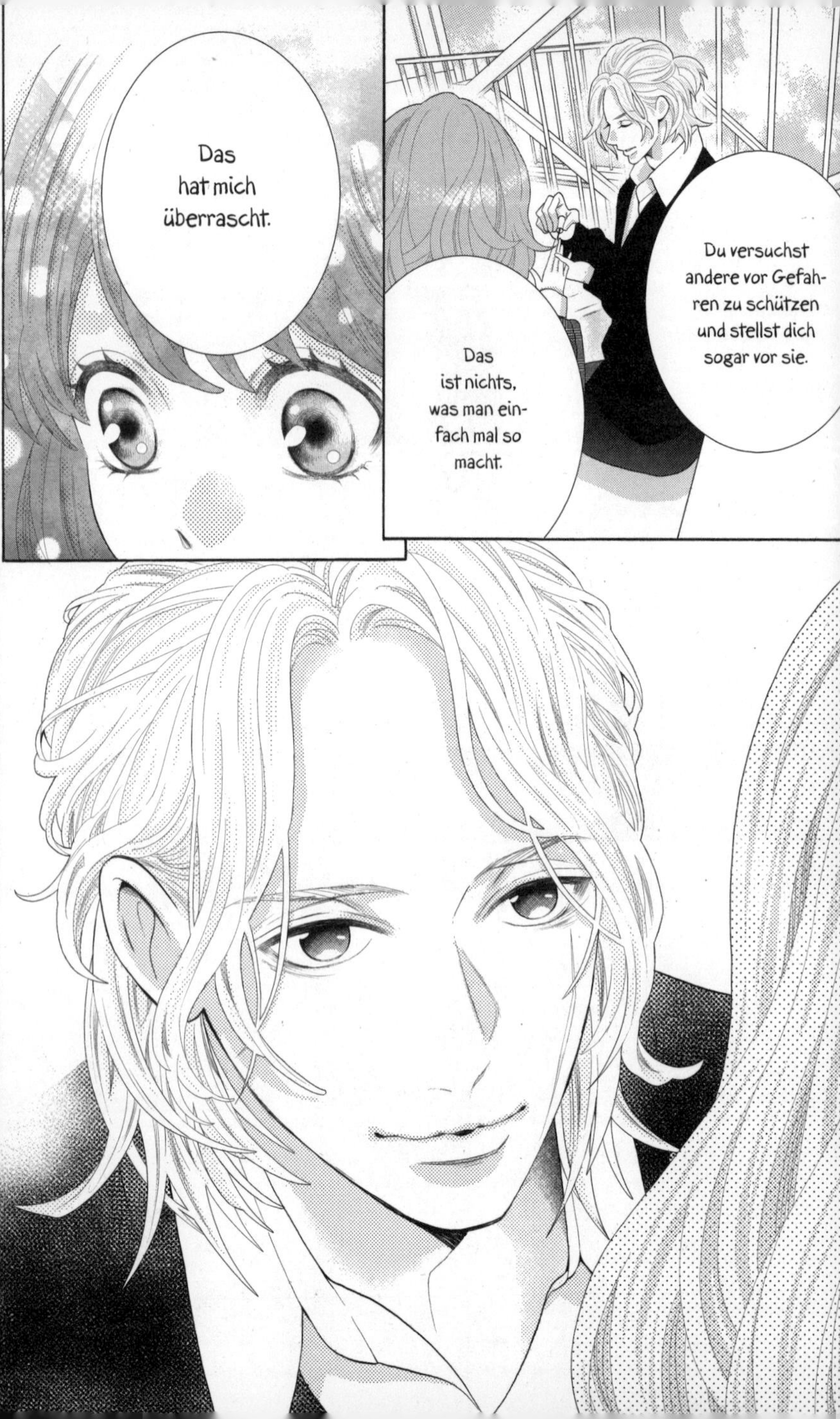
Du versuchst andere vor Gefahren zu schützen und stellst dich sogar vor sie.
Das ist nichts, was man einfach mal so macht.
Das hat mich überrascht.

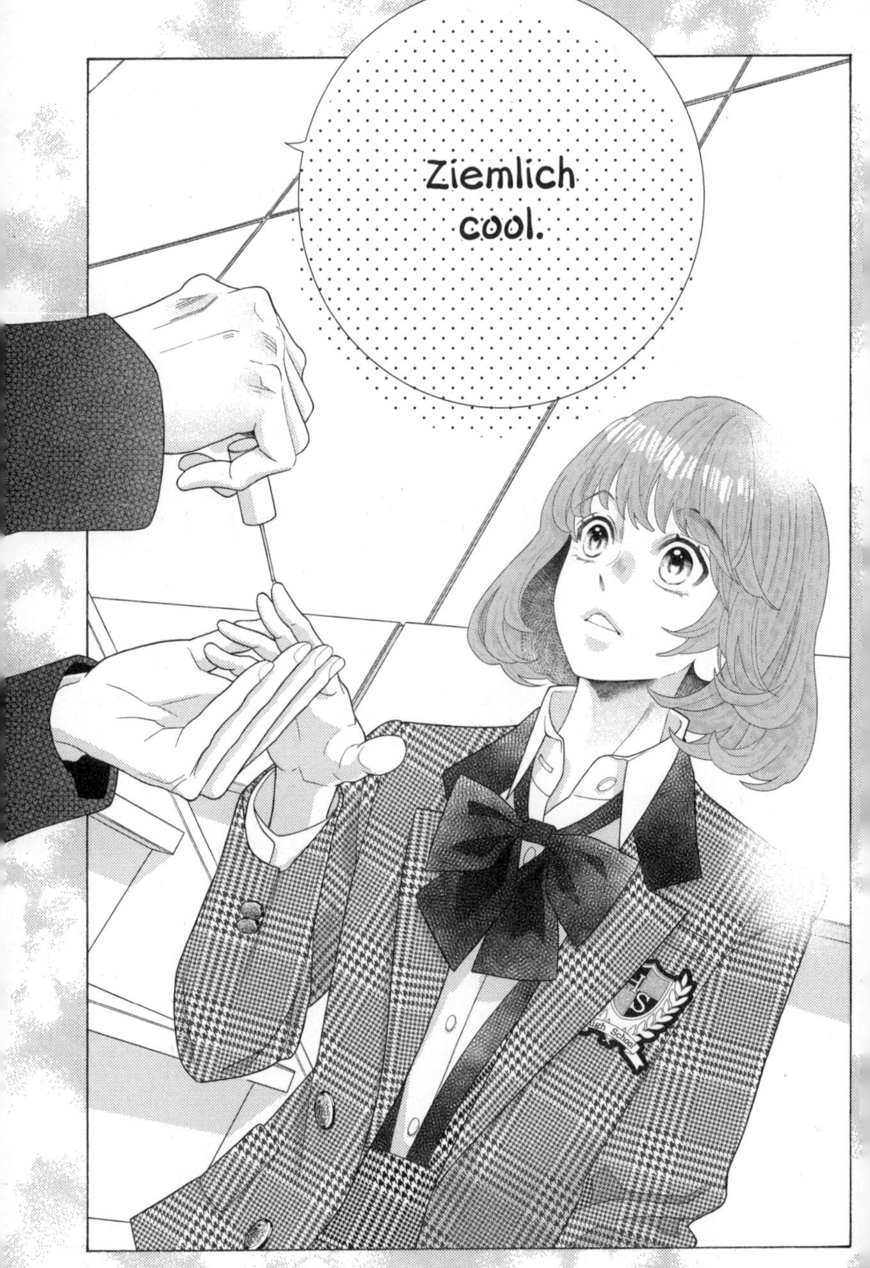
Ziemlich cool.

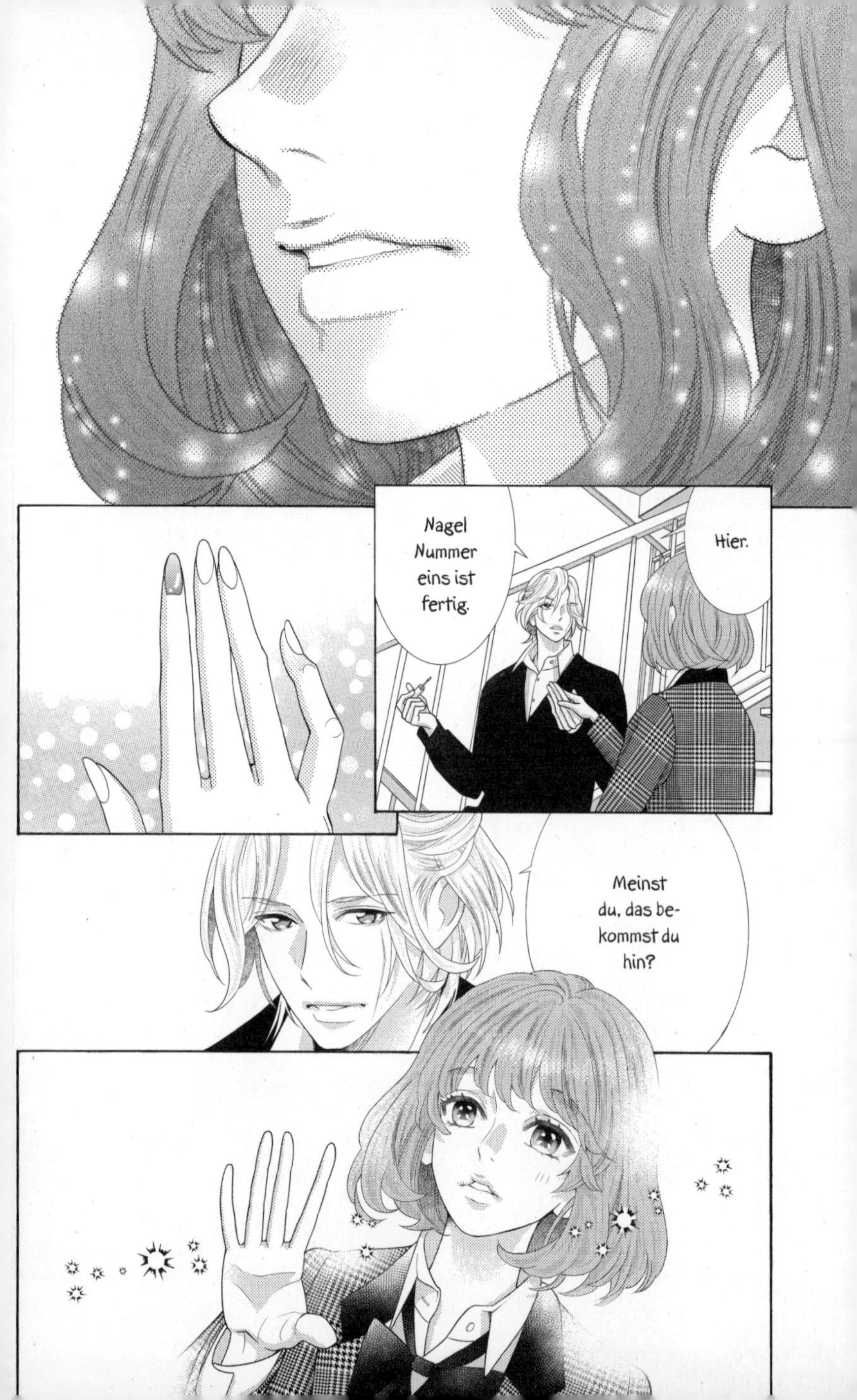
Hier.
Nagel Nummer eins ist fertig.
Meinst du, das bekommst du hin?

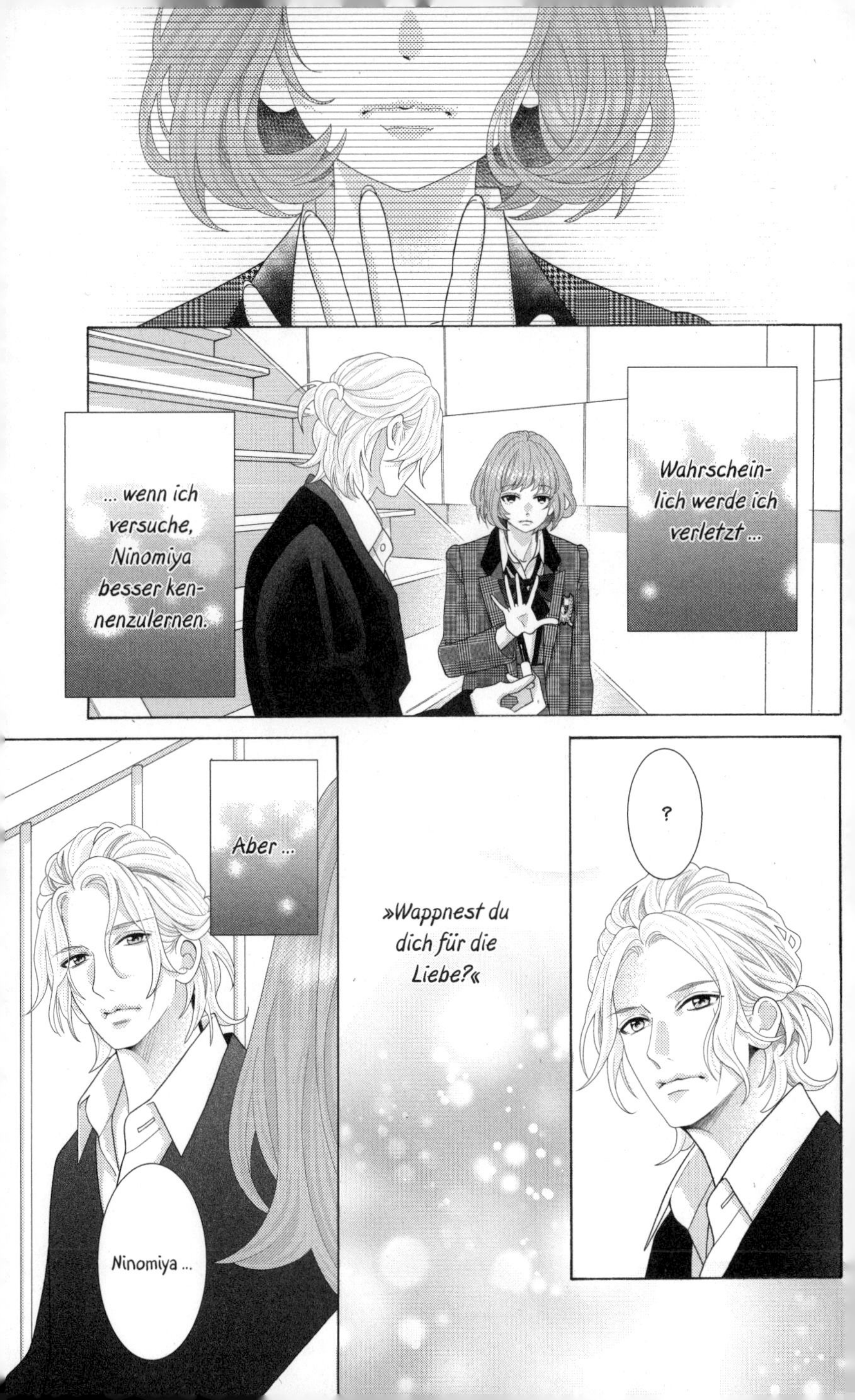
Wahrscheinlich werde ich verletzt ...
... wenn ich versuche, Ninomiya besser kennenzulernen.
?
»Wappnest du dich für die Liebe?«
Aber ...
Ninomiya ...

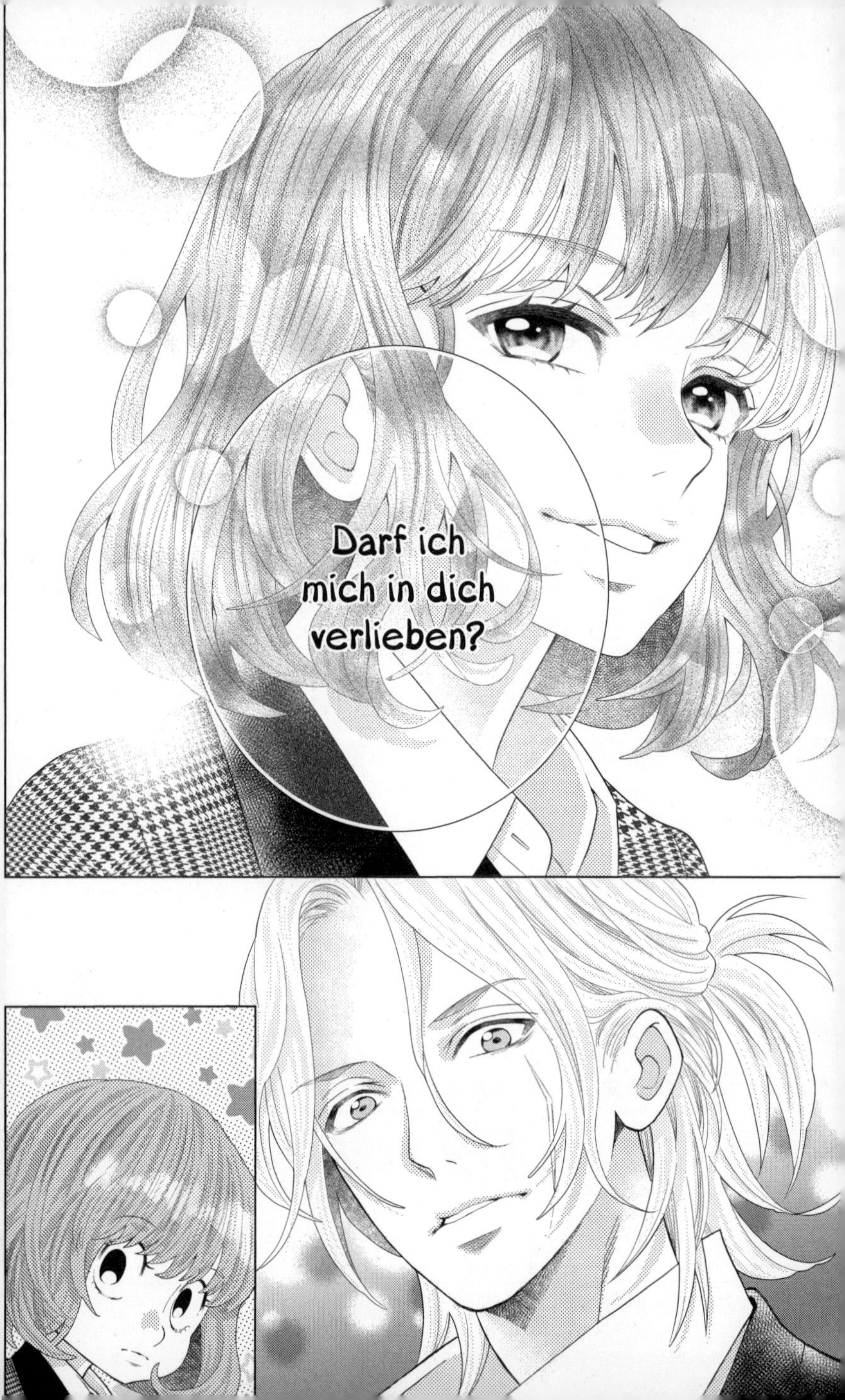
Darf ich mich in dich verlieben?

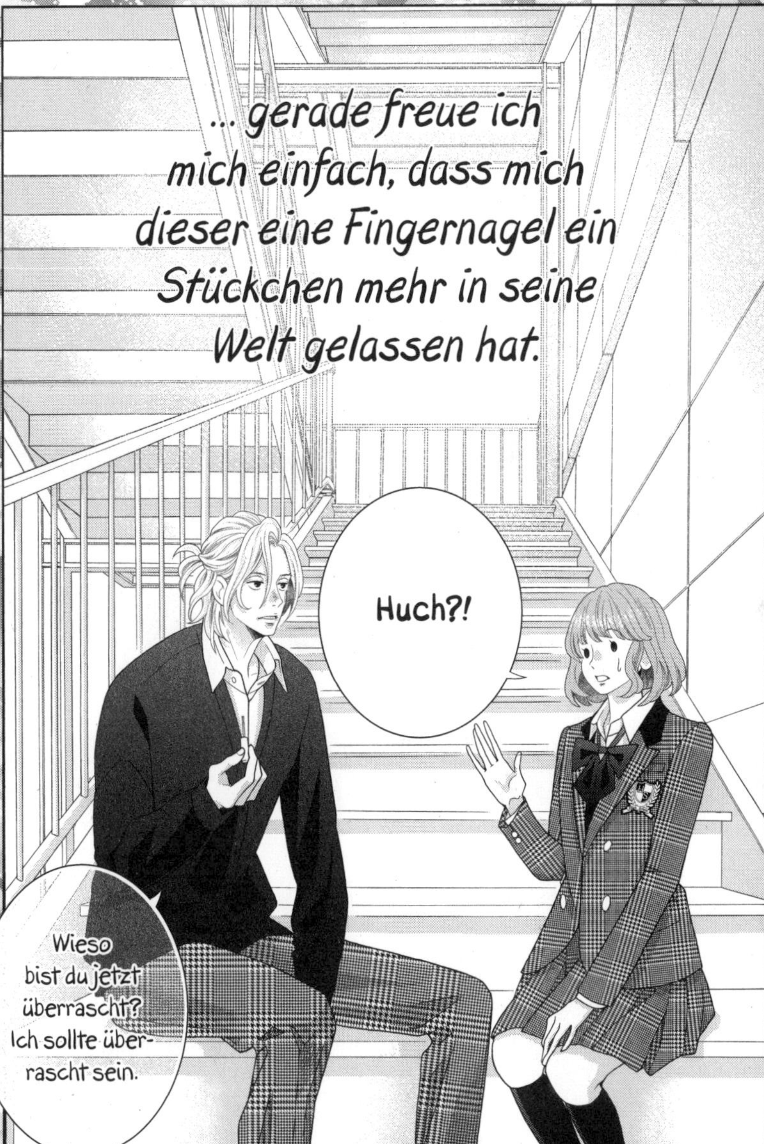
... gerade freue ich mich einfach, dass mich dieser eine Fingernagel ein Stückchen mehr in seine Welt gelassen hat.
Huch?!
Wieso bist du jetzt überrascht? Ich sollte über-rascht sein.

#3 Die Gerüchte sind wahr. Ich bin ein schlechter Mensch.

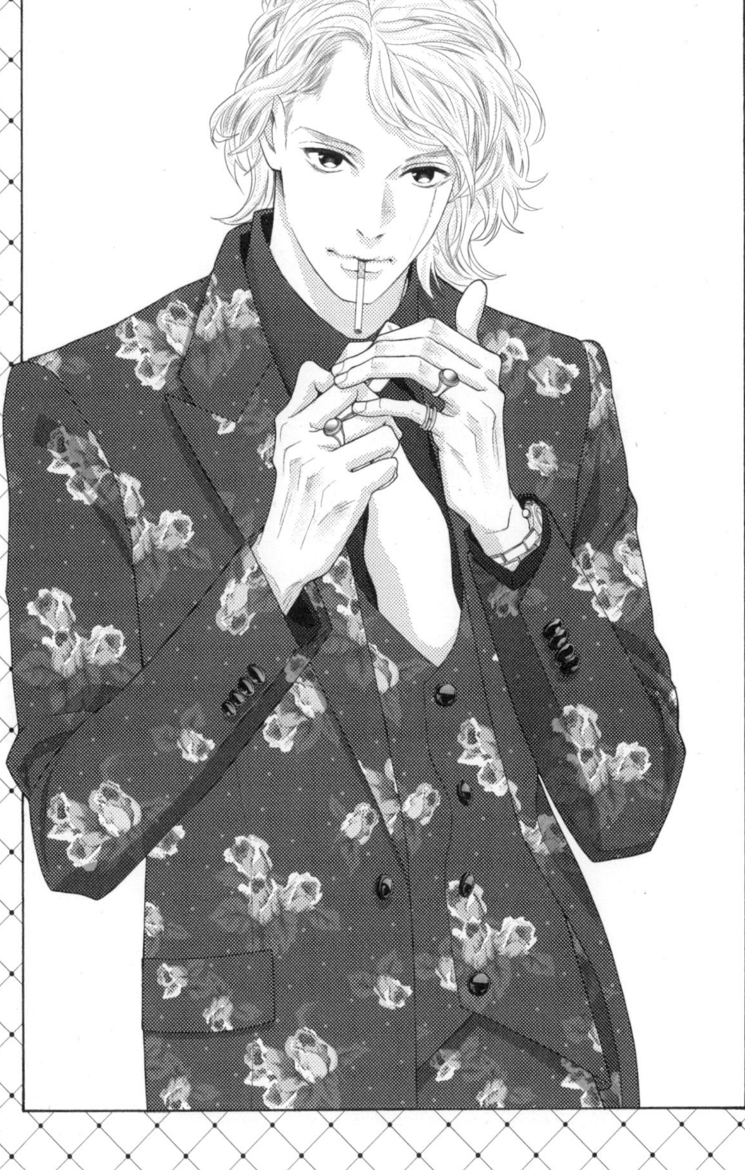

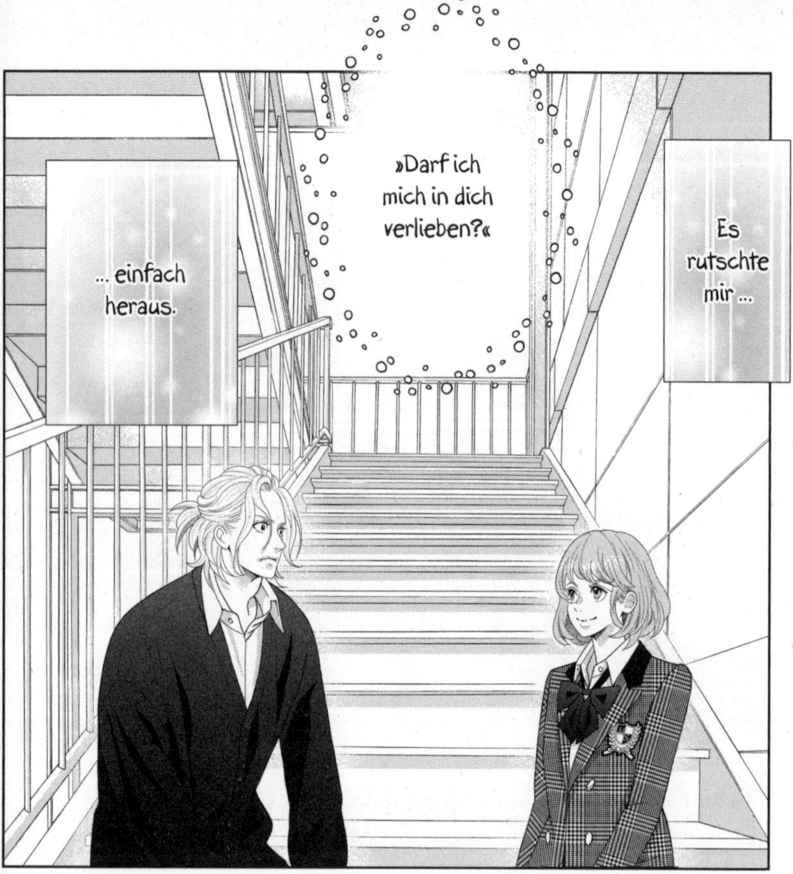
Es rutschte mir ...
»Darf ich mich in dich verlieben?«
... einfach heraus.

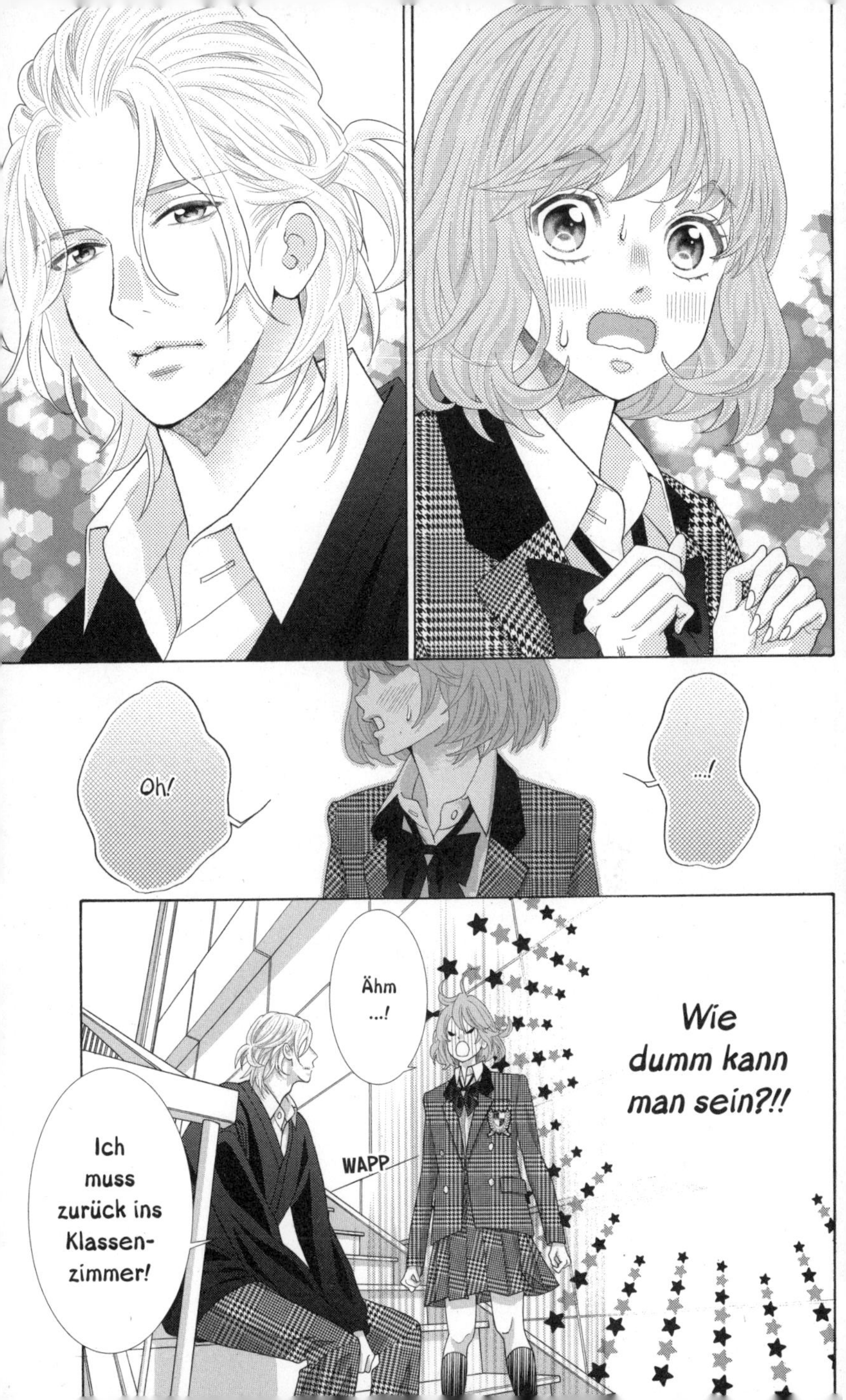
...!
Oh!
Wie dumm kann man sein?!!
Ähm ...!
WAPP
Ich muss zurück ins Klassenzimmer!

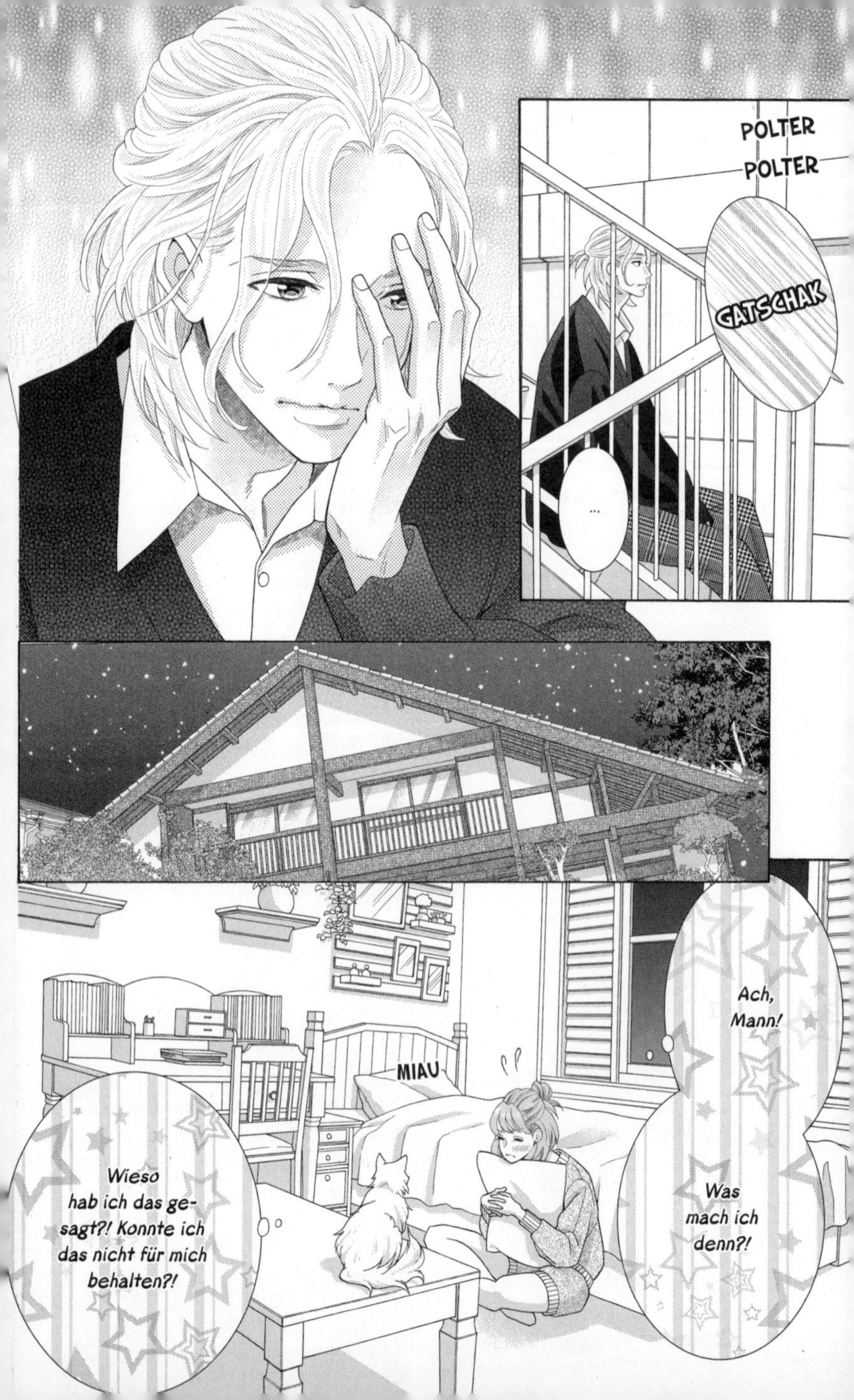
POLTER
POLTER
GATSCHAK
...
MIAU
Ach, Mann!
Was mach ich denn?!
Wieso hab ich das gesagt?! Konnte ich das nicht für mich behalten?!

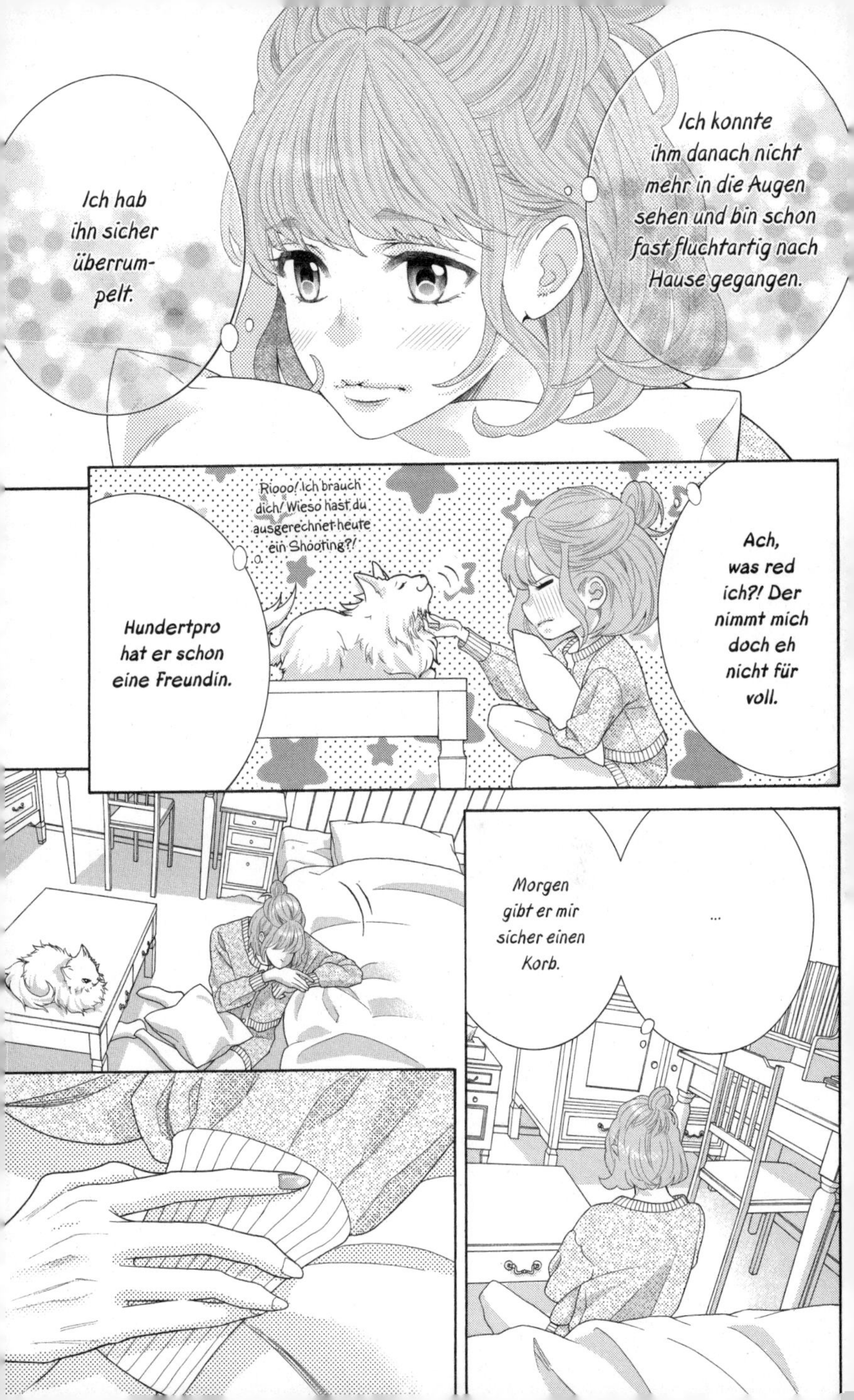
Ich konnte ihm danach nicht mehr in die Augen sehen und bin schon fast fluchtartig nach Hause gegangen.
Ich hab ihn sicher überrum-pelt.
Ach, was red ich?! Der nimmt mich doch eh nicht für voll.
Riooo! Ich brauch dich! Wieso hast du ausgerechnet heute ein Shooting?!
Hundertpro hat er schon eine Freundin.
...
Morgen gibt er mir sicher einen Korb.

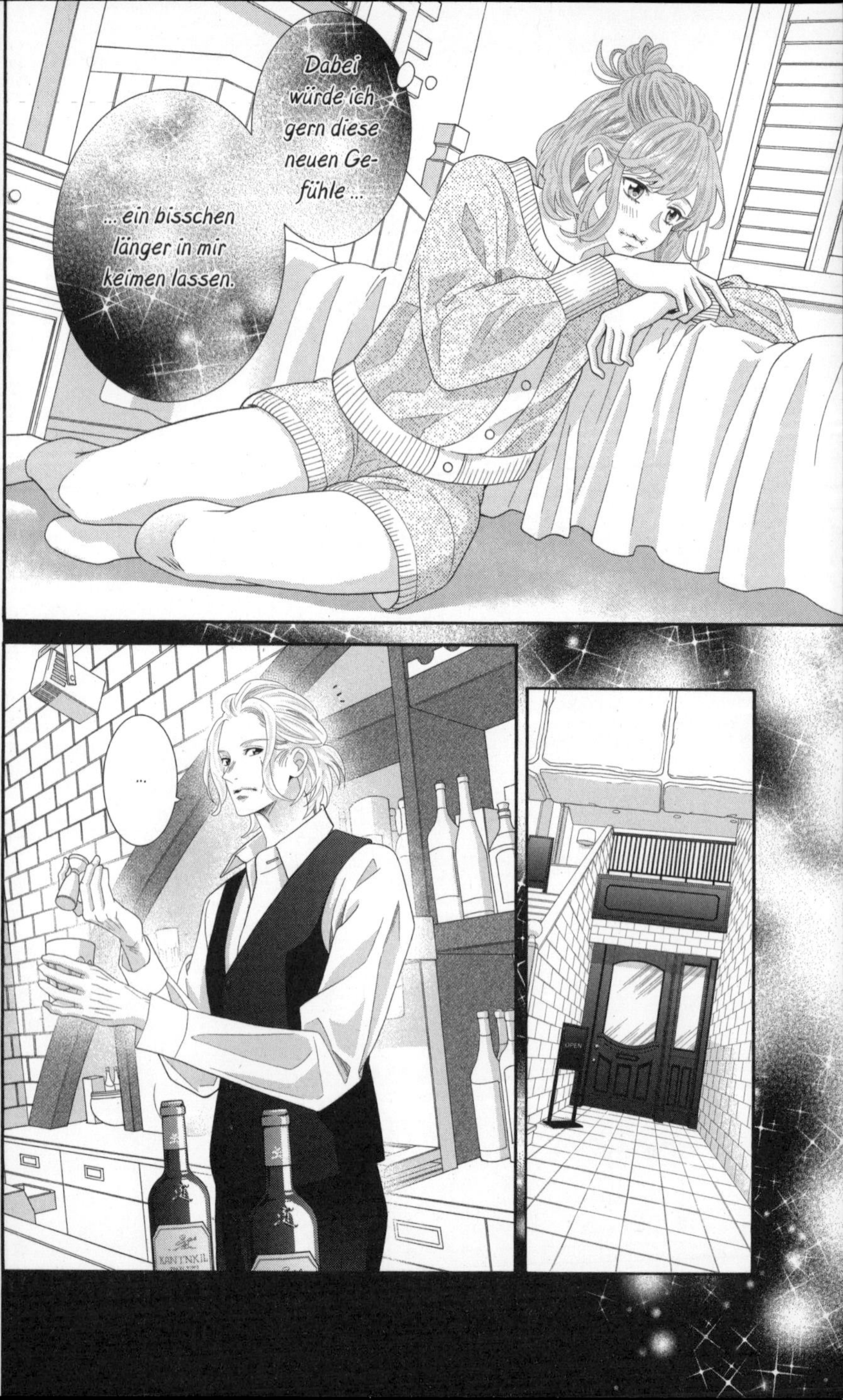
Dabei würde ich gern diese neuen Gefühle ...
... ein bisschen länger in mir keimen lassen.
...
OPEN

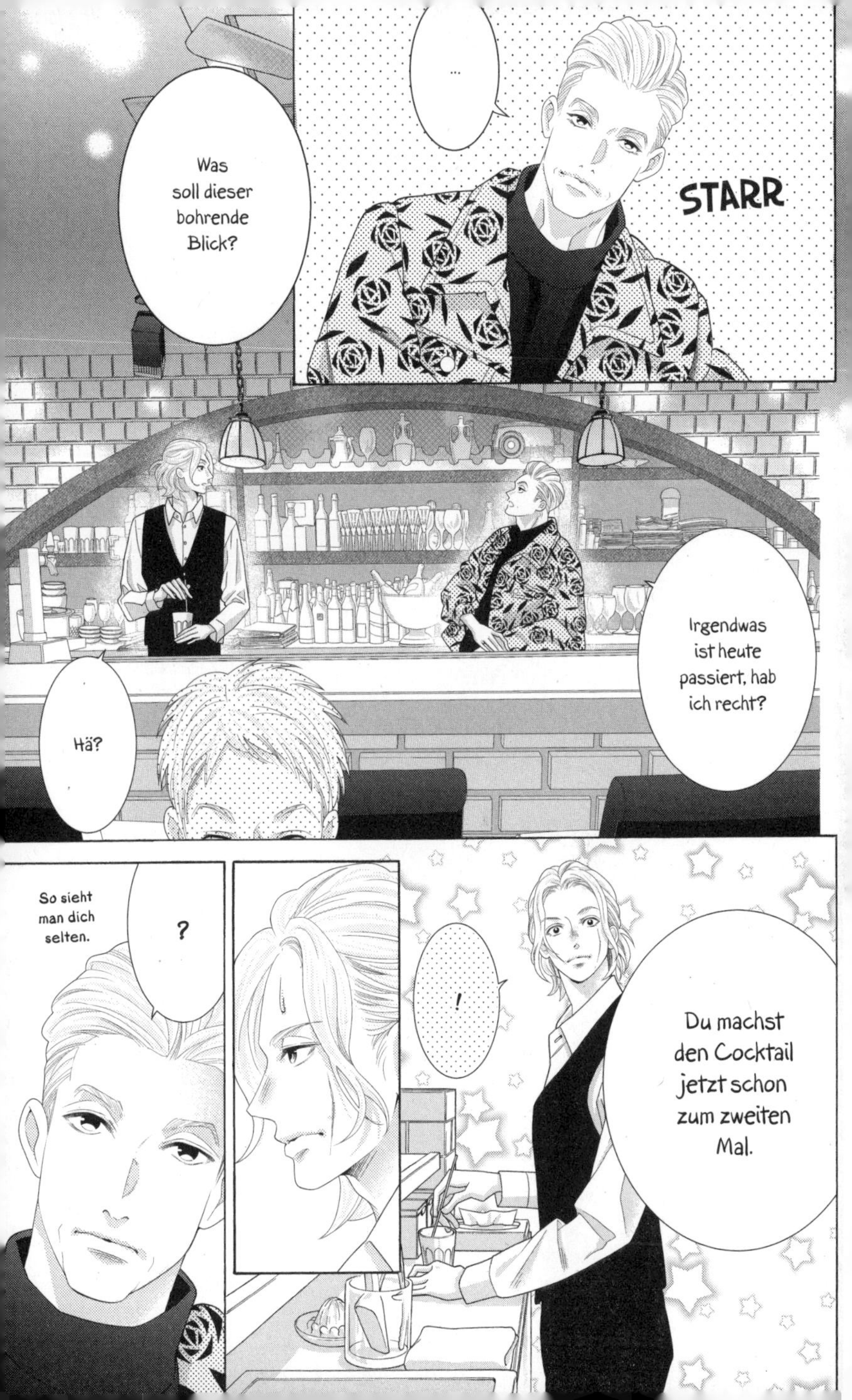
...
STARR
Was soll dieser bohrende Blick?
Irgendwas ist heute passiert, hab ich recht?
Hä?
Du machst den Cocktail jetzt schon zum zweiten Mal.
!
?
So sieht man dich selten.

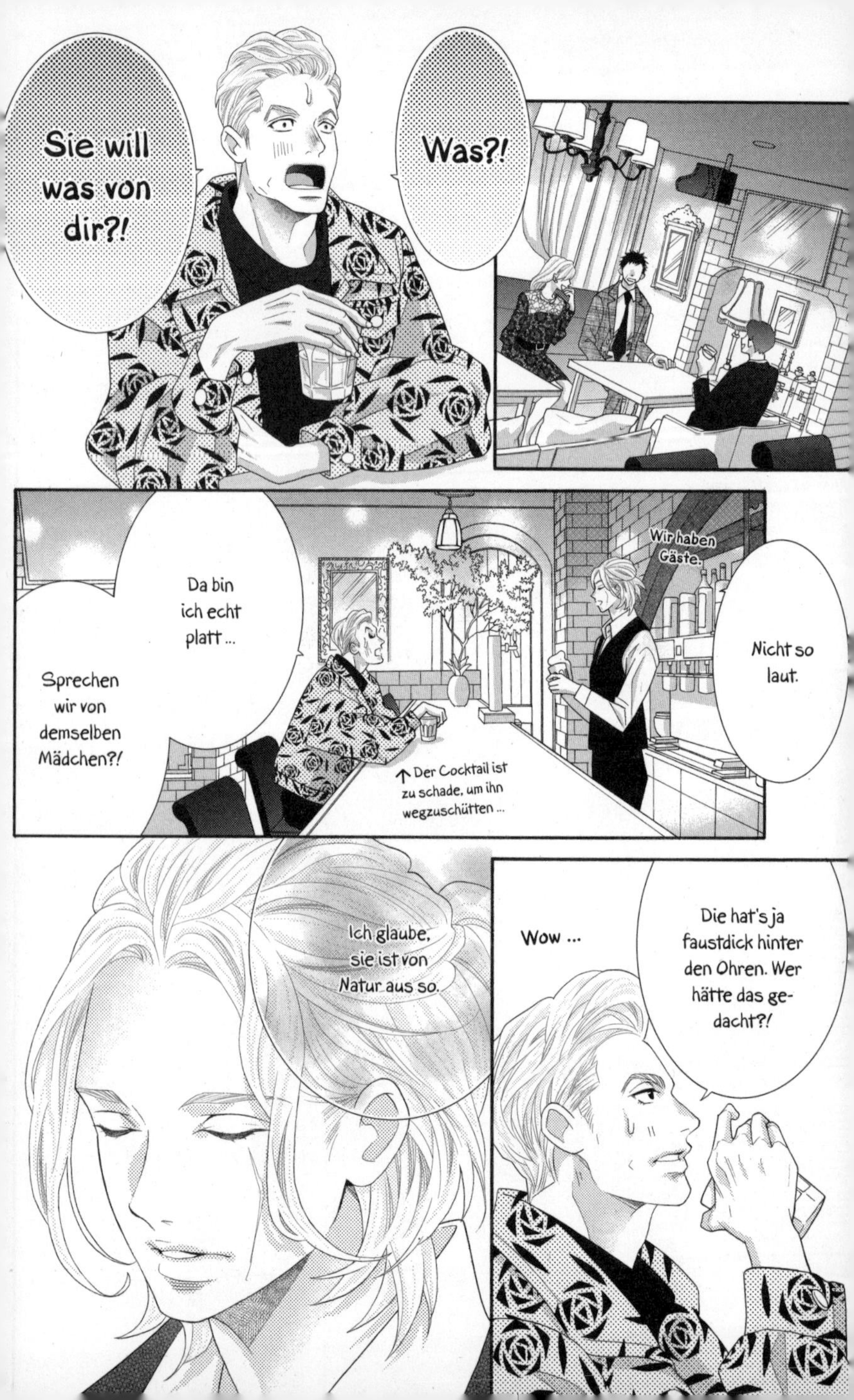
Was?!
Sie will was von dir?!
Nicht so laut.
Wir haben Gäste.
Da bin ich echt platt ...
Sprechen wir von demselben Mädchen?!
↑ Der Cocktail ist zu schade, um ihn wegzuschütten ...
Die hat's ja faustdick hinter den Ohren. Wer hätte das gedacht?!
Wow ...
Ich glaube, sie ist von Natur aus so.

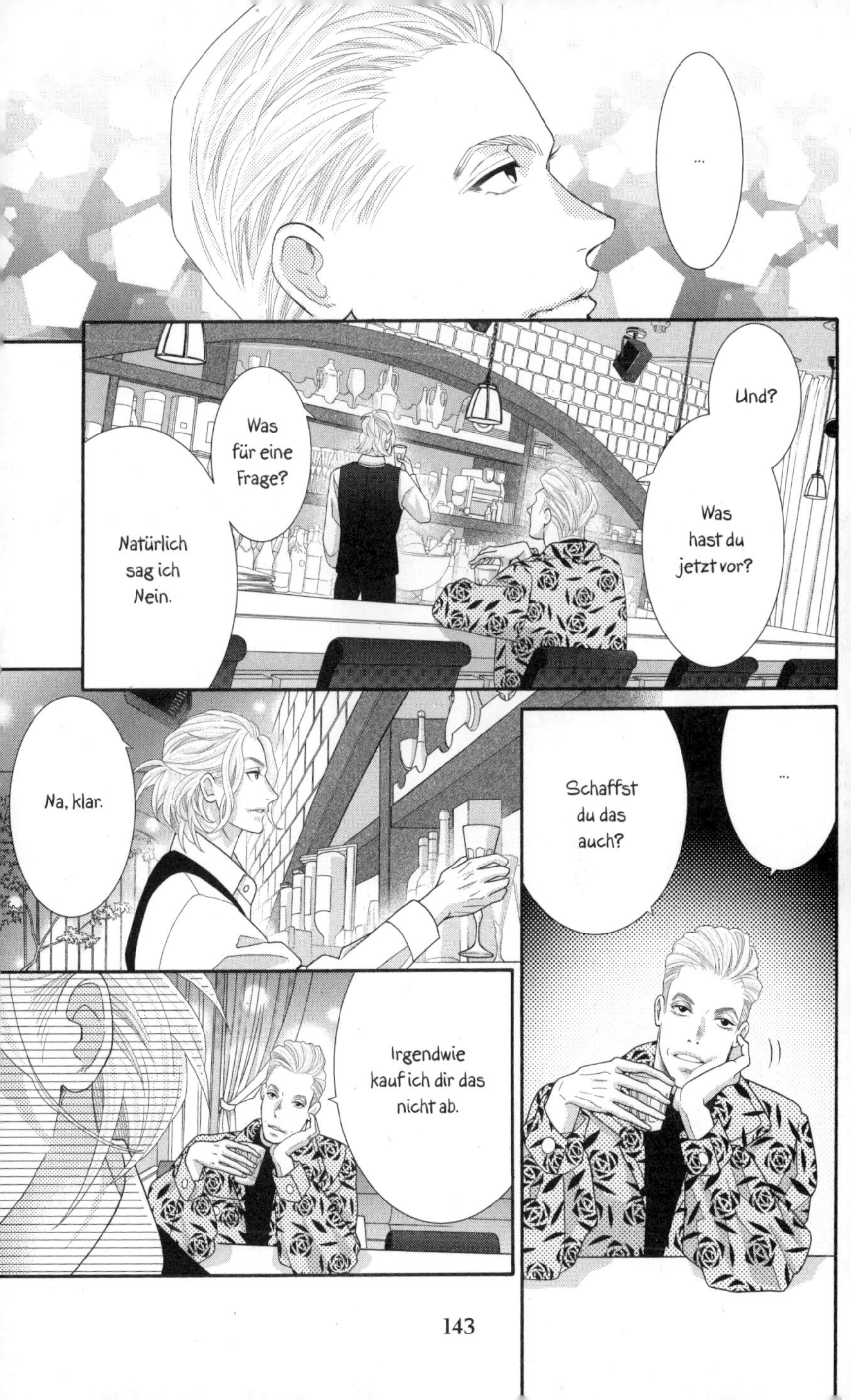
…
Und?
Was hast du jetzt vor?
Was für eine Frage?
Natürlich sag ich Nein.
…
Schaffst du das auch?
Na, klar.
Irgendwie kauf ich dir das nicht ab.

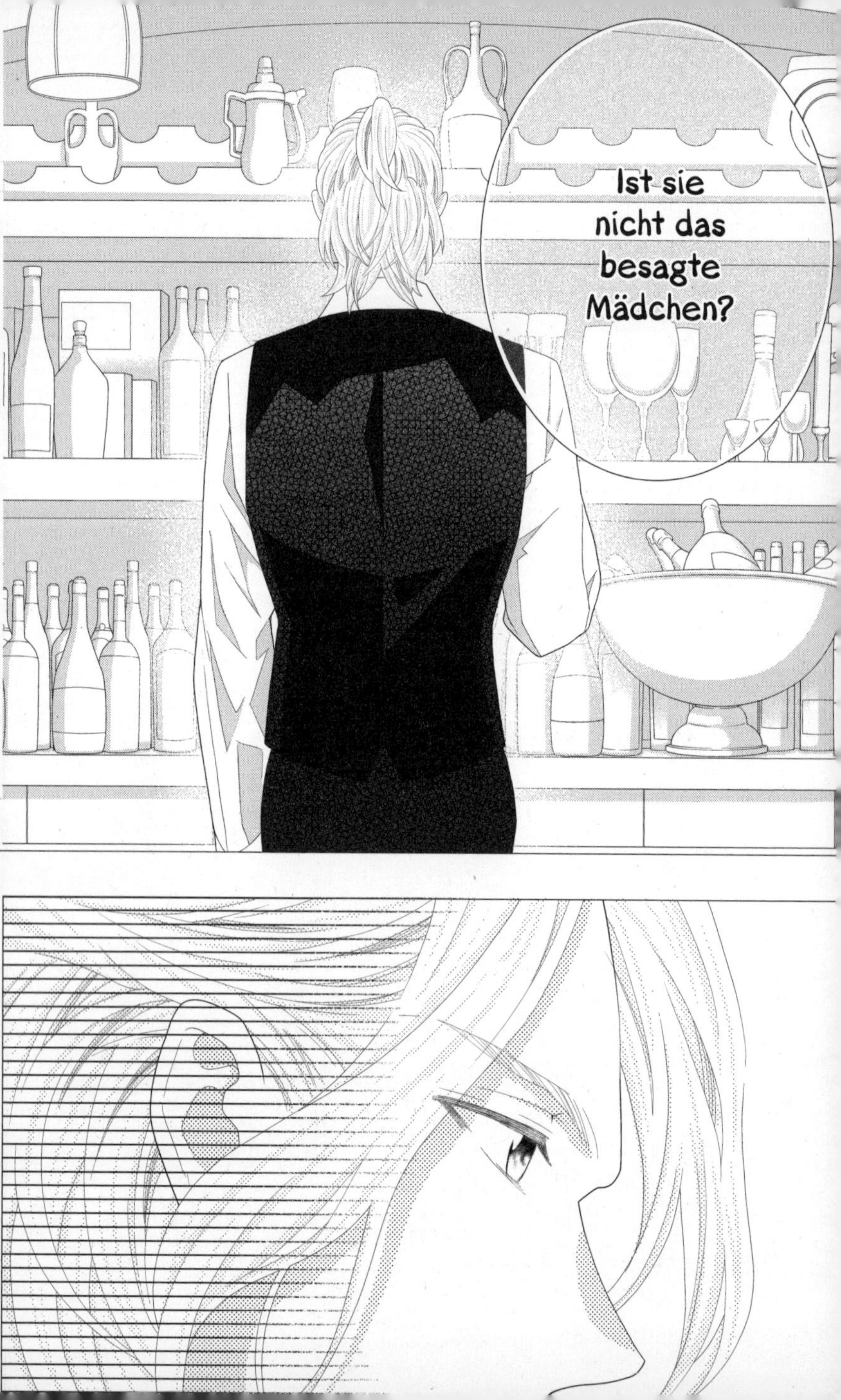
Ist sie nicht das besagte Mädchen?

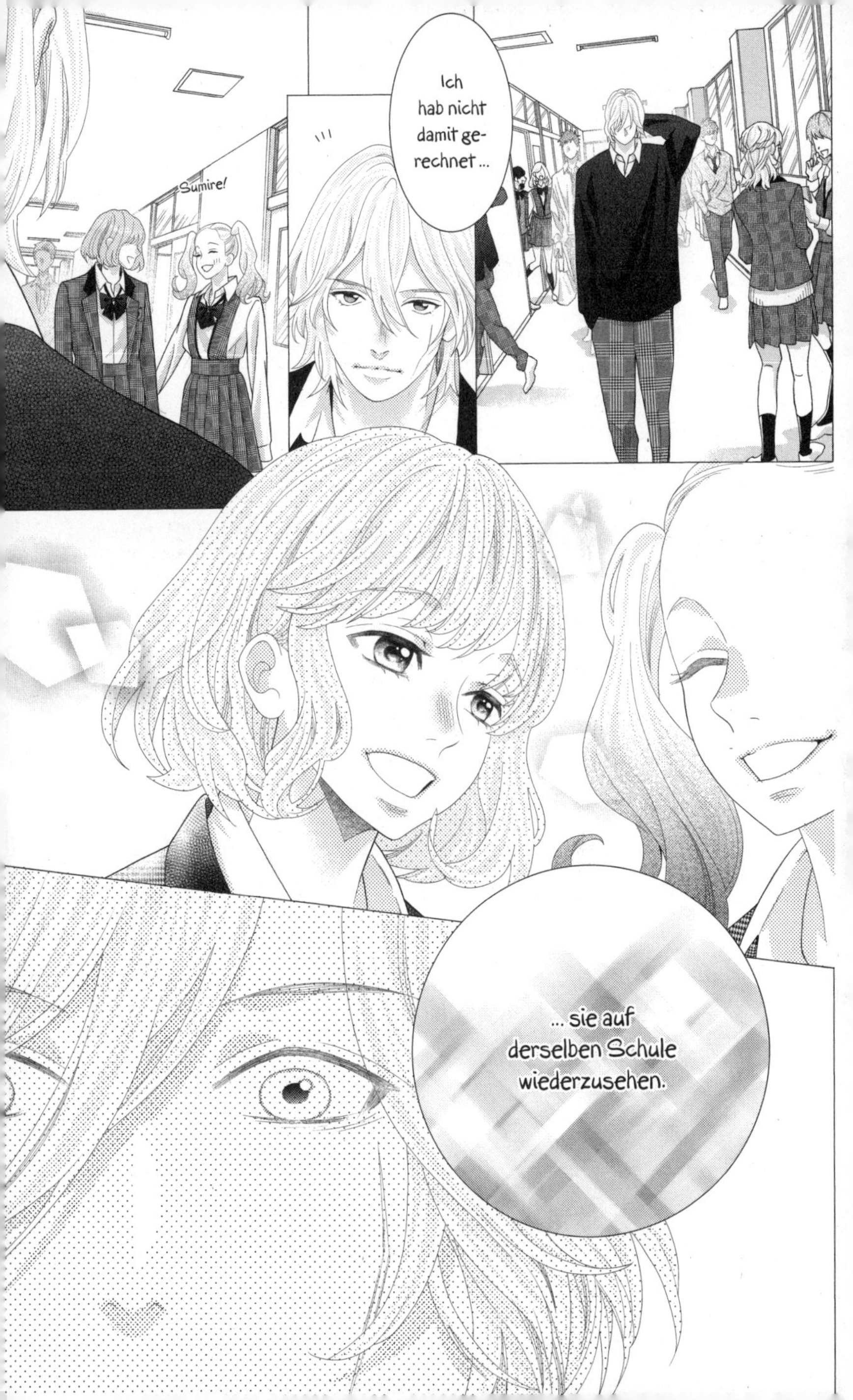
Ich hab nicht damit ge- rechnet ...
Sumire!
... sie auf derselben Schule wiederzusehen.

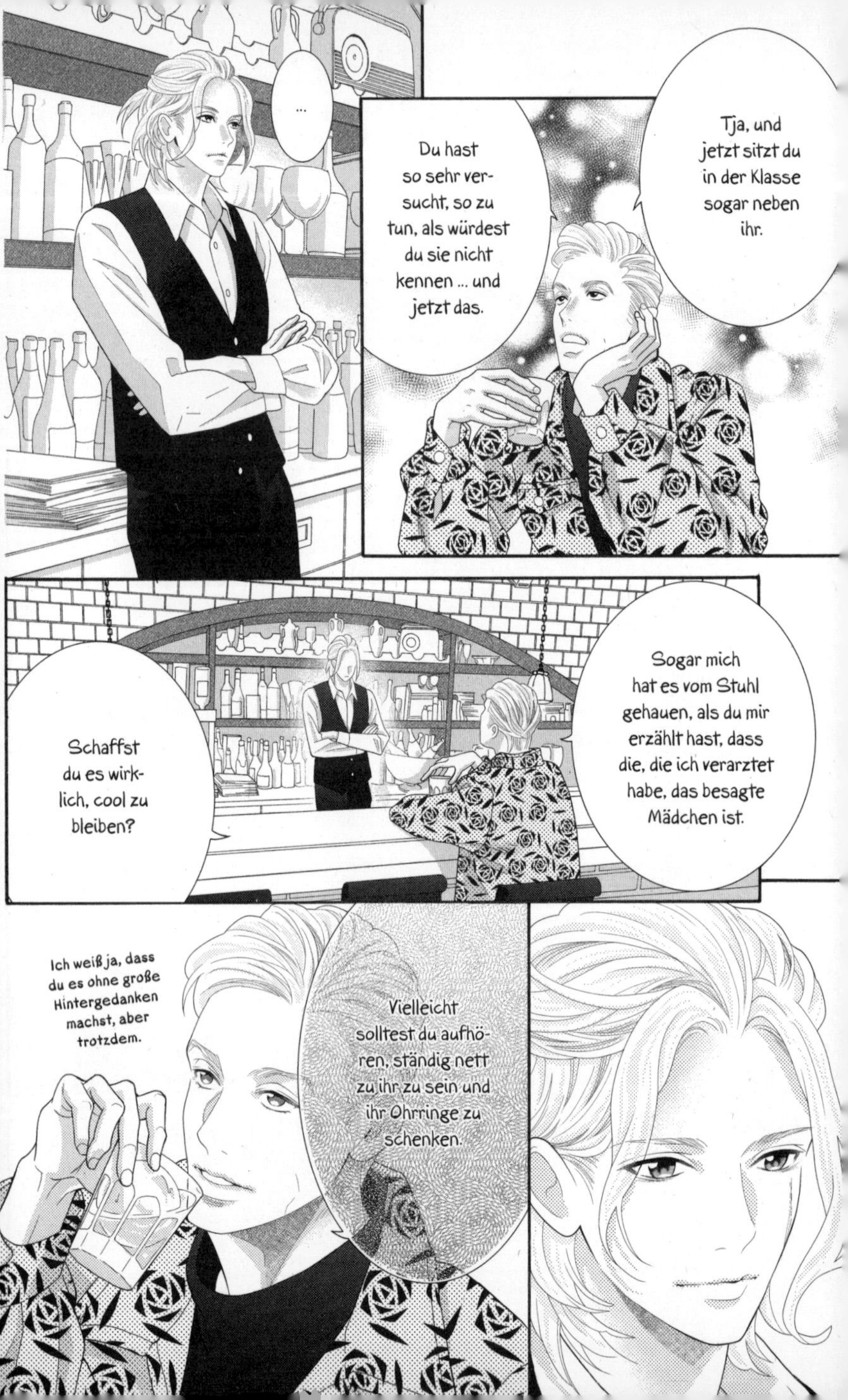
Tja, und jetzt sitzt du in der Klasse sogar neben ihr.
Du hast so sehr versucht, so zu tun, als würdest du sie nicht kennen ... und jetzt das.
...
Sogar mich hat es vom Stuhl gehauen, als du mir erzählt hast, dass die, die ich verarztet habe, das besagte Mädchen ist.
Schaffst du es wirklich, cool zu bleiben?
Ich weiß ja, dass du es ohne große Hintergedanken machst, aber trotzdem.
Vielleicht solltest du aufhören, ständig nett zu ihr zu sein und ihr Ohrringe zu schenken.

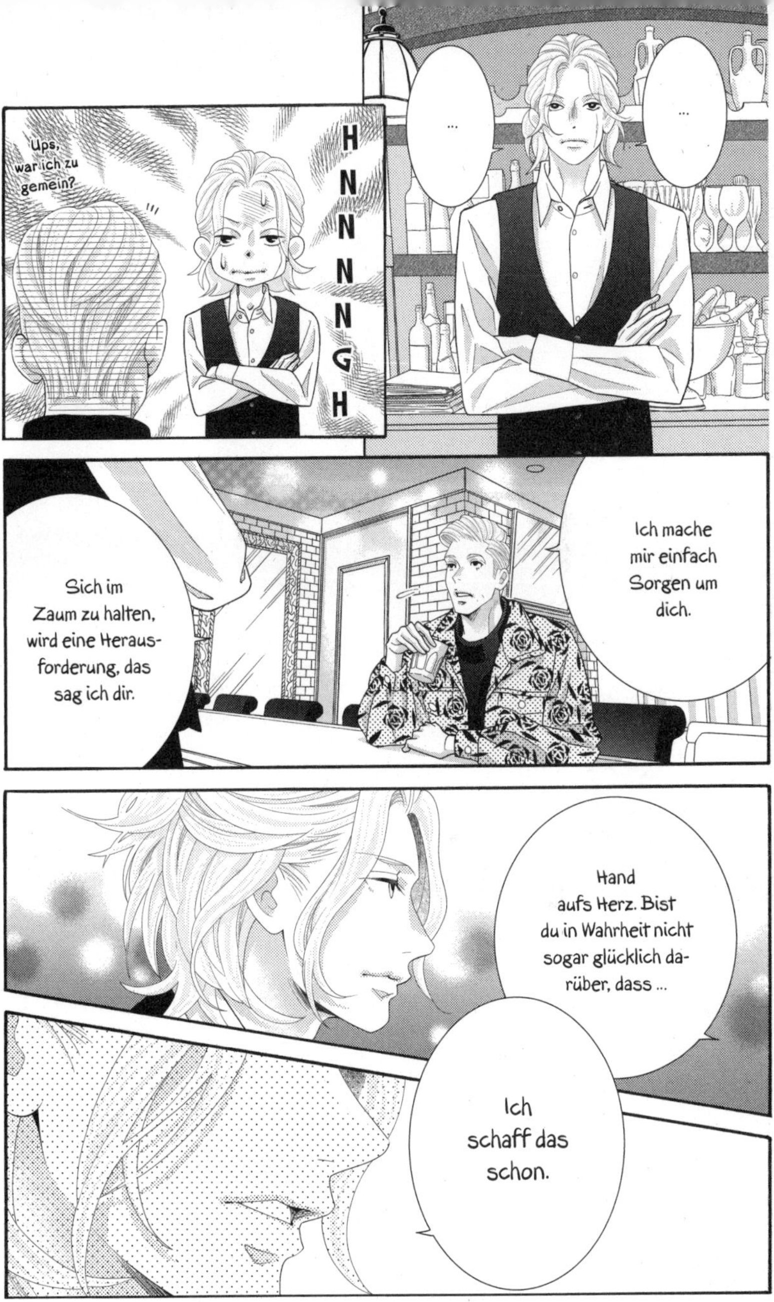
...
...
HNNNNGH
Ups, war ich zu gemein?
Ich mache mir einfach Sorgen um dich.
Sich im Zaum zu halten, wird eine Herausforderung, das sag ich dir.
Hand aufs Herz. Bist du in Wahrheit nicht sogar glücklich darüber, dass ...
Ich schaff das schon.

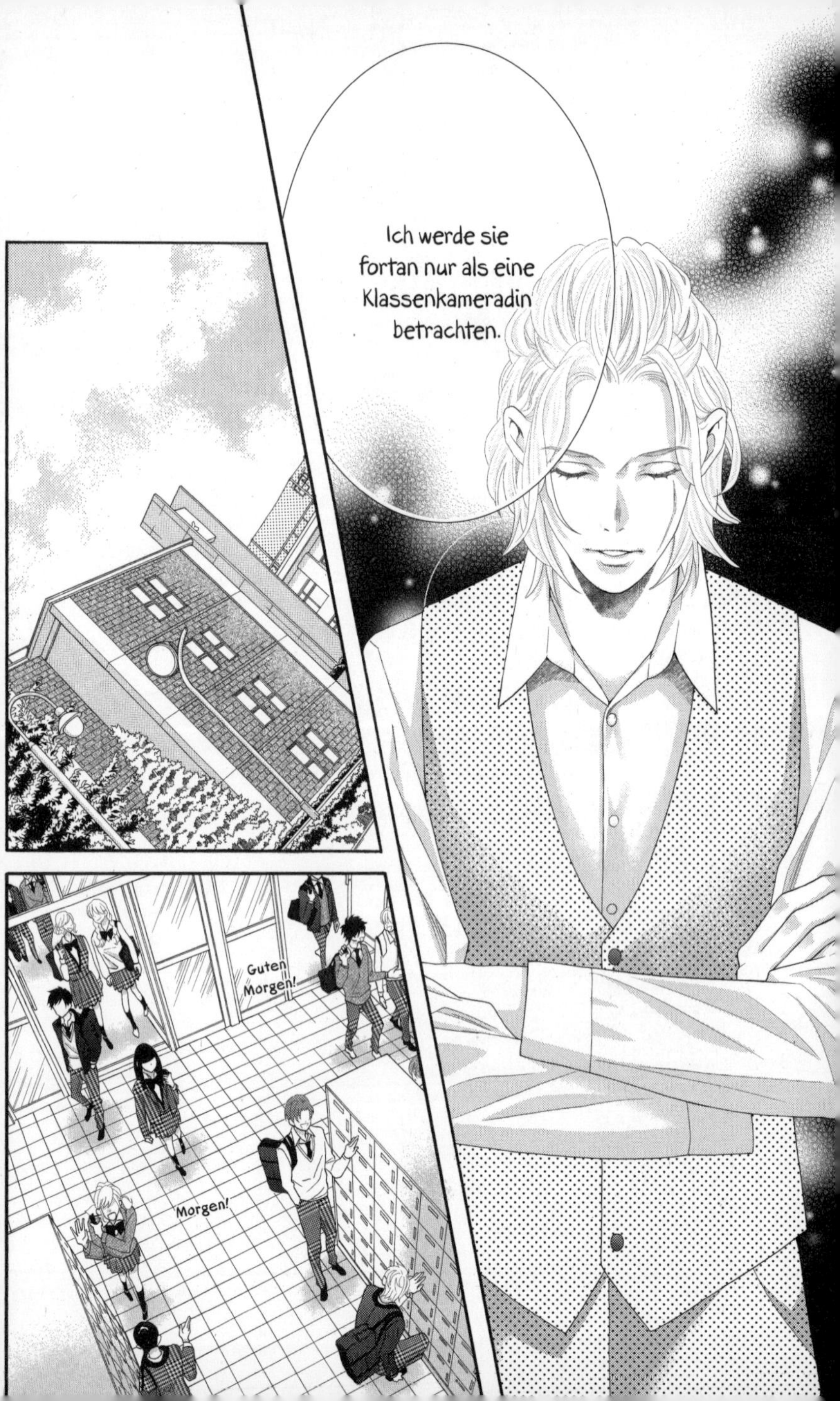
Ich werde sie fortan nur als eine Klassenkameradin betrachten.
Guten Morgen!
Morgen!

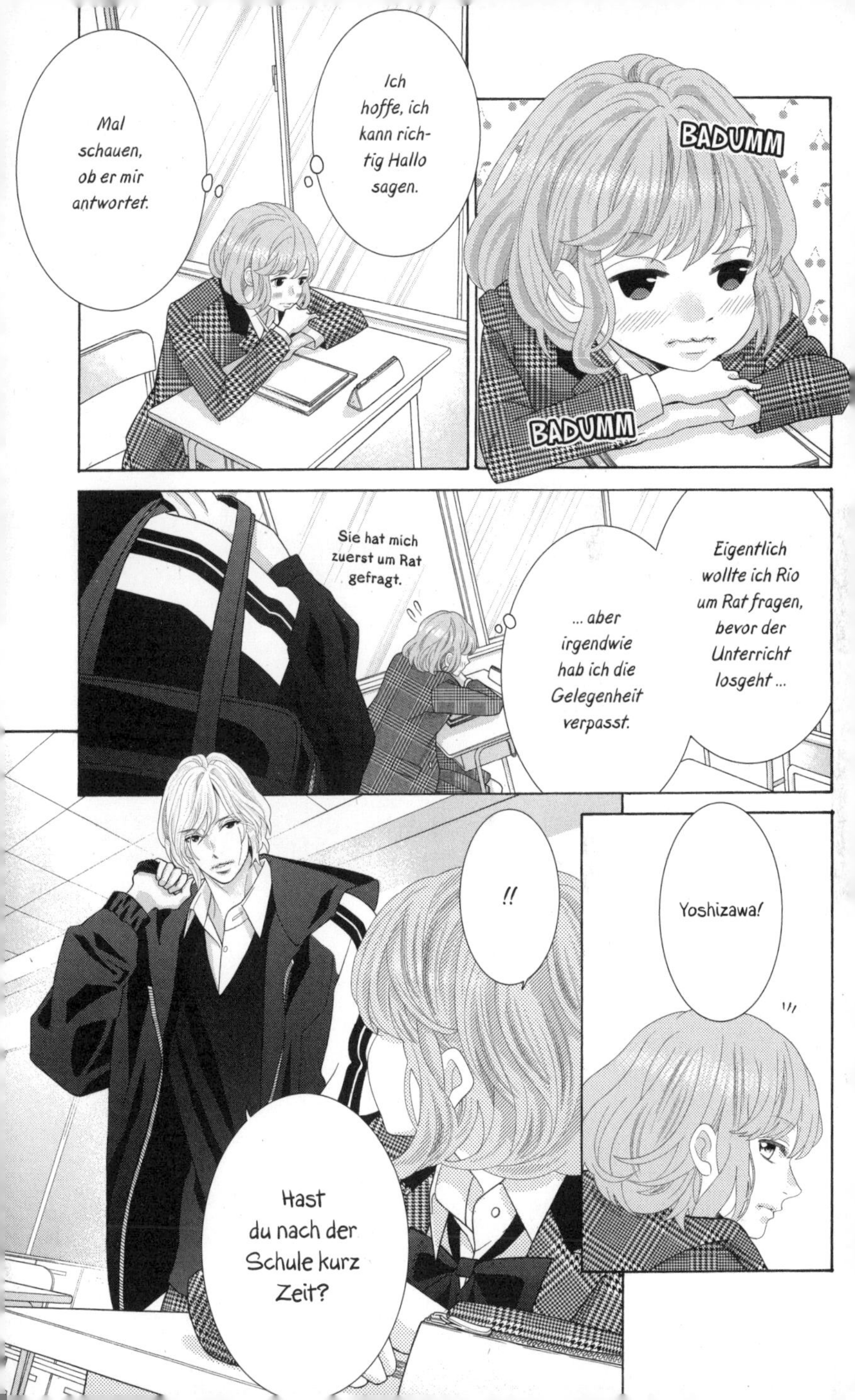

Ich hoffe, ich kann richtig Hallo sagen.
Mal schauen, ob er mir antwortet.
BADUMM
BADUMM
Eigentlich wollte ich Rio um Rat fragen, bevor der Unterricht losgeht …
… aber irgendwie hab ich die Gelegenheit verpasst.
Sie hat mich zuerst um Rat gefragt.
Yoshizawa!
!!
Hast du nach der Schule kurz Zeit?

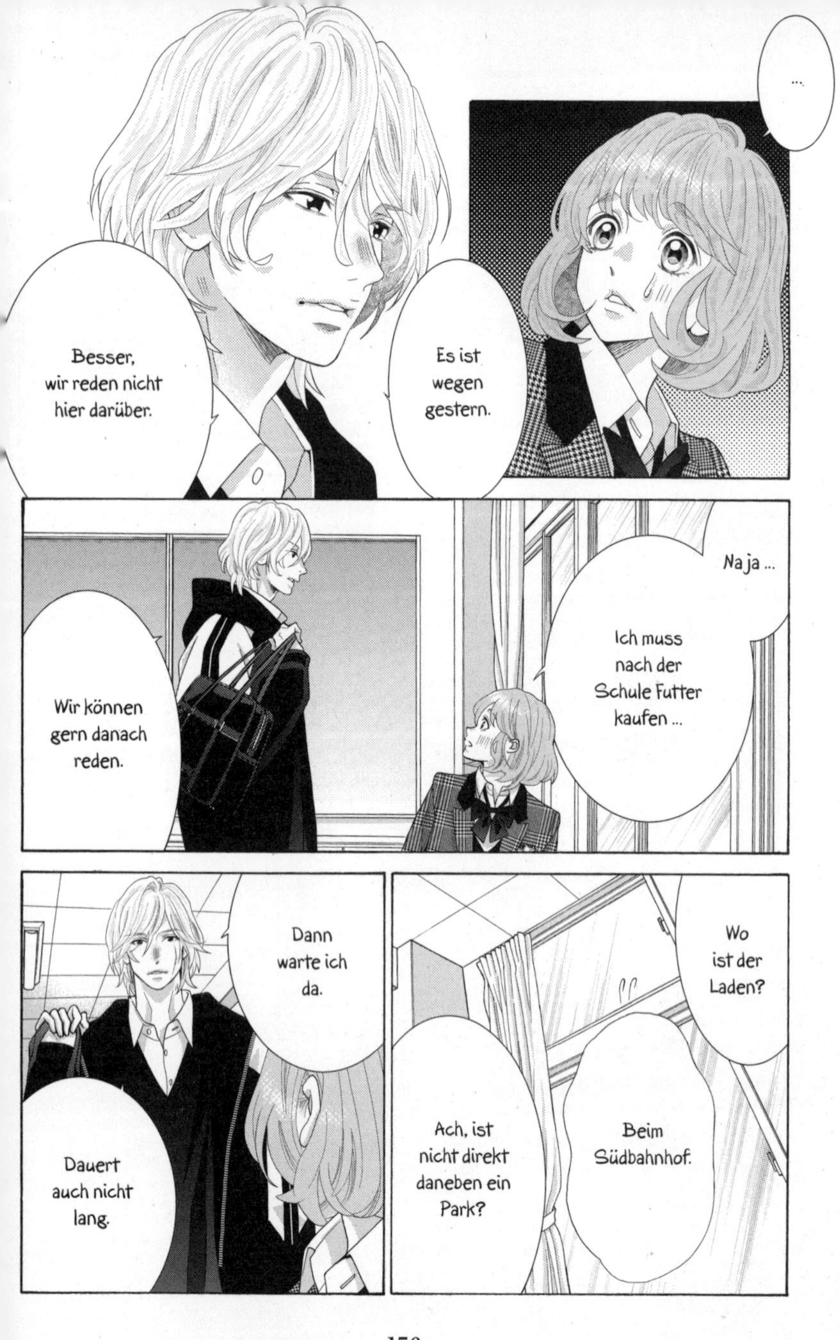
...
Es ist wegen gestern.
Besser, wir reden nicht hier darüber.
Na ja ...
Ich muss nach der Schule Futter kaufen ...
Wir können gern danach reden.
Wo ist der Laden?
Beim Südbahnhof.
Ach, ist nicht direkt daneben ein Park?
Dann warte ich da.
Dauert auch nicht lang.

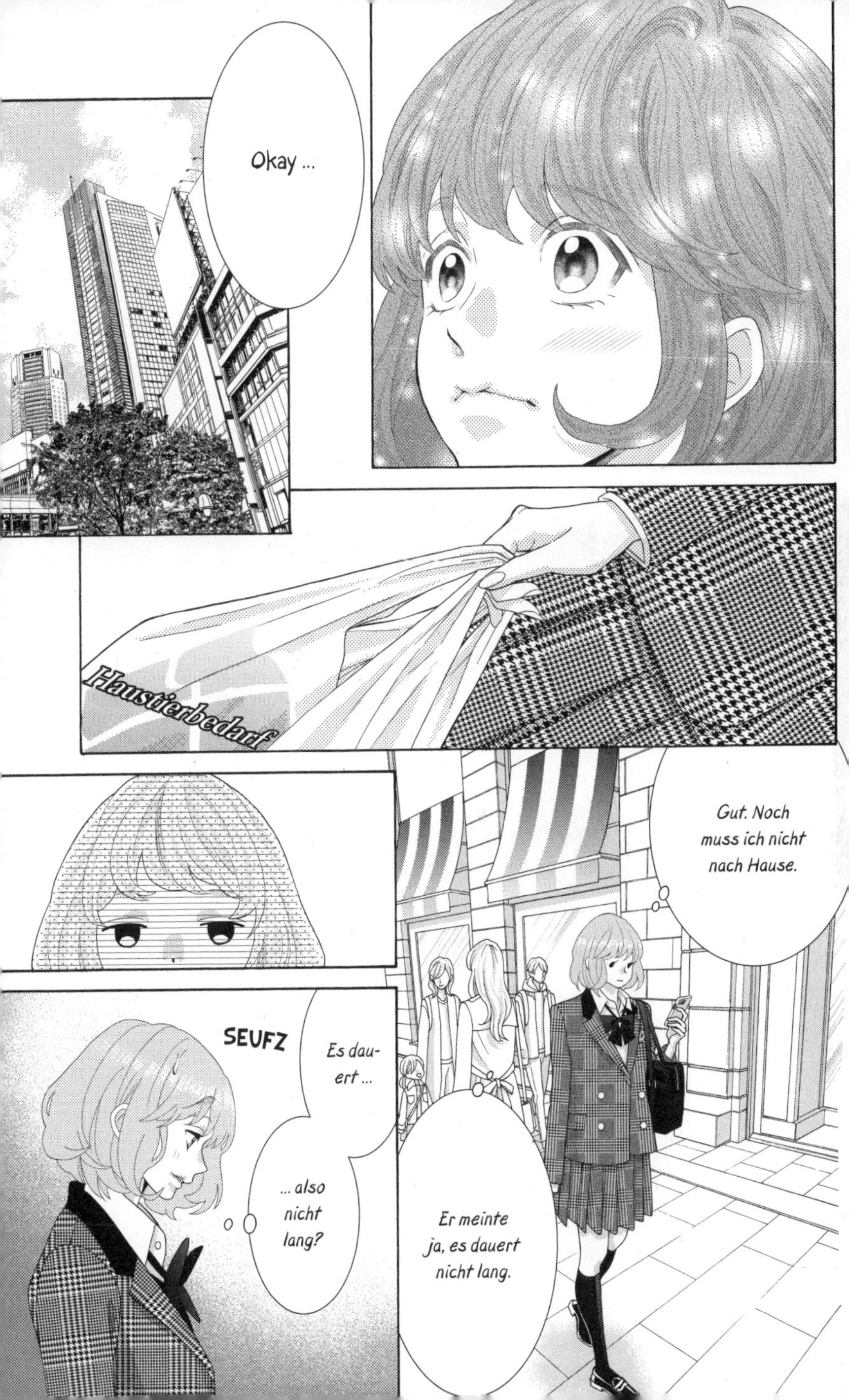
Okay ...
Haustierbedarf
Gut. Noch muss ich nicht nach Hause.
Er meinte ja, es dauert nicht lang.
SEUFZ
Es dauert ...
... also nicht lang?

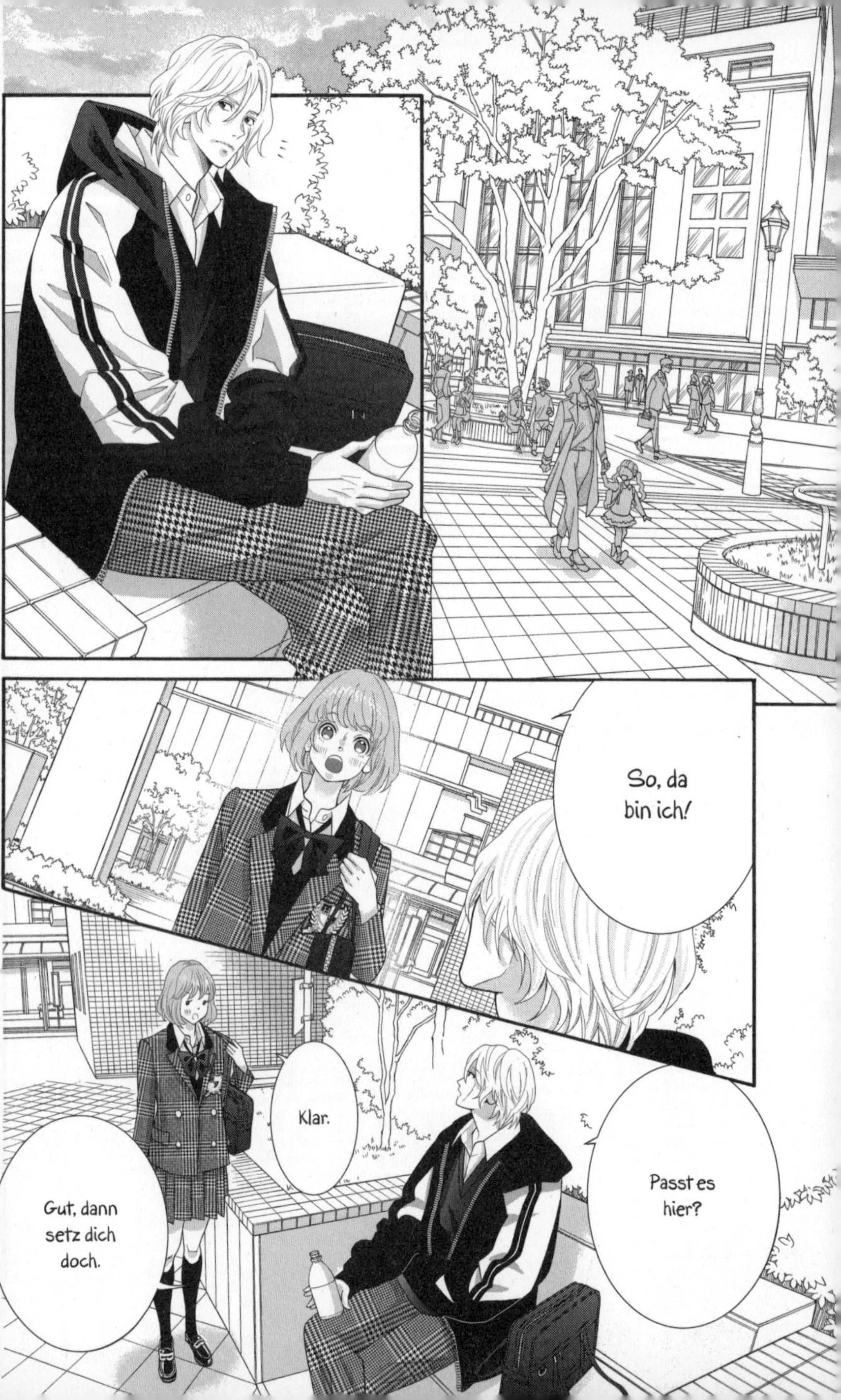
So, da bin ich!
Passt es hier?
Klar.
Gut, dann setz dich doch.

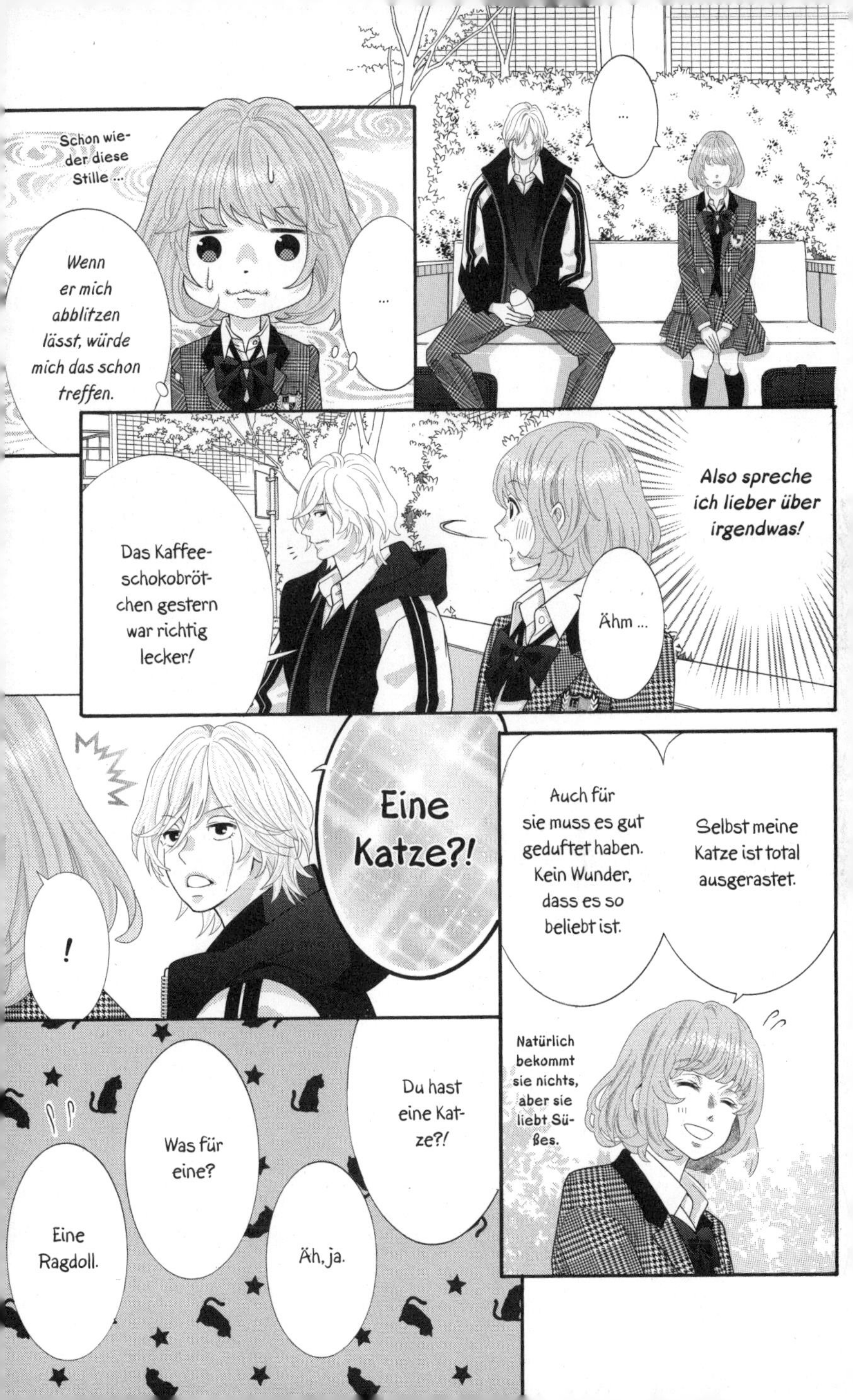
…
Schon wieder diese Stille …
…
Wenn er mich abblitzen lässt, würde mich das schon treffen.
Also spreche ich lieber über irgendwas!
Ähm …
Das Kaffeeschokobrötchen gestern war richtig lecker!
Selbst meine Katze ist total ausgerastet.
Auch für sie muss es gut geduftet haben. Kein Wunder, dass es so beliebt ist.
Eine Katze?!
!
Natürlich bekommt sie nichts, aber sie liebt Süßes.
Du hast eine Katze?!
Äh, ja.
Was für eine?
Eine Ragdoll.

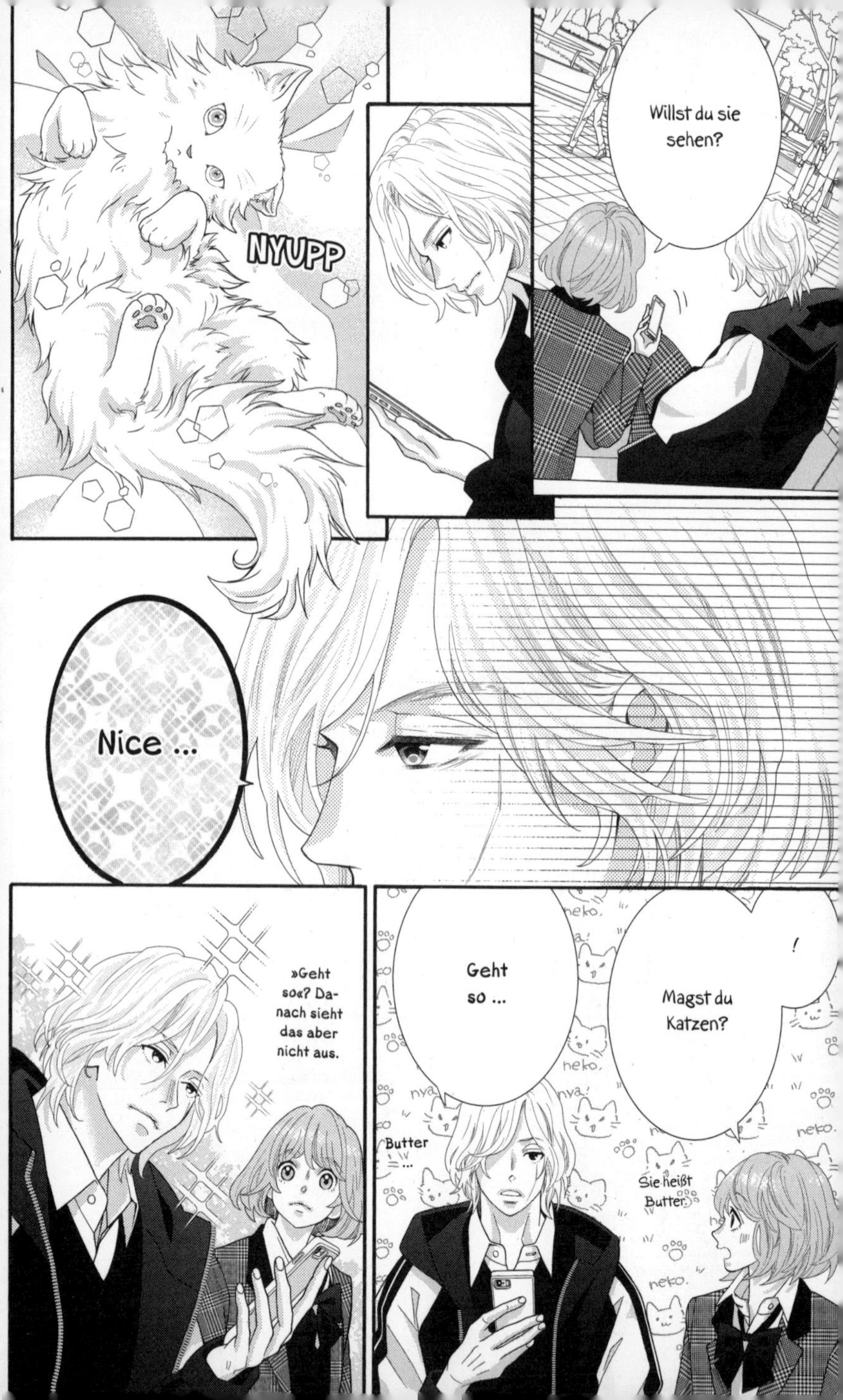

Willst du sie sehen?
NYUPP
Nice ...
!
Magst du Katzen?
Geht so ...
Sie heißt Butter.
Butter ...
»Geht so«? Danach sieht das aber nicht aus.

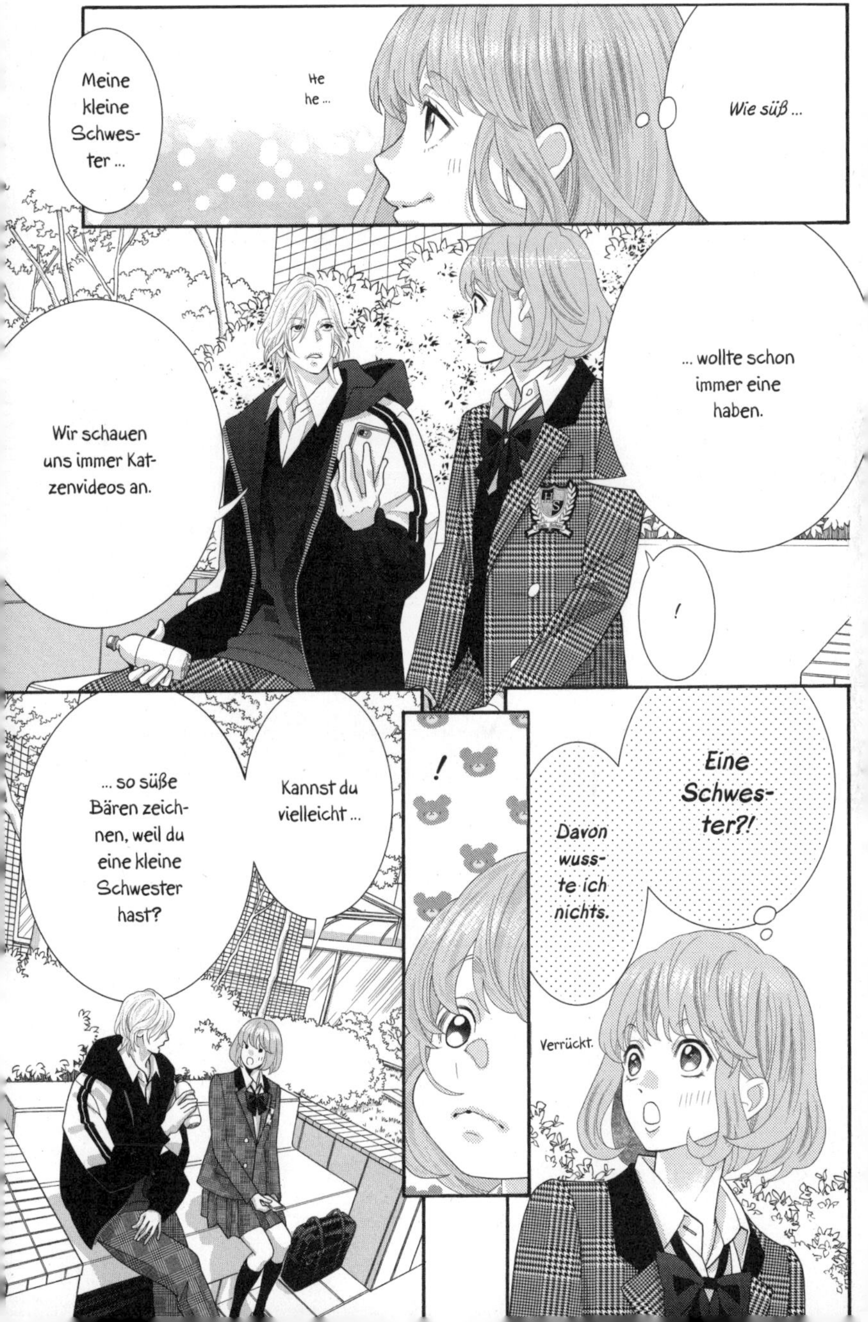
Wie süß ...
He he ...
Meine kleine Schwester ...
... wollte schon immer eine haben.
!
Wir schauen uns immer Katzenvideos an.
Eine Schwester?!
Davon wusste ich nichts.
Verrückt.
!
Kannst du vielleicht ...
... so süße Bären zeichnen, weil du eine kleine Schwester hast?

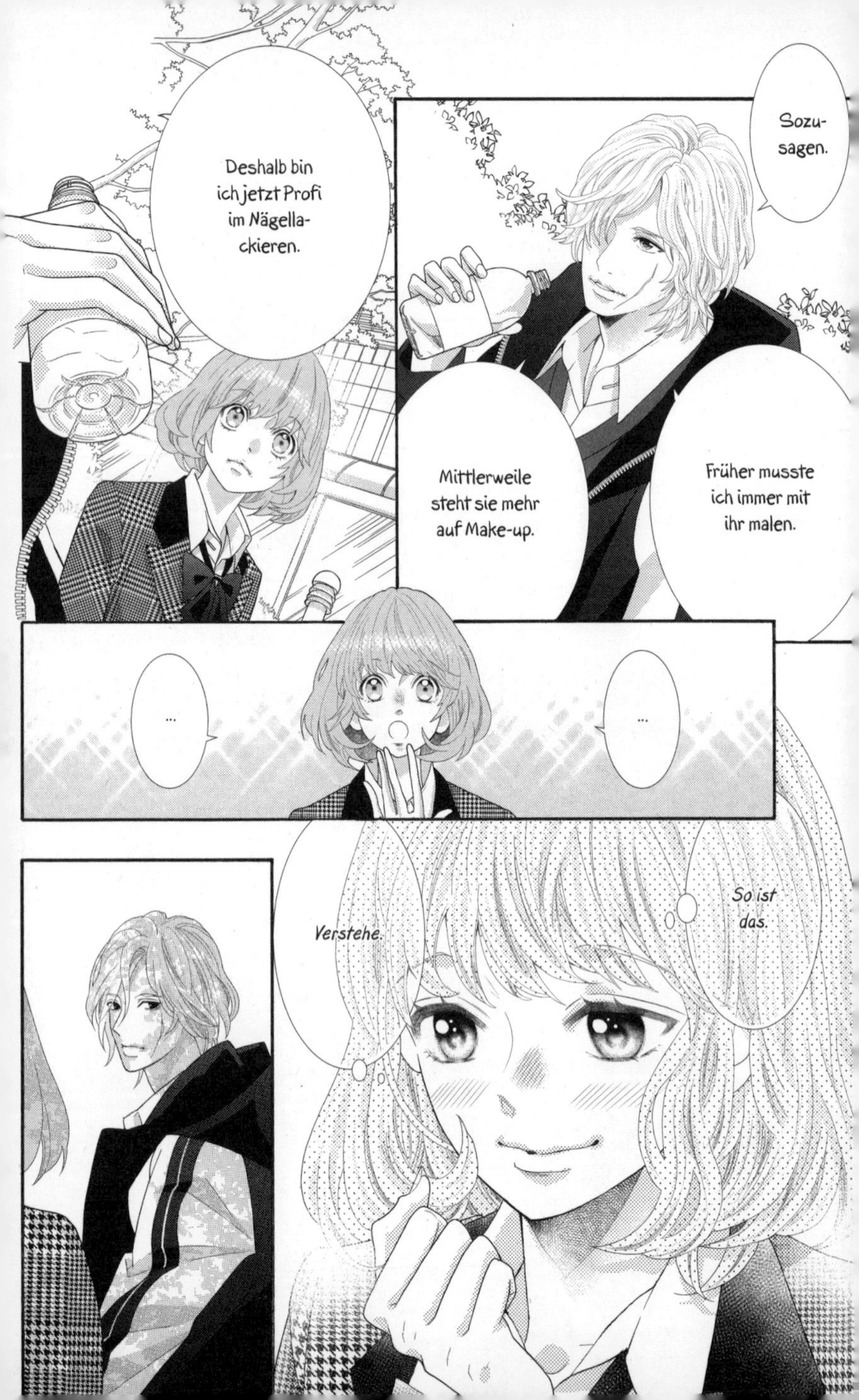
Sozusagen.
Früher musste ich immer mit ihr malen.
Mittlerweile steht sie mehr auf Make-up.
Deshalb bin ich jetzt Profi im Nägellackieren.
...
...
So ist das.
Verstehe.

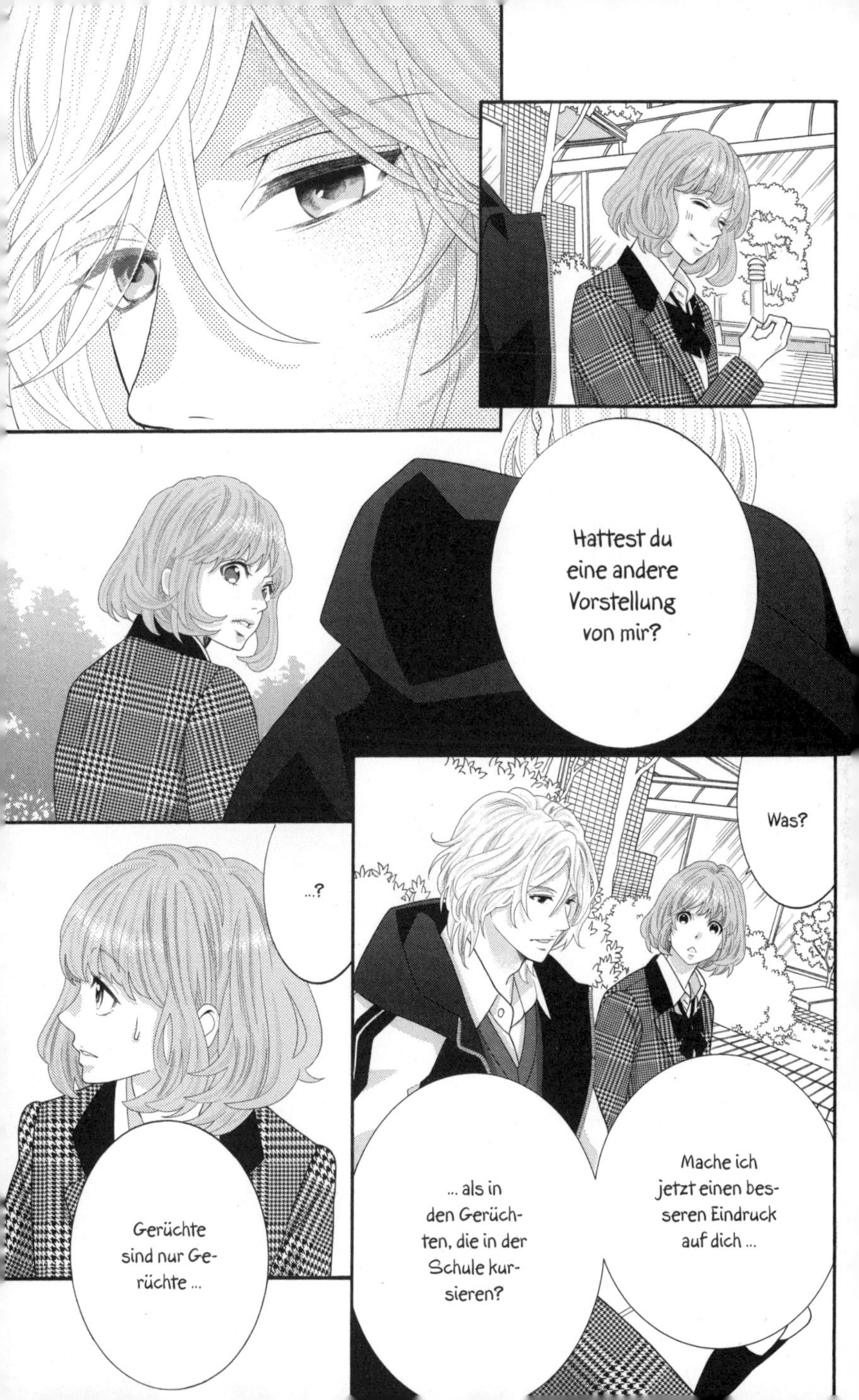
Hattest du
eine andere
Vorstellung
von mir?
Was?
...?
Mache ich
jetzt einen bes-
seren Eindruck
auf dich ...
... als in
den Gerüch-
ten, die in der
Schule kur-
sieren?
Gerüchte
sind nur Ge-
rüchte ...

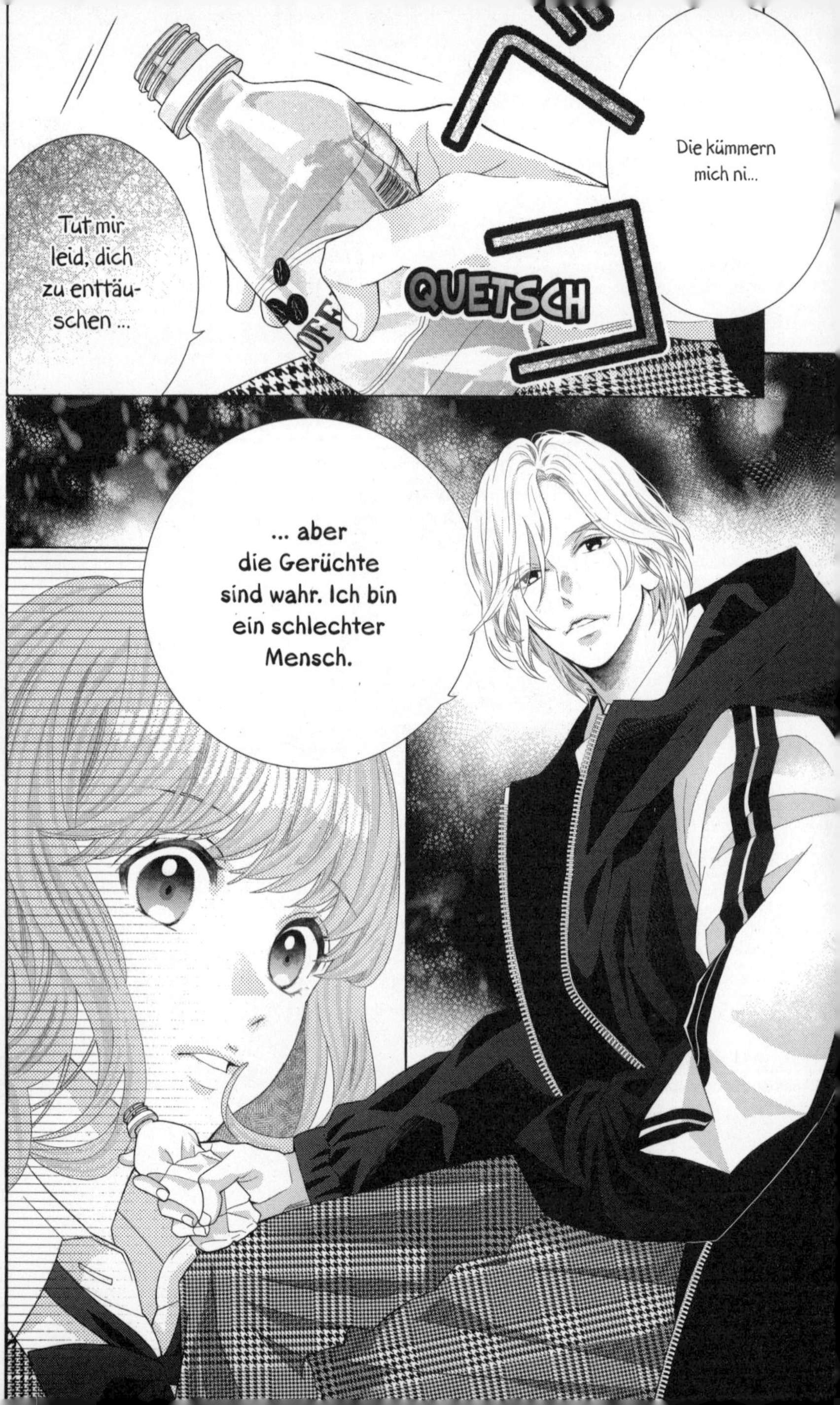
Die kümmern mich ni...
QUETSCH
Tut mir leid, dich zu enttäuschen ...
... aber die Gerüchte sind wahr. Ich bin ein schlechter Mensch.

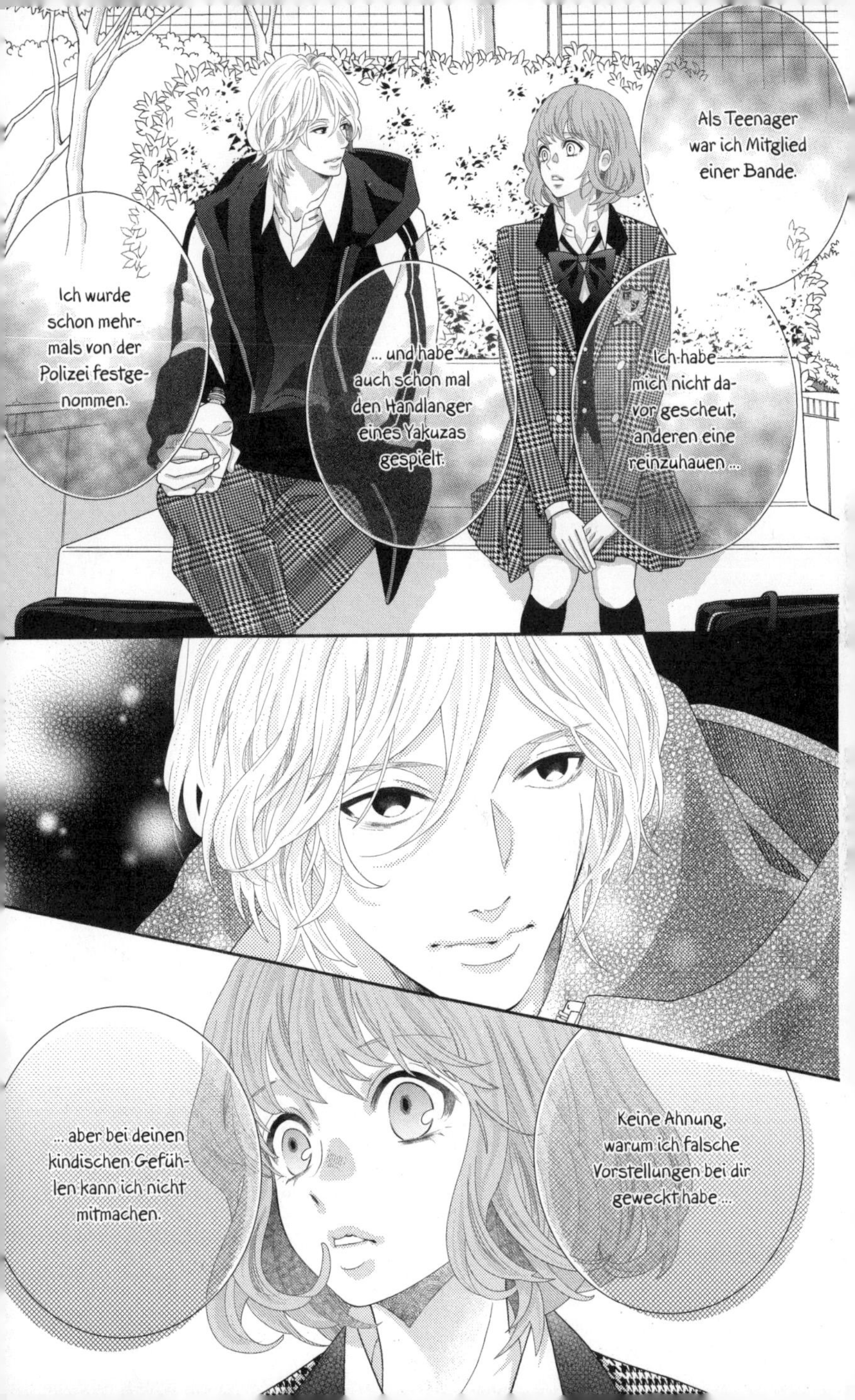
Als Teenager war ich Mitglied einer Bande.
Ich habe mich nicht davor gescheut, anderen eine reinzuhauen ...
... und habe auch schon mal den Handlanger eines Yakuzas gespielt.
Ich wurde schon mehrmals von der Polizei festgenommen.
Keine Ahnung, warum ich falsche Vorstellungen bei dir geweckt habe ...
... aber bei deinen kindischen Gefühlen kann ich nicht mitmachen.

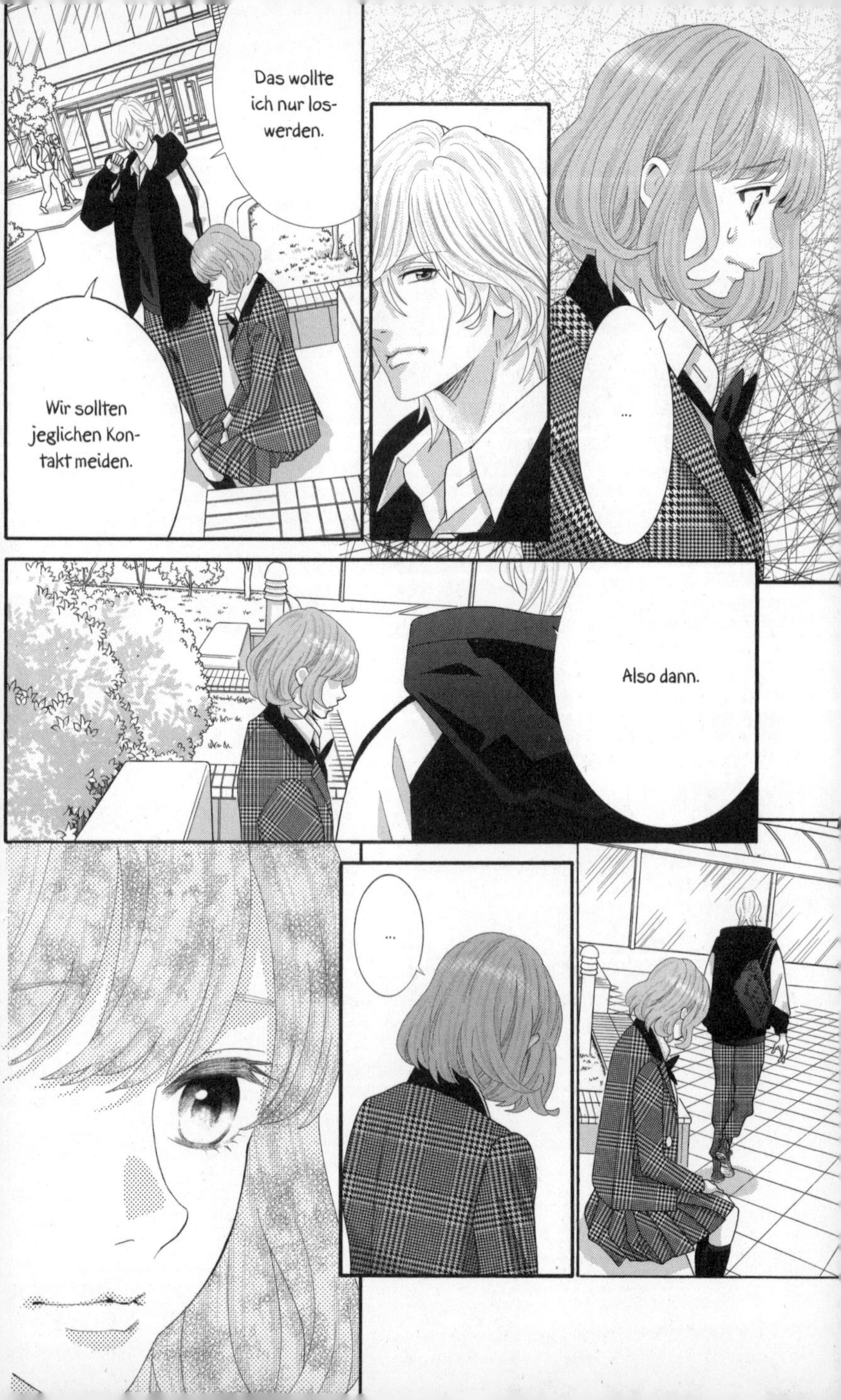
...
Das wollte ich nur loswerden.
Wir sollten jeglichen Kontakt meiden.
Also dann.
...

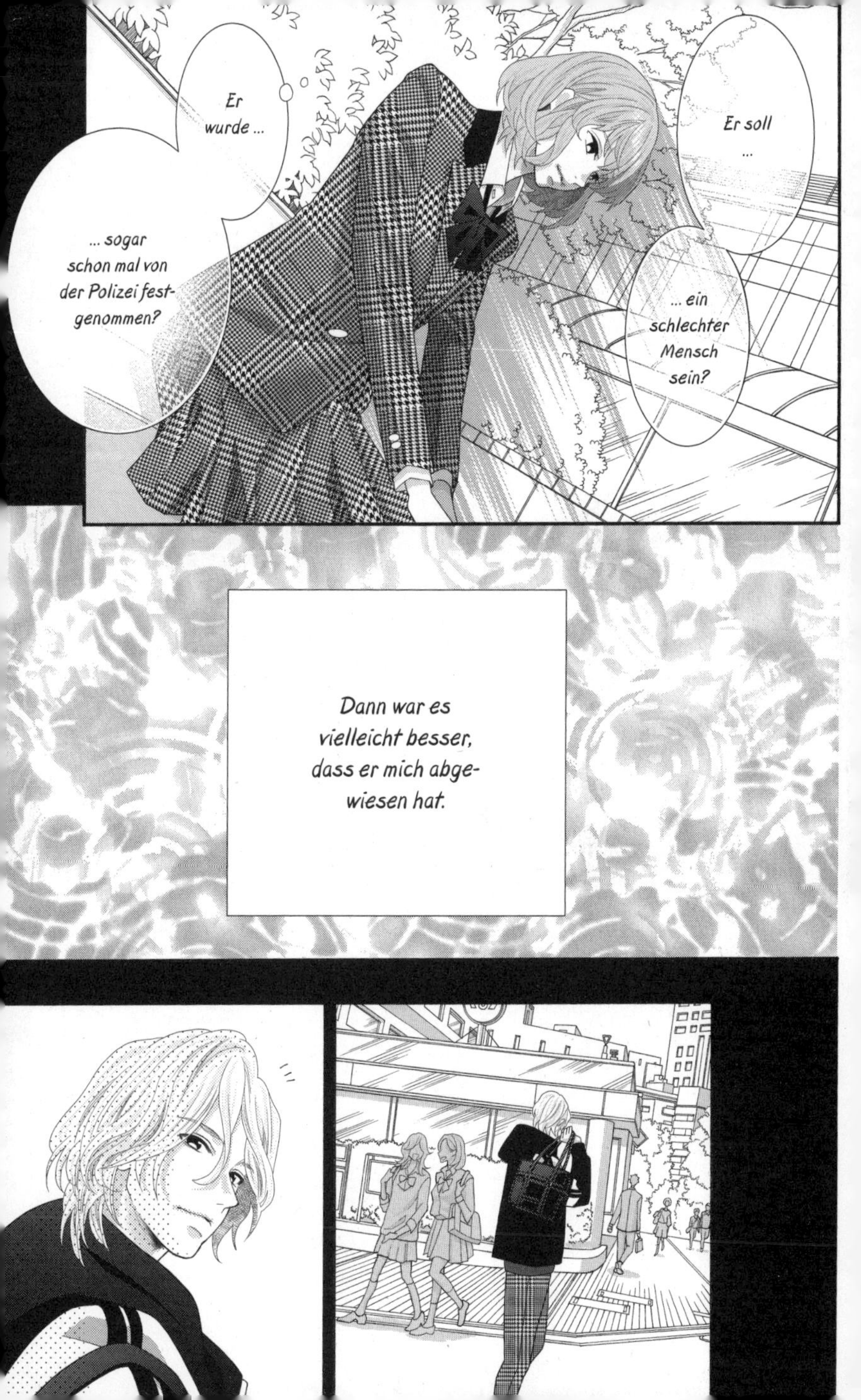
Er soll …
… ein schlechter Mensch sein?
Er wurde …
… sogar schon mal von der Polizei festgenommen?
Dann war es vielleicht besser, dass er mich abgewiesen hat.

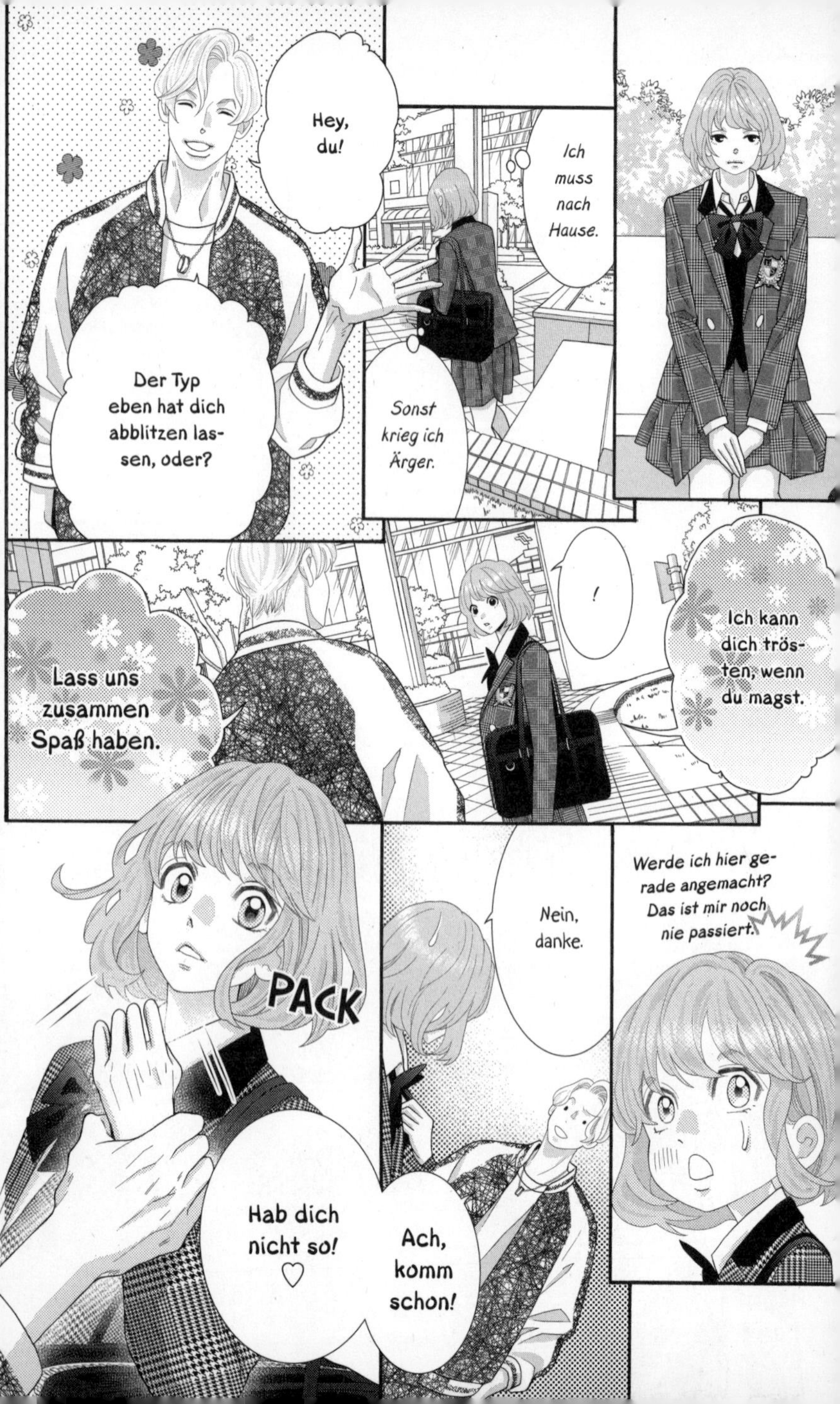
Ich muss nach Hause.
Sonst krieg ich Ärger.
Hey, du!
Der Typ eben hat dich abblitzen lassen, oder?
Ich kann dich trösten, wenn du magst.
!
Lass uns zusammen Spaß haben.
Werde ich hier gerade angemacht? Das ist mir noch nie passiert.
Nein, danke.
Ach, komm schon!
PACK
Hab dich nicht so! ♡

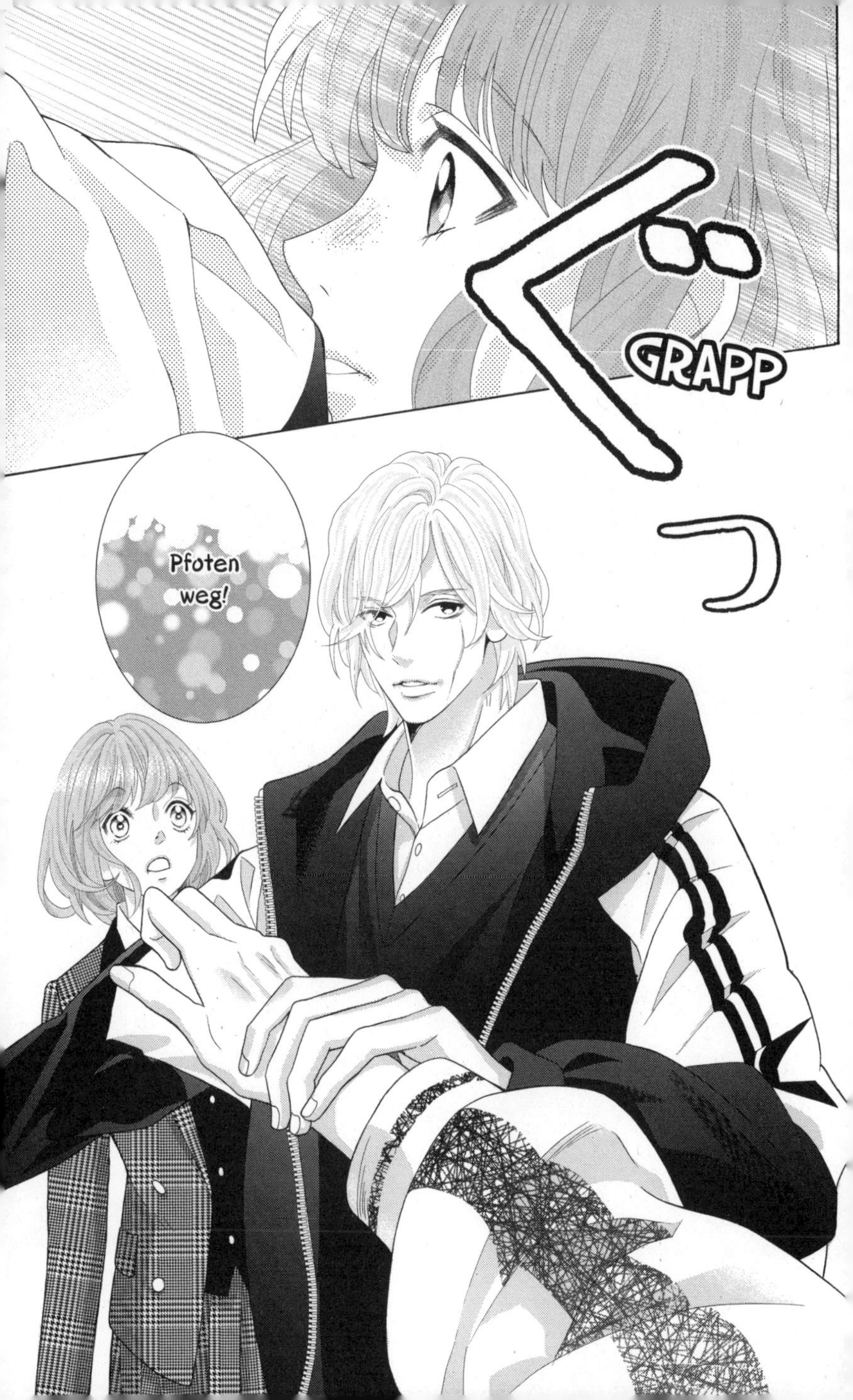
GRAPP
Pfoten weg!

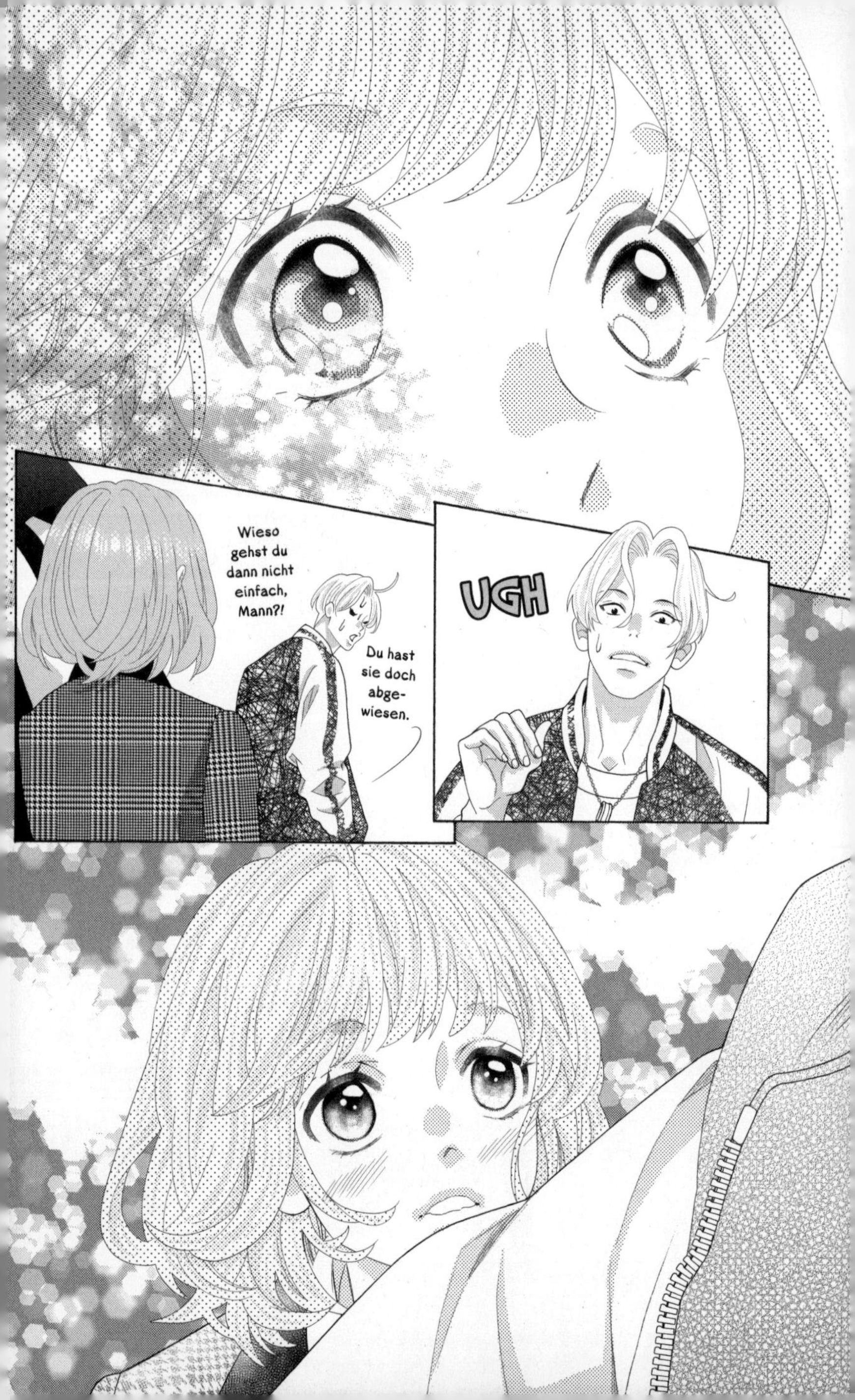
Wieso gehst du dann nicht einfach, Mann?!
Du hast sie doch abgewiesen.
UGH

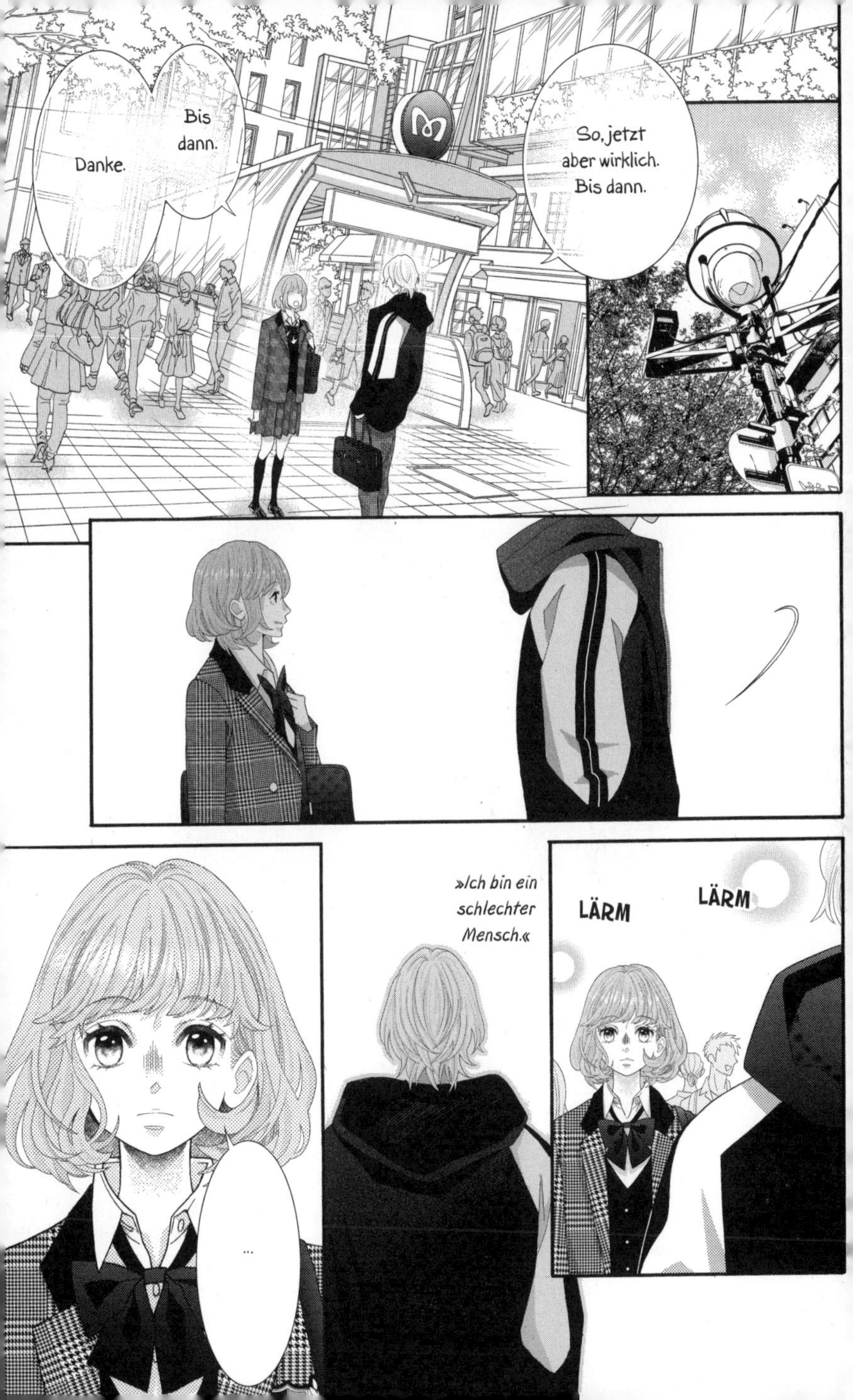
So, jetzt aber wirklich. Bis dann.
Bis dann.
Danke.
LÄRM
LÄRM
»Ich bin ein schlechter Mensch.«
...

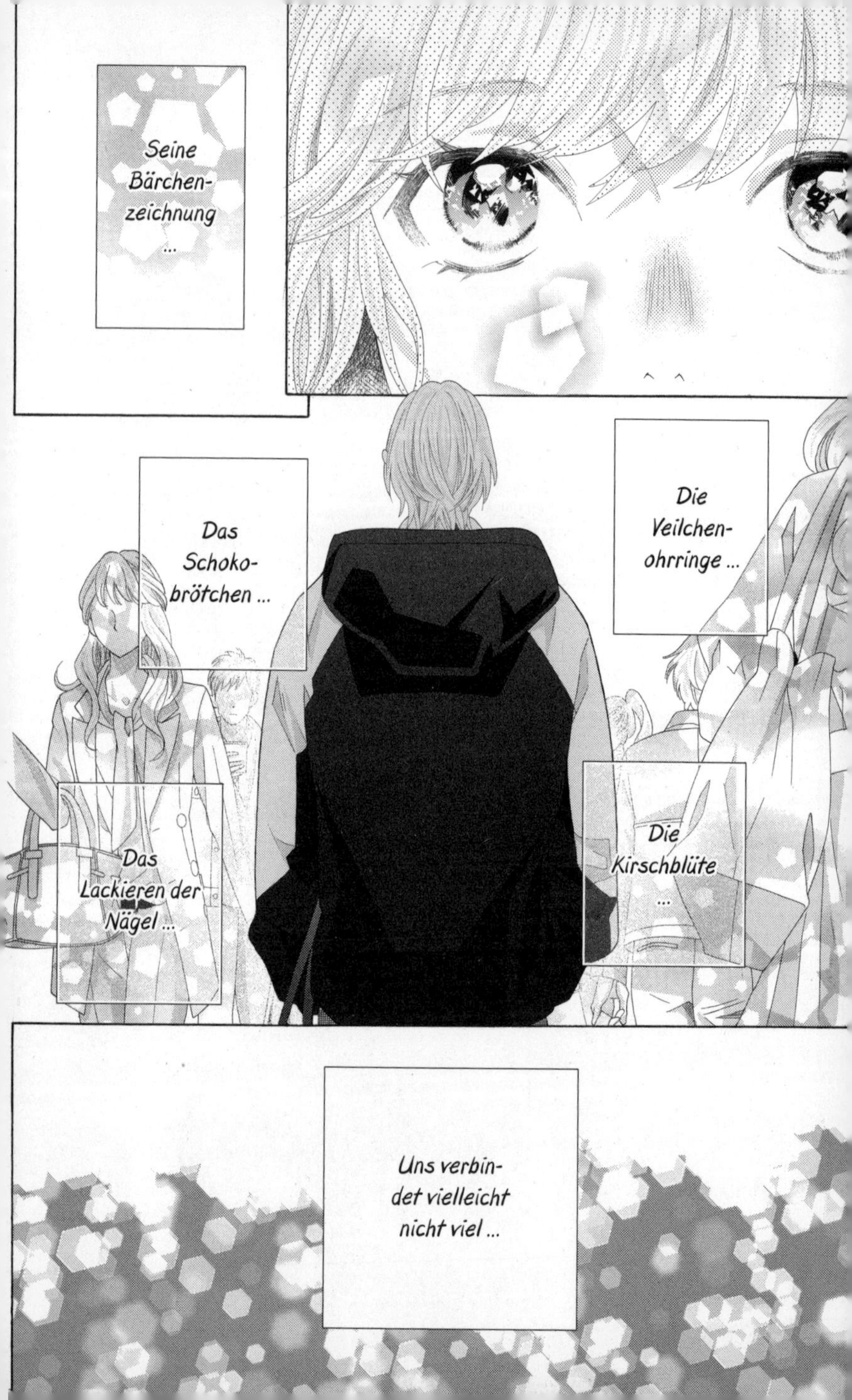

Seine Bärchen-zeichnung ...
Die Veilchen-ohrringe ...
Das Schoko-brötchen ...
Die Kirschblüte ...
Das Lackieren der Nägel ...
Uns verbin-det vielleicht nicht viel ...

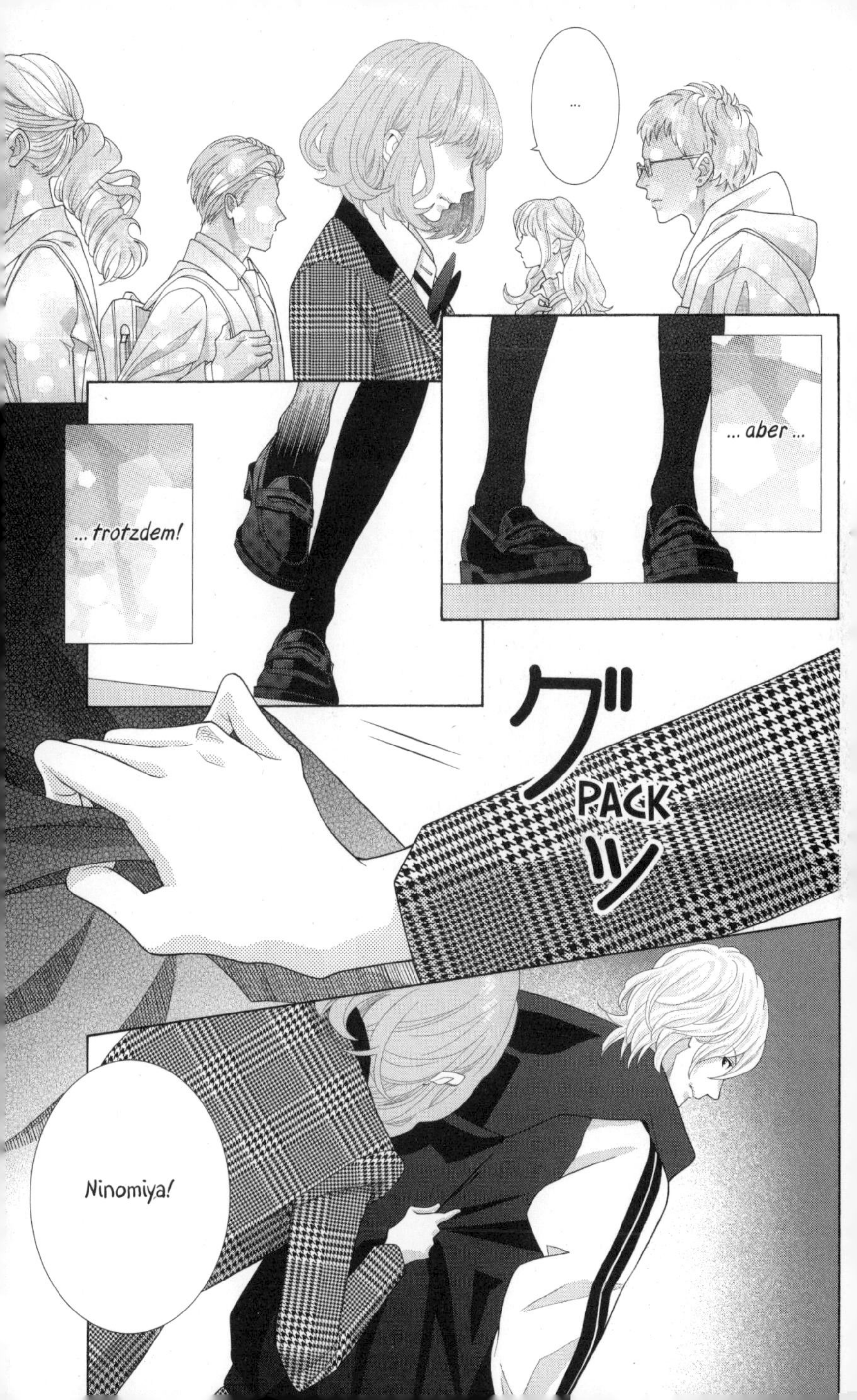
...
... aber ...
... trotzdem!
グ
PACK
ッ
Ninomiya!

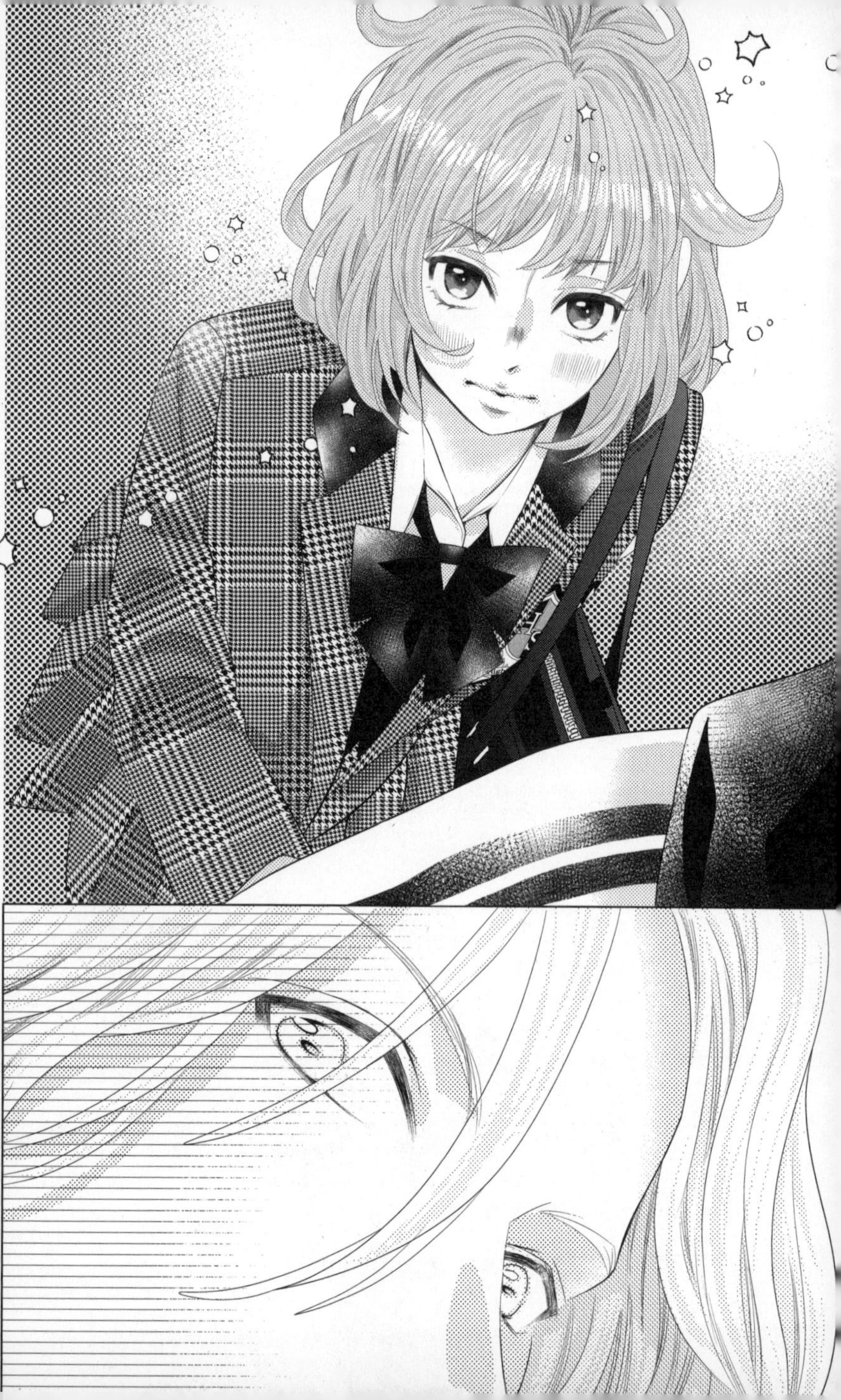

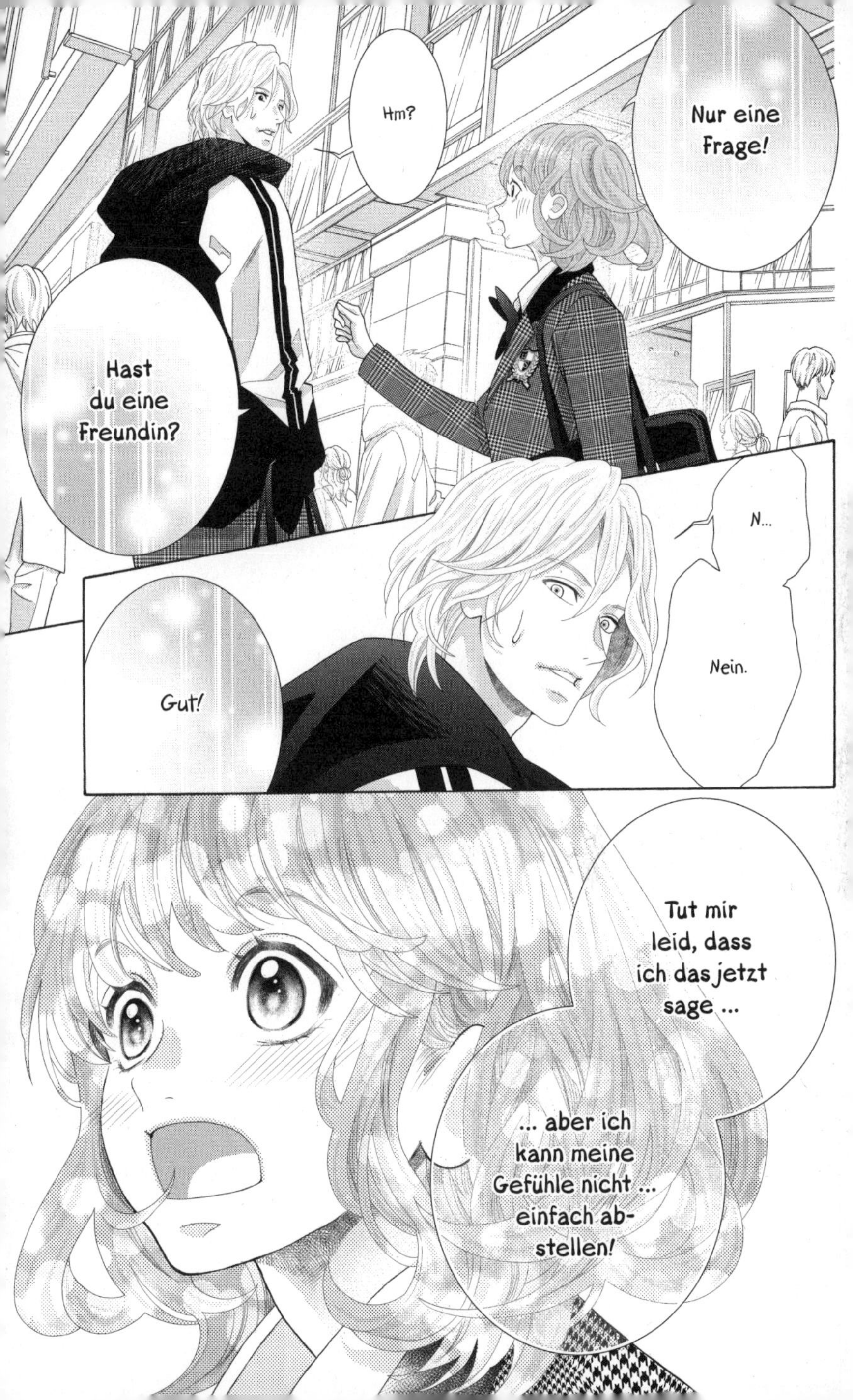
Nur eine Frage!
Hm?
Hast du eine Freundin?
N...
Nein.
Gut!
Tut mir leid, dass ich das jetzt sage ...
... aber ich kann meine Gefühle nicht ... einfach ab-stellen!

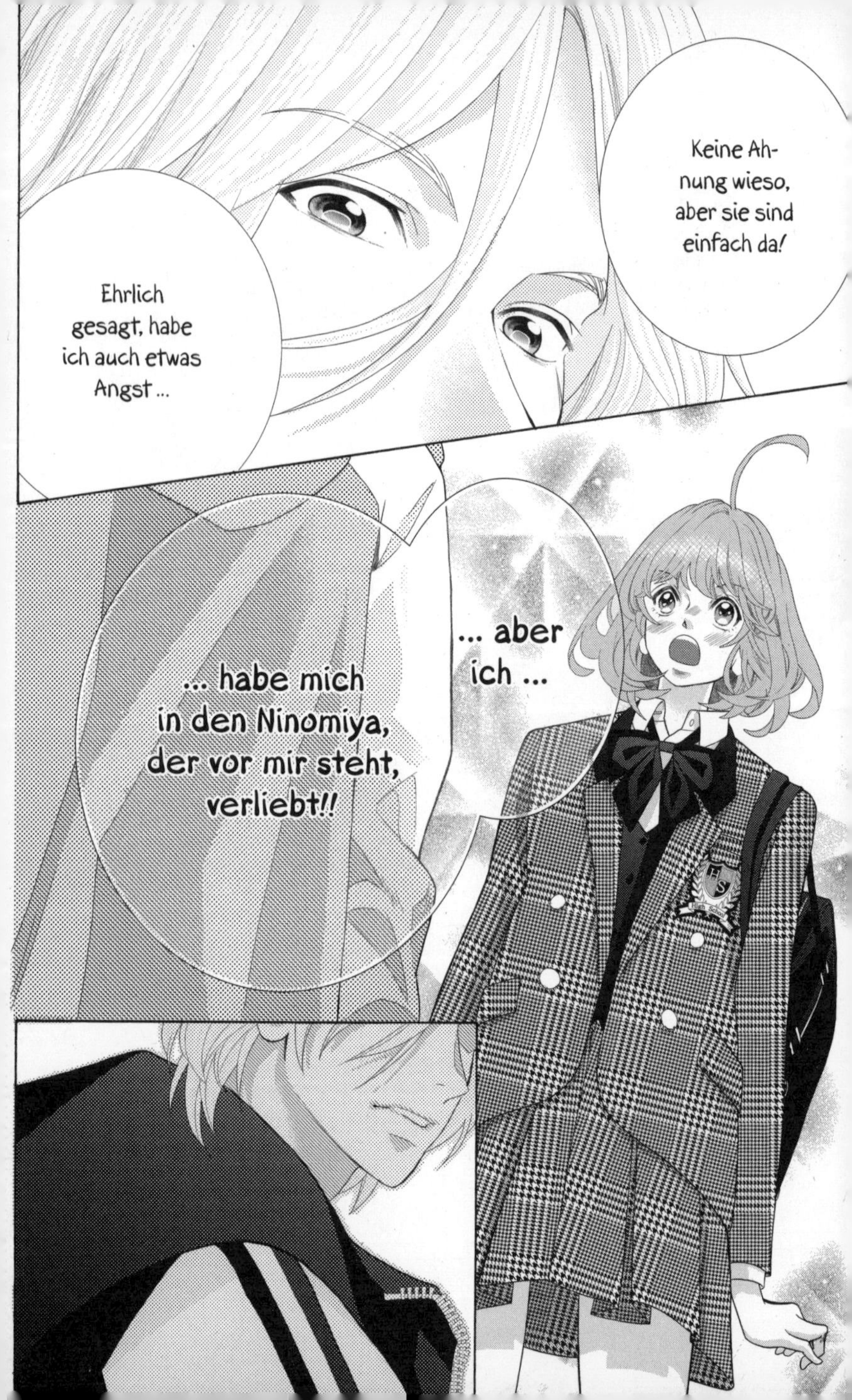
Keine Ahnung wieso, aber sie sind einfach da!
Ehrlich gesagt, habe ich auch etwas Angst ...
... aber ich ...
... habe mich in den Ninomiya, der vor mir steht, verliebt!!

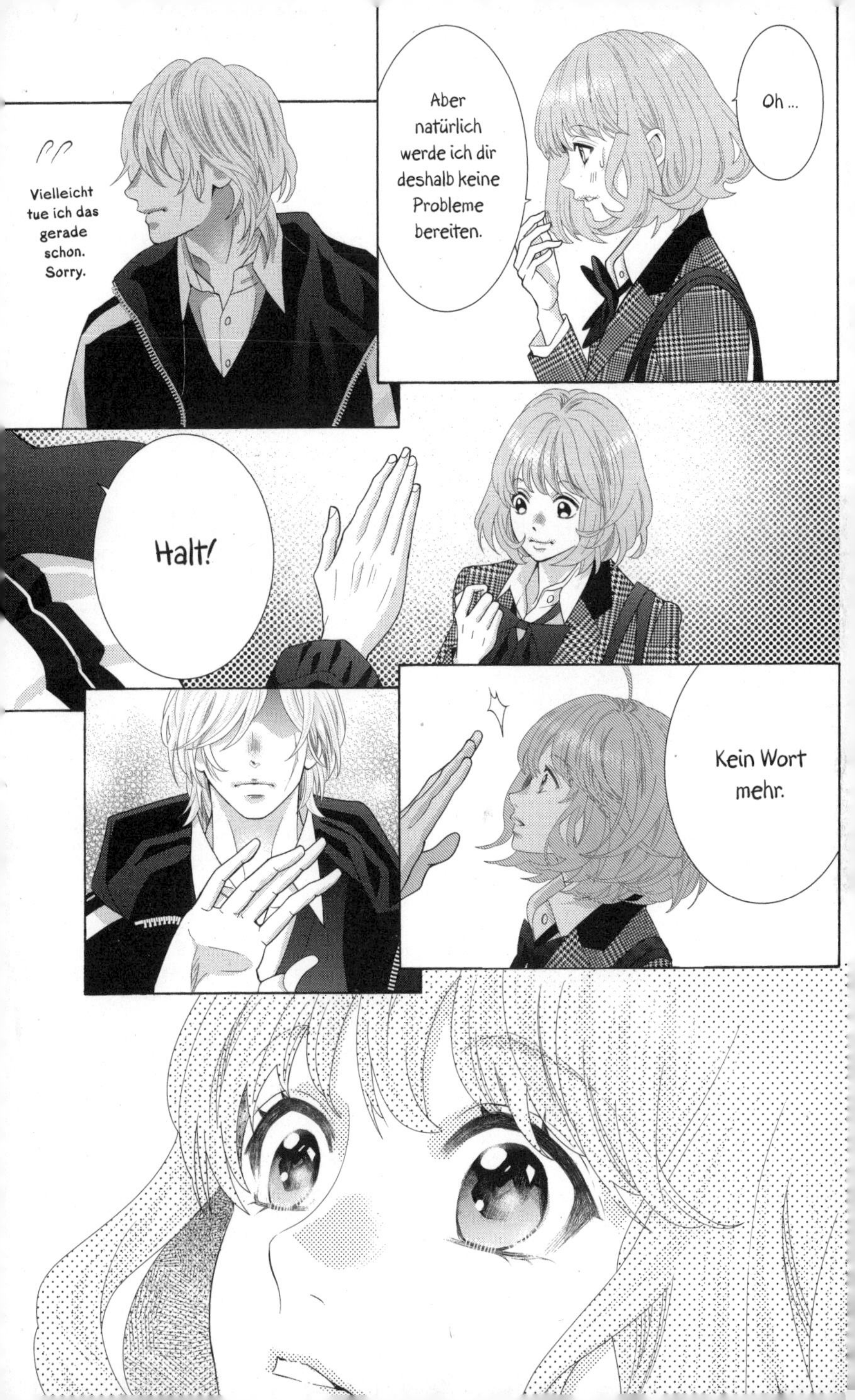
Oh ...
Aber natürlich werde ich dir deshalb keine Probleme bereiten.
Vielleicht tue ich das gerade schon. Sorry.
Halt!
Kein Wort mehr.

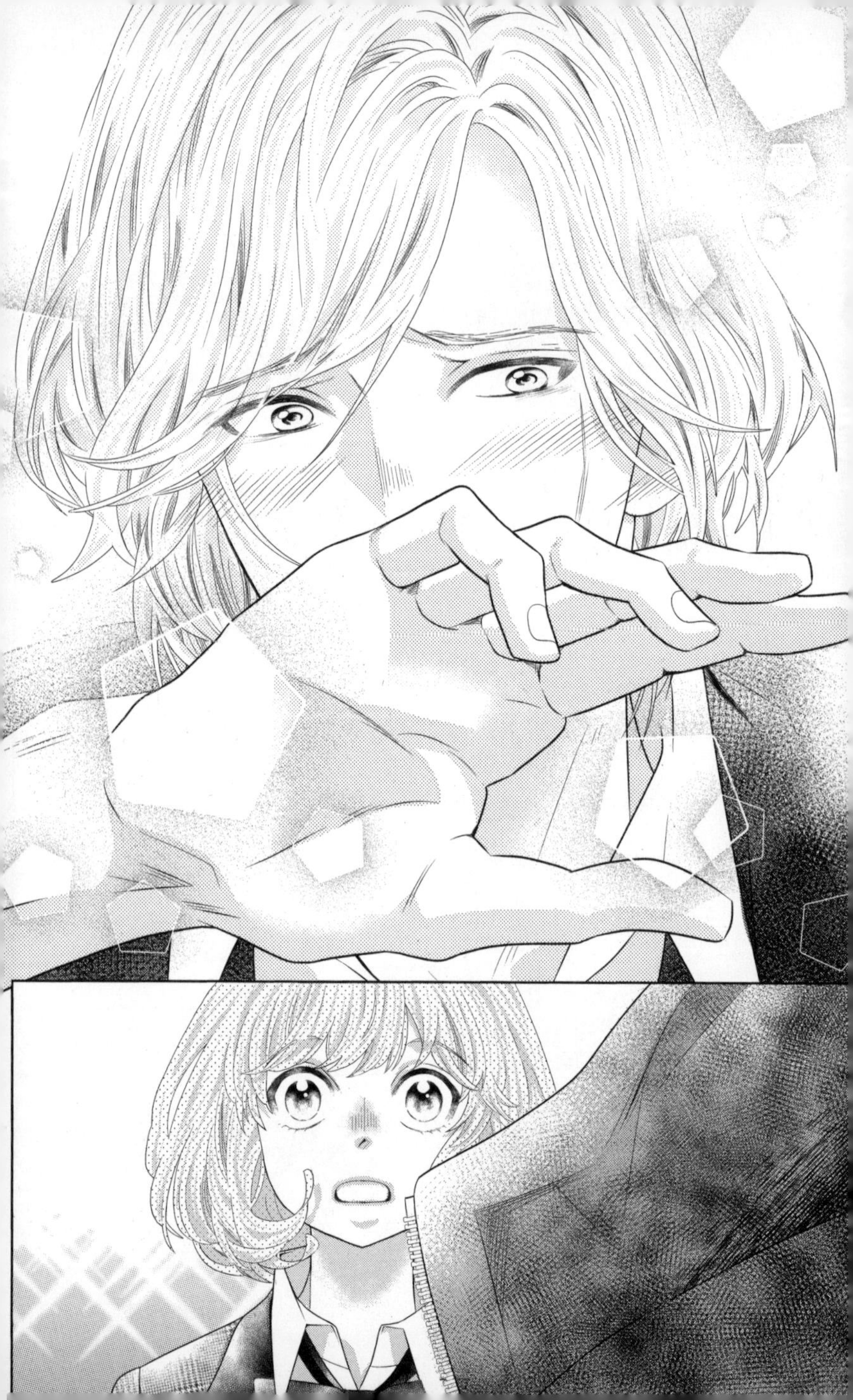

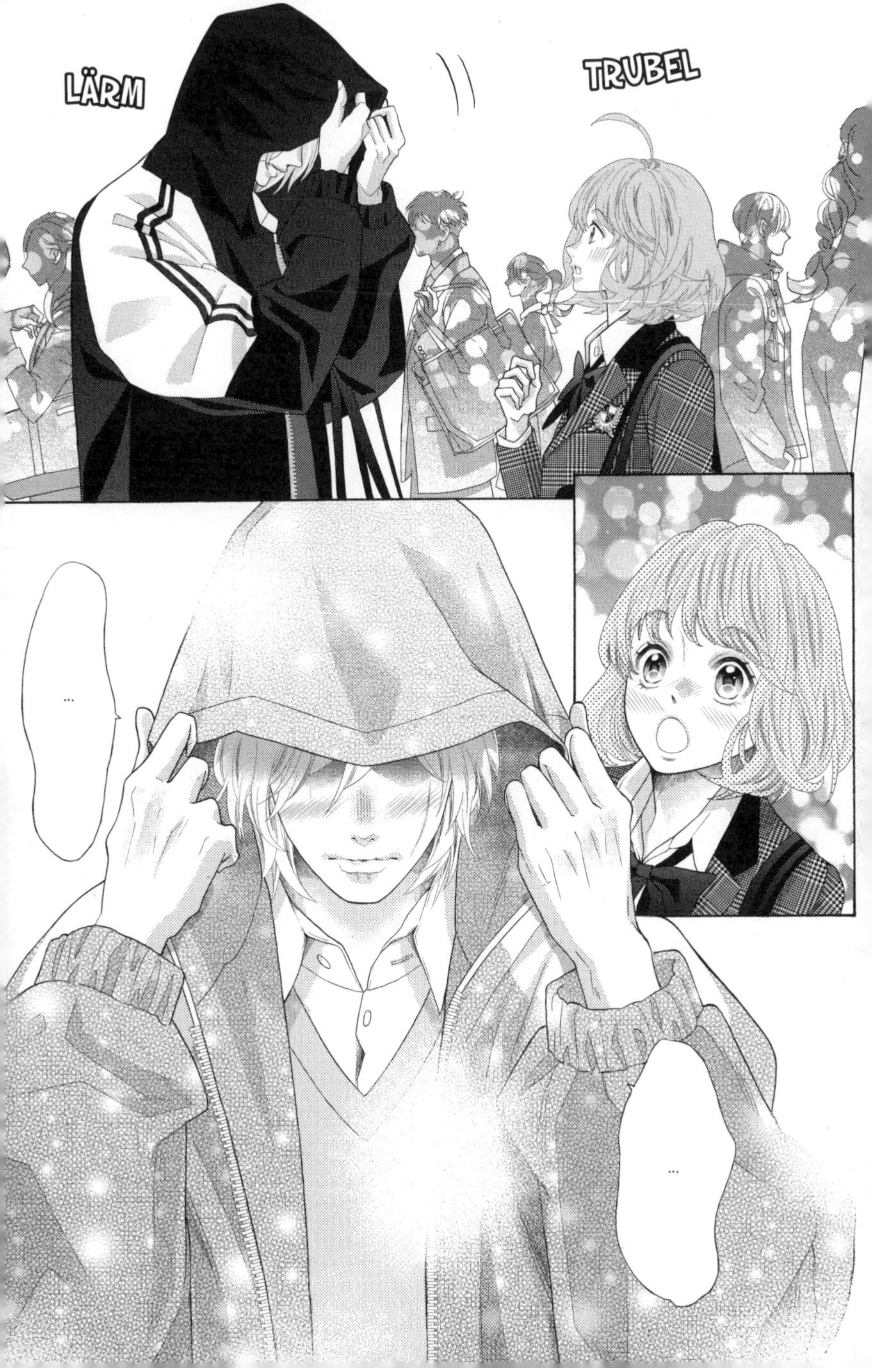
TRUBEL
LÄRM
...
...

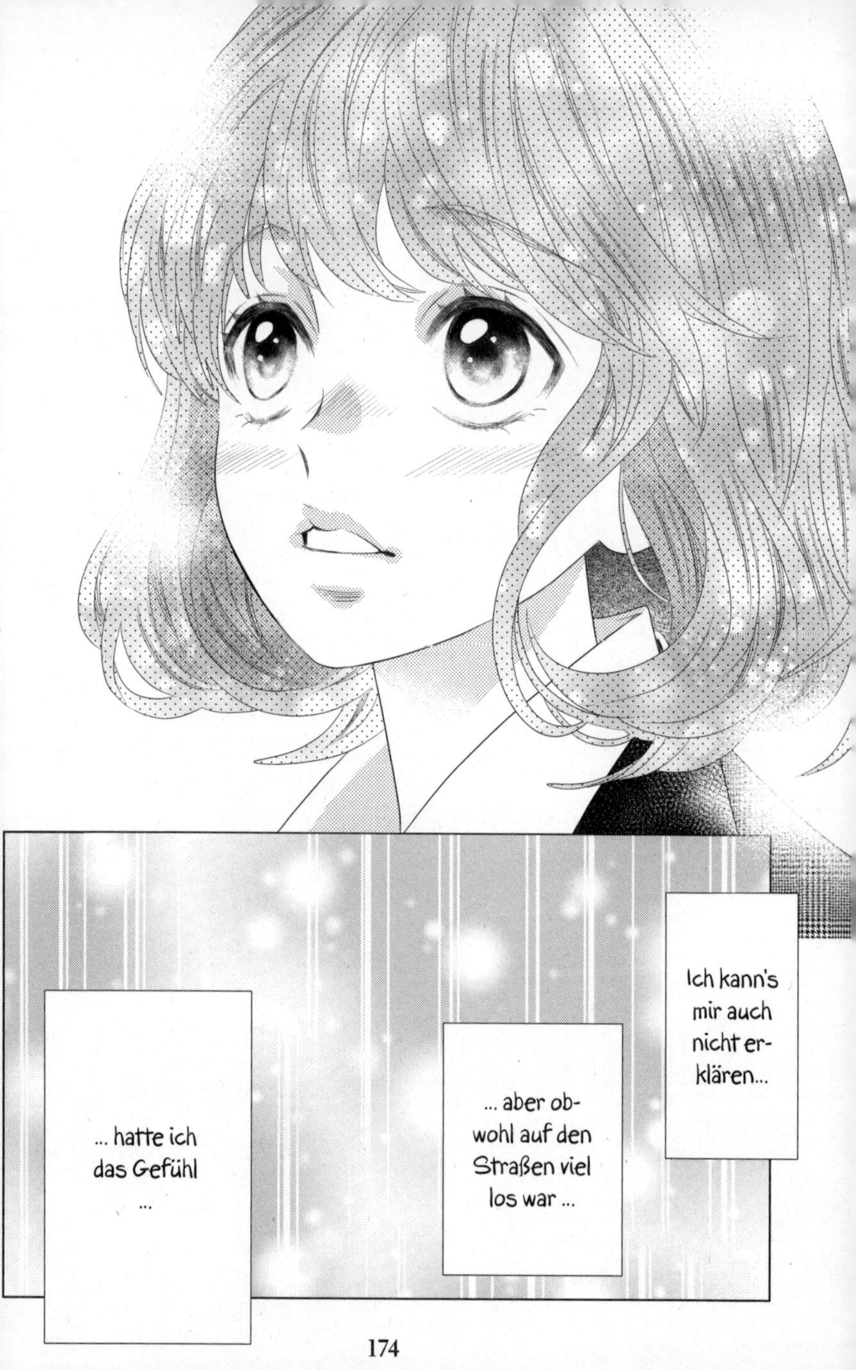
Ich kann's mir auch nicht erklären...
... aber obwohl auf den Straßen viel los war ...
... hatte ich das Gefühl ...

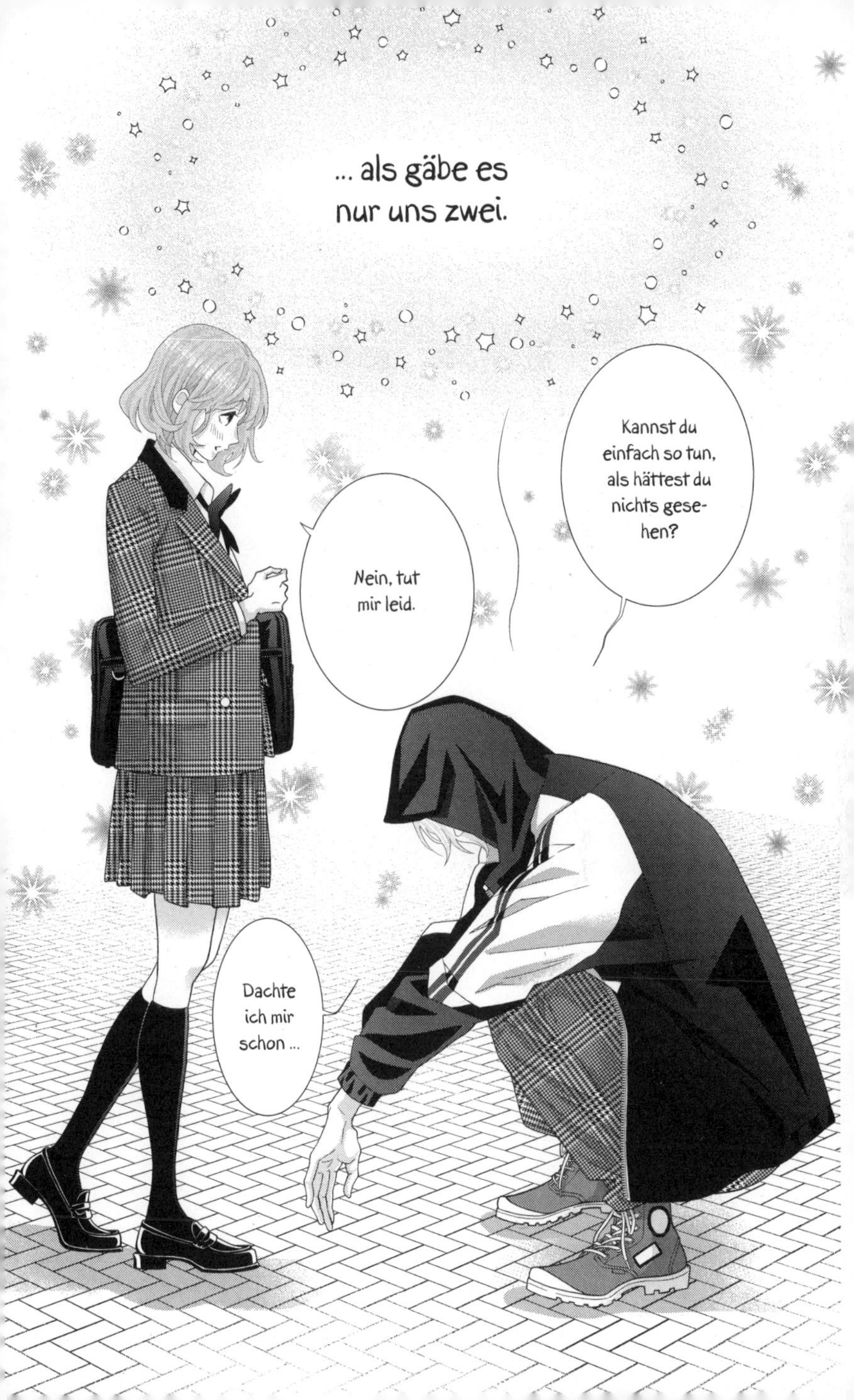
... als gäbe es nur uns zwei.
Kannst du einfach so tun, als hättest du nichts gesehen?
Nein, tut mir leid.
Dachte ich mir schon ...

LIGHTNING AND ROMANCE

Fortsetzung folgt ...

❀ Ab der nächsten Seite folgt ein kleiner One Shot zu *Kuss um Mitternacht* ❀

Der Verlag stellte mir glücklicherweise mehr Seiten zur Verfügung. Daher wollte ich die Gelegenheit nutzen und eine Extra-Story einbauen. Sie knüpft an den Abschlussband von *Kuss um Mitternacht* an. Ich dachte, dass es vielleicht komisch ist, sie mit gleicher Frisur zu zeichnen, aber ihr sollt sie ja wiedererkennen! Denkt euch einfach, das ist Manga-Magie. ❀

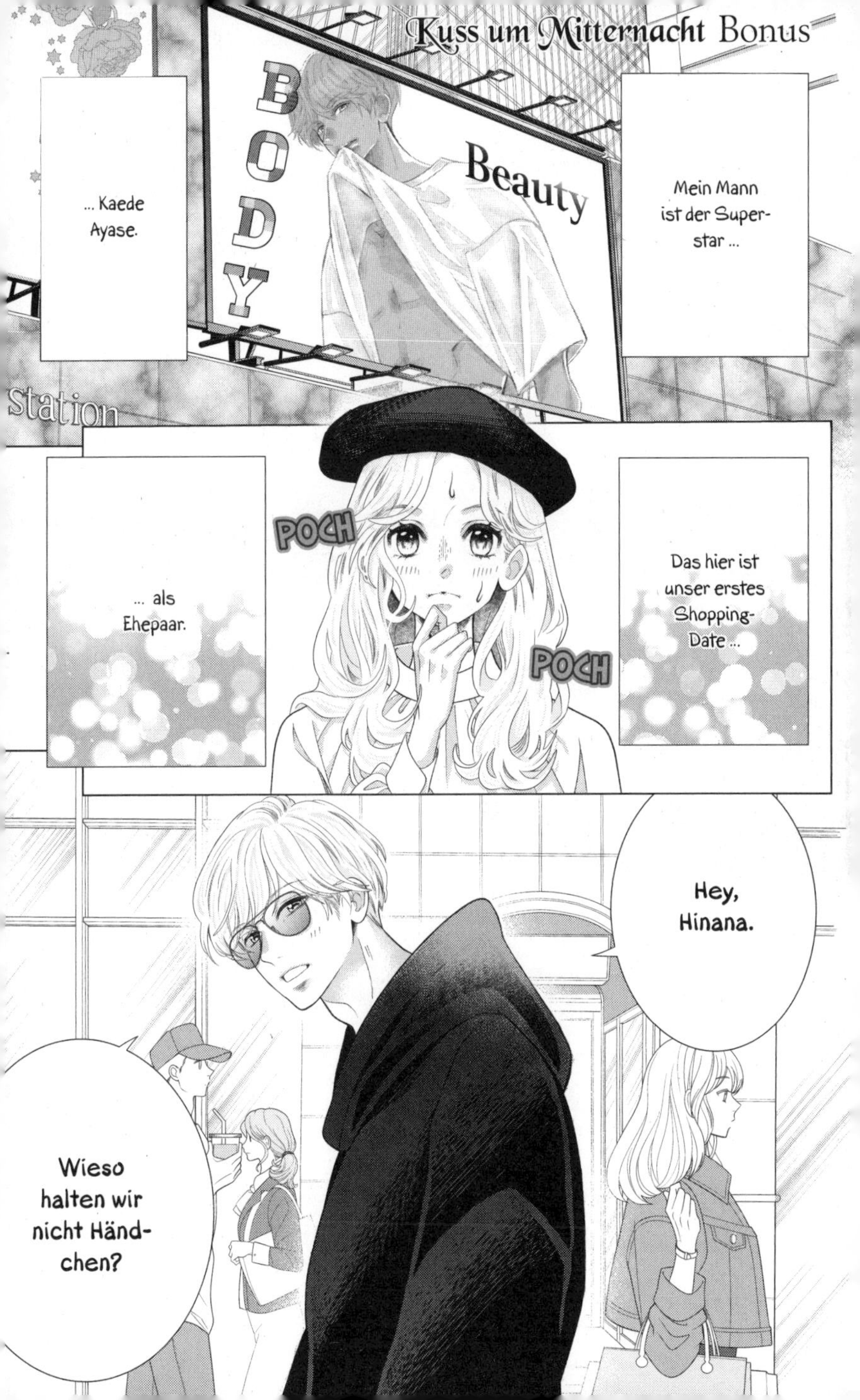
Kuss um Mitternacht Bonus
BODY
Beauty
station
Mein Mann ist der Superstar ...
... Kaede Ayase.
Das hier ist unser erstes Shopping-Date ...
... als Ehepaar.
POCH
POCH
Hey, Hinana.
Wieso halten wir nicht Händchen?

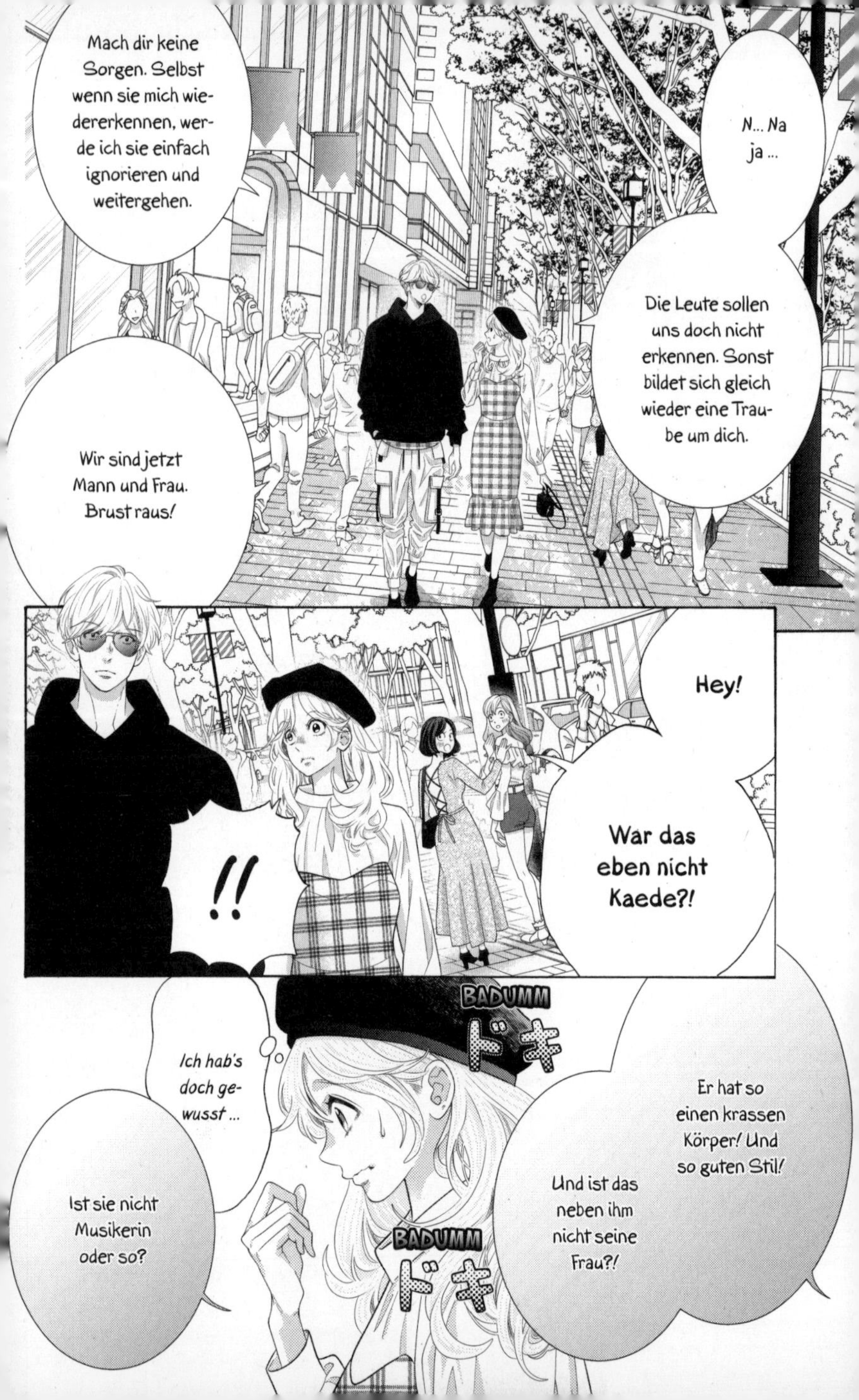
N... Na ja ...
Die Leute sollen uns doch nicht erkennen. Sonst bildet sich gleich wieder eine Traube um dich.
Mach dir keine Sorgen. Selbst wenn sie mich wiedererkennen, werde ich sie einfach ignorieren und weitergehen.
Wir sind jetzt Mann und Frau. Brust raus!
Hey!
War das eben nicht Kaede?!
!!
BADUMM
Er hat so einen krassen Körper! Und so guten Stil!
Und ist das neben ihm nicht seine Frau?!
BADUMM
Ich hab's doch gewusst ...
Ist sie nicht Musikerin oder so?

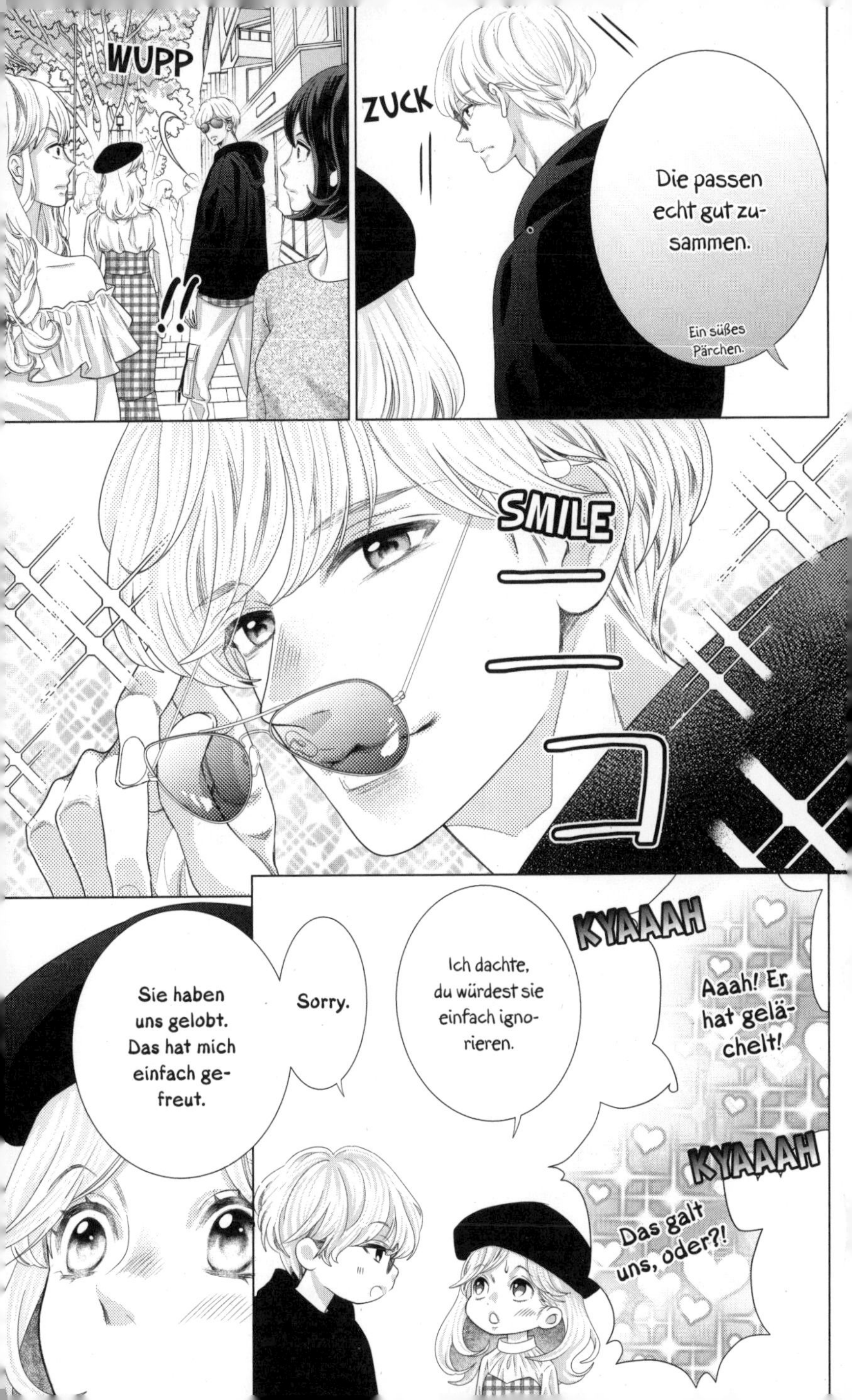
Die passen echt gut zusammen.
Ein süßes Pärchen.
ZUCK
WUPP
SMILE
KYAAAH
Aaah! Er hat gelächelt!
KYAAAH
Das galt uns, oder?!
Ich dachte, du würdest sie einfach ignorieren.
Sorry.
Sie haben uns gelobt. Das hat mich einfach gefreut.

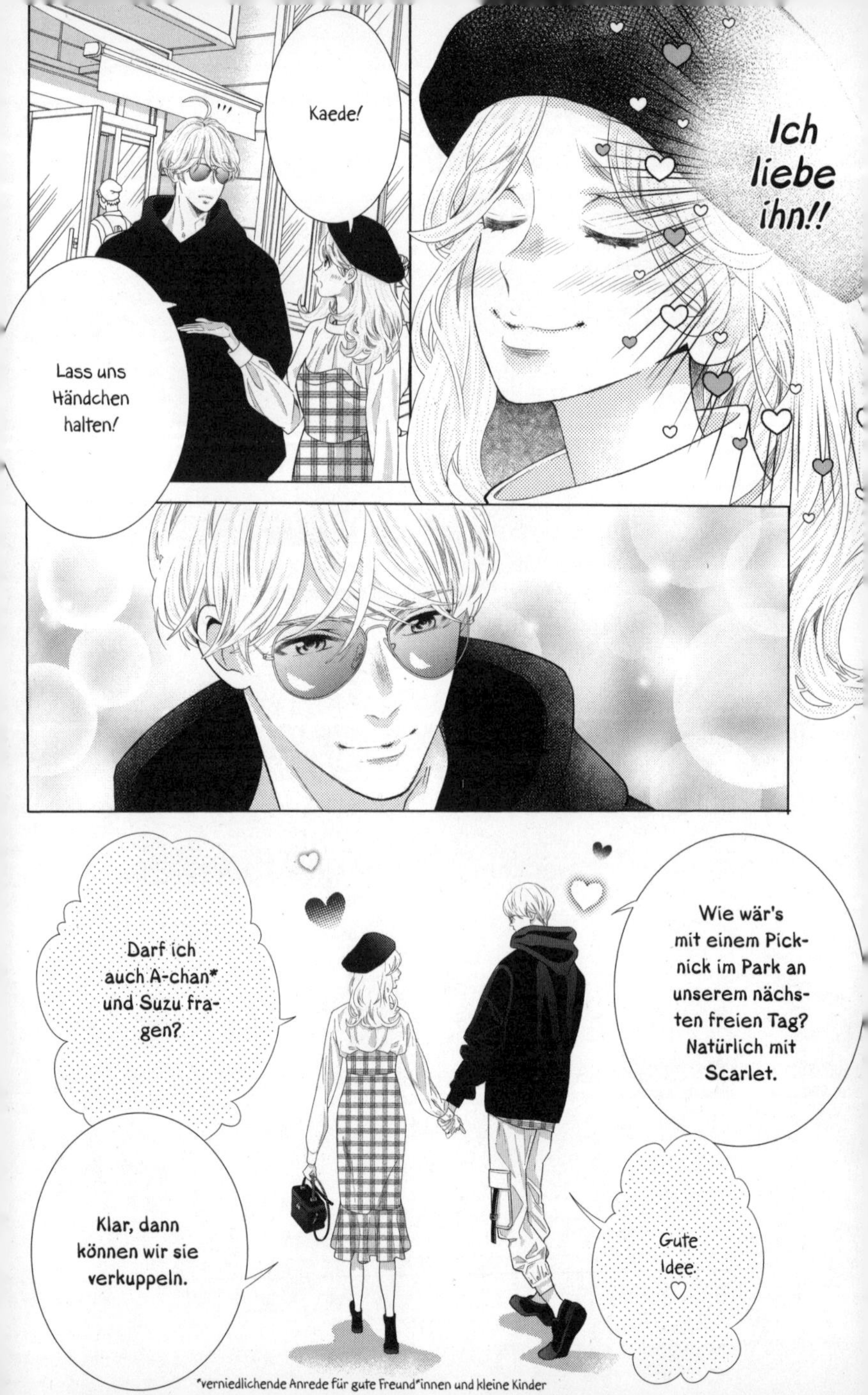

*verniedlichende Anrede für gute Freund*innen und kleine Kinder

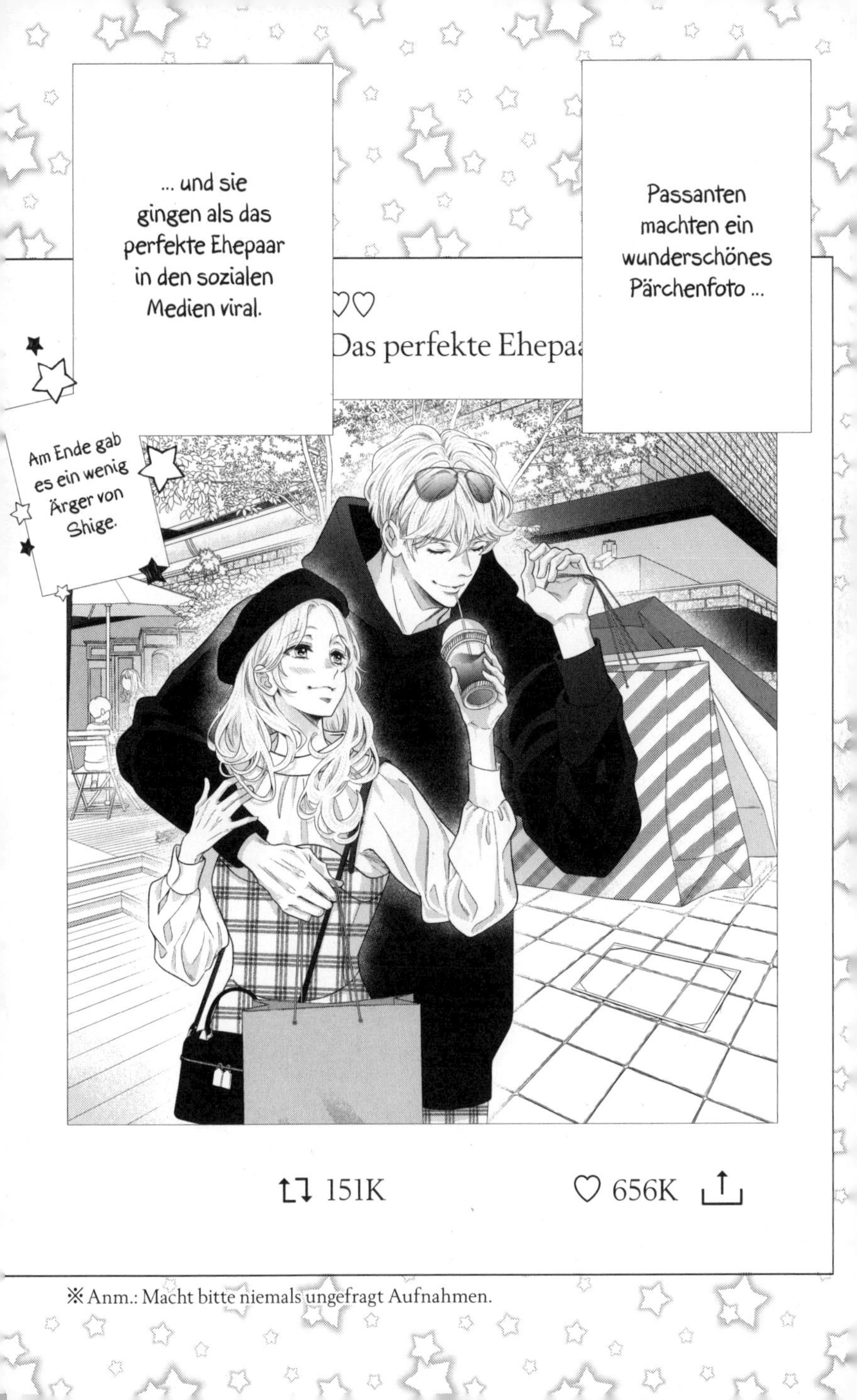

Passanten machten ein wunderschönes Pärchenfoto …
… und sie gingen als das perfekte Ehepaar in den sozialen Medien viral.
Am Ende gab es ein wenig Ärger von Shige.
♡♡
Das perfekte Ehepaa
151K
656K
※Anm.: Macht bitte niemals ungefragt Aufnahmen.

Nachwort

Hallo an all meine alten und neuen Leser*innen! Vielen Dank, dass ihr Band 1 von *Lightning and Romance* gekauft habt. Ich habe länger keine Serie mehr veröffentlicht. Deshalb bin ich etwas nervös.

Die Frage aller Fragen ist: Auf welche Titelabkürzung wollen wir uns einigen? LiRo oder Lightning?

Ich gebe mein Bestes und hoffe, dass ihr Sumire und Reo auch weiterhin unterstützen werdet!!

Mai 2021 Rin Mikimoto
twitter → @rinmikirin

Sumire hat eine Katze. Als Vorlage dienen mir die beiden hier.

✻Kuro-chan✻
Unser Neuzugang. Chillt viel und ist einfach süß. Zeigt sich aber nicht oft.

✻Koni✻
Meine liebe Katze. Gefräßig und schusselig zugleich.

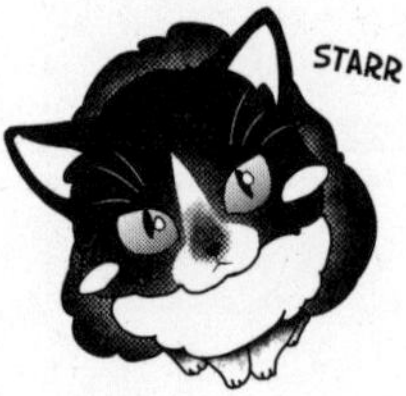

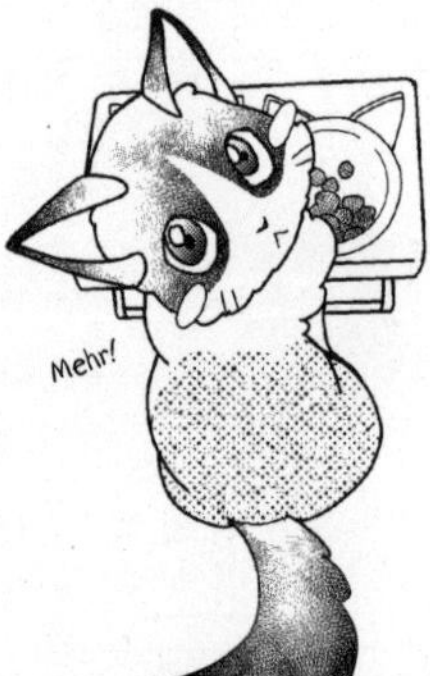

Special Thanks

S. Sato

H. Saijyo

K. Kaneko

H. Watanabe

M. Takayashiki

K. Abe

Allen aus der Redaktion

Suezaki-san

Nakamura-san

Chefredakteur

Yukinobu Ito-sama

& you

I LOVE YOU ♡

Autorenkommentar

Hallo! Ich danke all meinen alten und neuen Leserinnen und Lesern, die diesen Manga gekauft haben. Beim ersten Band bin ich immer ganz besonders aufgeregt! Viel Spaß bei *Lightning and Romance*!

Rin Mikimoto

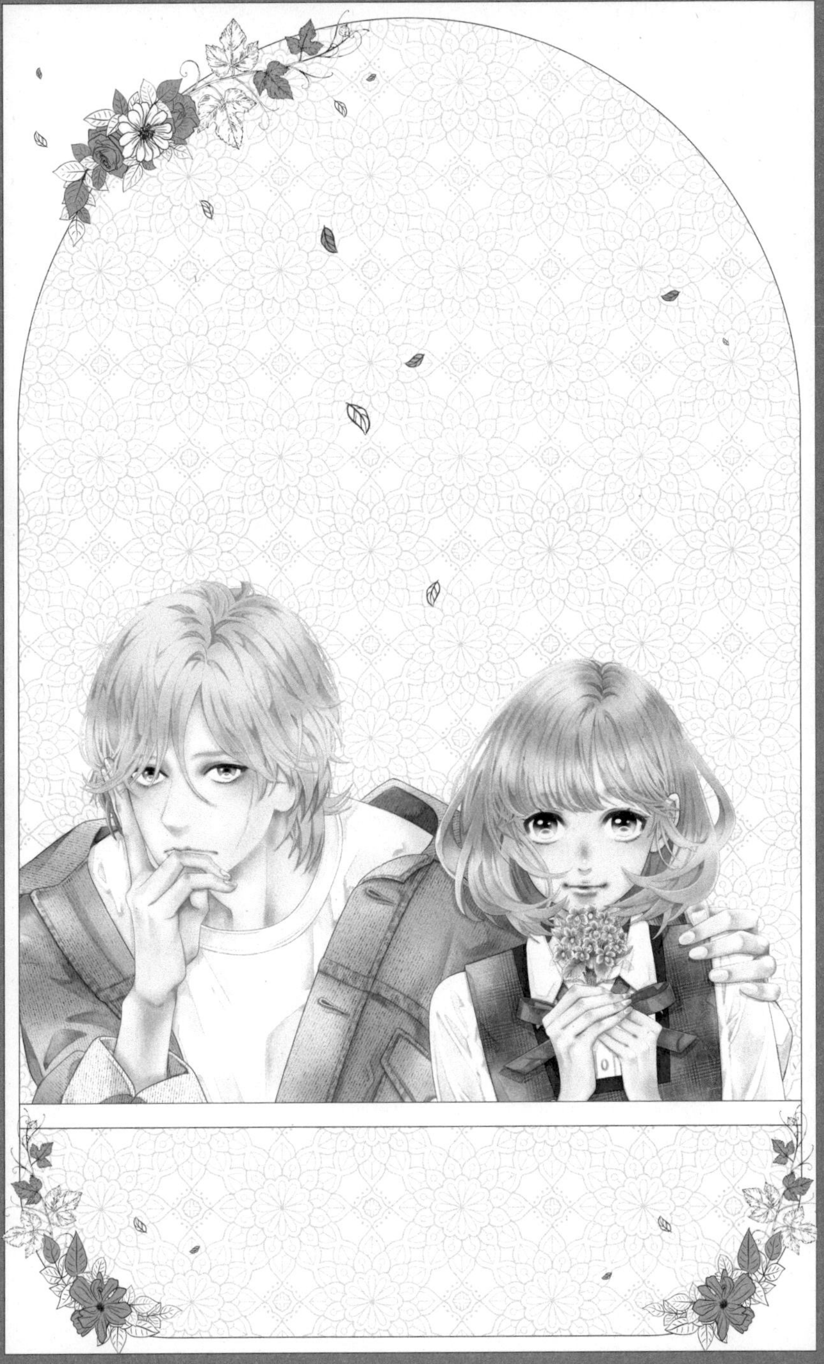

TOKYOPOP GmbH
Hamburg

TOKYOPOP
1. Auflage, 2023
Deutsche Ausgabe/German Edition

Aus dem Japanischen von Hana Rude

First published in Japan in 2021
by KODANSHA LTD., Tokyo.
Publication rights for this German edition arranged
through KODANSHA LTD., Tokyo.

KODANSHA

Redaktion: Lisa Duty, Caroline Skrabs
Lettering: Vibrant Publishing Studio
Herstellung: Rita Geers, Nils Bornemann
Druck und buchbinderische Verarbeitung:
CPI–Clausen & Bosse GmbH, Leck
Printed in Germany

MIX Papier FSC® C083411

Wir achten auf die Umwelt.
Dieses Produkt besteht aus FSC®-zertifizierten und anderen kontrollierten Materialien.

ISBN 978-3-8420-8447-6

www.tokyopop.de

LIGHTNING
AND
ROMANCE

STOPP!

**Dies ist die letzte Seite des Buches!
Du willst dir doch nicht den Spaß verderben
und das Ende zuerst lesen, oder?**

Um die Geschichte unverfälscht und originalgetreu mitverfolgen zu können, musst du es wie die Japaner machen und von rechts nach links lesen. Deshalb schnell das Buch umdrehen und loslegen!

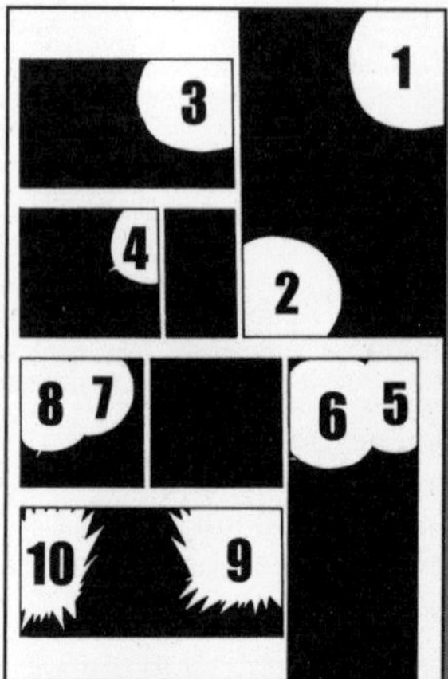

So geht's:

Wenn dies das erste Mal sein sollte, dass du einen Manga in den Händen hältst, kann dir die Grafik helfen, dich zurechtzufinden: Fang einfach oben rechts an zu lesen und arbeite dich nach unten links vor.
Viel Spaß dabei wünscht dir TOKYOPOP®!